U0915602

低碳经济论

主　编：徐凤君　盖志毅

副主编：巴根那　池　波　马　军　巩　芳
杨慧兰　史俊宏

科学技术文献出版社
SCIENTIFIC AND TECHNICAL DOCUMENTATION PRESS
·北京·

图书在版编目（CIP）数据

低碳经济论 / 徐凤君，盖志毅主编. —北京：科学技术文献出版社，2016.8（2017.12重印）
ISBN 978-7-5023-7669-7

Ⅰ. ①低… Ⅱ. ①徐… ②盖… Ⅲ. ①气候变化—影响—经济发展—研究 Ⅳ. ① F061.3

中国版本图书馆 CIP 数据核字（2012）第 286467 号

低碳经济论

策划编辑：丁坤善　责任编辑：刘　亭　责任校对：赵　瑷　责任出版：张志平

出 版 者　科学技术文献出版社
地　　址　北京市复兴路15号　邮编　100038
编 务 部　（010）58882938，58882087（传真）
发 行 部　（010）58882868，58882874（传真）
邮 购 部　（010）58882873
官方网址　www. stdp. com. cn
发 行 者　科学技术文献出版社发行　全国各地新华书店经销
印 刷 者　虎彩印艺股份有限公司
版　　次　2016 年 8 月第 1 版　2017 年 12 月第 5 次印刷
开　　本　710 × 1000　1/16
字　　数　207千
印　　张　18
书　　号　ISBN 978-7-5023-7669-7
定　　价　72.00元

版权所有　违法必究

购买本社图书，凡字迹不清、缺页、倒页、脱页者，本社发行部负责调换

序

低碳经济这一概念早已被人所熟知，但是它的来龙去脉是什么？内涵与相关理论是什么？反映低碳经济的相关指标和评价方法是什么？全球全国视野下发展低碳经济的背景是什么？又为什么说起来津津乐道而实践起来非常不易？发展低碳经济遇到哪些障碍？如何应对？科技创新在发展低碳经济中的作用是什么？针对上述问题，内蒙古科技厅有关领导与内蒙古农业大学、内蒙古工业大学、内蒙古财经大学几位长期关注低碳经济的教授、博士共同讨论，设计提纲，组织调研，深入研究，最后完成了此书。

本书具有学术前沿性，所引用的参考文献均是低碳经济领域的最新成果。本书具有学术权威性，所引大家之言和名作所述。本书具有理论与实践的耦合性，如在第七章，首次就内蒙古经济发展的特征、碳排放现状、发展低碳经济的障碍、发展低碳经济的对策进行了全面、科学的研究，探讨了内蒙古低碳经济的发展路径。本书具有学术的创新性，如在第八章传承少数民族优秀的低碳经济传统，首次提出少数民族地区曾经是一个典型低碳经济形态，内蒙古在远古和不同历史时期均处于一个典型低碳经济形态。高碳经济文化要尊重少数民族的低碳经济文化，对民间的、民族的、本土的、非逻辑性知识要给予一席之地和挽救与低碳经济形态一致的少数民族文化等观点令人耳目一新。

原内蒙古科技厅徐凤君厅长在政务繁忙之余提出了本书的立意和

主要思路，组织编写组多次开会，并进行逐字逐句的修改；内蒙古农业大学盖志毅教授，内蒙古科技厅巴根那副巡视员、高新处处长池波共同撰写了本书的提纲。第一章的第一节、第二节，第二章、第五章由内蒙古财经大学史俊宏博士撰写；第一章的第三节、第四节、第五节，第三章，第四章第三节，第六章第四节由内蒙古工业大学马军教授撰写；第四章第一节、第二节，第六章第一节、第二节、第三节由内蒙古农业大学杨慧兰博士撰写；第七章由内蒙古工业大学巩芳教授撰写；第八章由盖志毅教授撰写。最后由徐凤君、盖志毅统稿。

十八届五中全会上，加强生态文明建设首次被写进"十三五"规划，成为"十三五"规划的十个目标任务之一。十八届五中全会提出，坚持绿色发展，必须坚持节约资源和保护环境的基本国策，加快建设资源节约型、环境友好型社会，形成人与自然和谐发展现代化建设新格局。推动低碳循环发展，建设清洁低碳、安全高效的现代能源体系，实施近零碳排放区示范工程。本书的出版对于推动我国的低碳产业发展、加快生态文明建设有积极的作用。

相信本书的出版对于低碳经济知识的传播、学术研究和内蒙古制定科学的低碳经济决策将会有一定的帮助。

《低碳经济论》编写组

2016 年 3 月 20 日

目　录

第一章　低碳经济的内涵与相关理论

第一节　低碳经济的内涵及基本特征

一、低碳经济的内涵

（一）低碳经济的基本概念

碳有广义和狭义之分，狭义上的碳是指造成当前全球气候问题的二氧化碳气体，特别是化石能源燃烧所产生的二氧化碳。广义上的碳包括在《京都议定书》上提出的六种温室气体。所谓“低”则是针对当前高度依赖化石燃料的能源生产消费体系所导致的“高”的碳强度及其相应“低”的碳生产率，最终要使碳强度降低到自然资源和环境容量能够有效配置和利用的目标。“低碳”是指较低或者更低的温室气体的排放。

低碳经济，按其字面的意思，是指最大限度地减少煤炭和石油等高碳能源消耗的经济，也就是以低能耗、低污染为基础的经济。从实质上看，低碳经济兼顾了“低碳”和“经济”，低碳经济是人类社会应对气候变化，实现经济社会可持续发展的一种模式。“低碳”意味着经济发展必须最大限度地减少或停止对碳基燃料的依赖，实现能源利用转型和经济转型；“经济”意味着要在能源利用转型的基础上和过程中继续保持经济增长的稳定性和可持续性，这种理念不能排斥发展和产出最大化，也不能排斥长期经济增长。低碳经济中的经济涵盖了整个国民经济和社会发展的各个方面。

作为具有广泛社会性的前沿经济理念，低碳经济其实没有约定俗成的定义，其涉及广泛的产业领域和管理领域。在政府文件中，首次出现低碳经济概念是英国的《能源白皮书》，其要点是提高能效、采用可再生能源以及采用 CCS（碳捕获与封存技术）。该白皮书为低碳发展模式制定了较为详细的目标和路线图，但并没有为低碳经济提出明确的内涵和可供比较的指标体系。目前被广泛引用的是英国环境专家鲁宾斯德的阐述，即低碳经济是一种正在兴起的经济模式，其核心是在市场机制基础上，通过制度框架和政策措施的制定和创新，推动提高能效技术、节约能源技术、可再生能源技术和温室气体减排技术的开发和运用，促进整个社会经济朝向高能效、低能耗和低排放的模式转型。

（二）对低碳经济不同角度的理解

在全球范围内对低碳经济的反应越来越强烈，作为比较广泛的社会性的前沿经济理念，目前对低碳经济存在着多种理解。这里主要从三个角度对其概念进行归类。

一是从全新的理念变革角度。该观点认为低碳经济是以低能耗、低污染和低排放为基础的经济模式，是人类社会继农业文明、工业文明之后的又一次重大进步。低碳经济实质上是对现代经济运行的深刻反思，是一场涉及生产模式、生活方式、价值观念和国家权益的全球性能源经济革命。

鲍健强（2008）指出，碳排放量成为衡量人类经济发展方式的新标识，碳减排的国际履约协议孕育了低碳经济，表面上看低碳经济是为减少温室气体排放所做努力的结果，但实质上，低碳经济是经济发展方式、能源消费方式、人类生活方式的一次新变革，它将全方位地改造建立在化石燃料（能源）基础之上的现代工业文明，转向生态经济和生态文明。张世秋（2008）认为，发展低碳经济是一种经济发展模式的选择，它意味着能源结构的调整、产业结构的调整以及技术的革新。中国环境与发展国际合作委员会 2009 年发布的《中国发展低碳经济途径研究》，最终将

"低碳经济"界定为"一个新的经济、技术和社会体系,与传统经济体系相比在生产和消费中能够节省能源,减少温室气体排放,同时还能保持经济和社会发展的势头"。

二是从全新的经济发展模式转换角度,认为在发展经济学的理论框架下,低碳经济是碳排放量的经济发展、生态环境代价和社会经济成本最低的经济,是低碳发展、低碳产业、低碳技术及低碳生活等一类经济形态的总称,同时是一种能够改善地球生态系统自我调节能力的可持续发展的新经济形态。

鲁宾斯德教授对于低碳经济的解释被广泛认同,他指出"低碳经济(LOW - CARBON ECONOMY)是指在市场机制的基础上,通过制度框架和政策措施的制定,推动提高能效技术、节能减排技术、可再生能源技术的开发和运用,从而实现低污染、低消耗、低排放和高效能、高效率、高效益的绿色经济模式"。低碳经济是通过较少的自然资源消耗获得较多的经济产出。它是这样一种经济发展模式——可以使生活标准更高和生活质量更好,同时促进人类经济社会可持续发展。付允(2008)认为,低碳经济是一种绿色经济发展模式,它是以低能耗、低污染、低排放和高效能、高效率、高效益(三低三高)为基础,以低碳发展为发展方向,以节能减排为发展方式,以碳中和技术为发展方法的绿色经济发展模式。金乐琴(2009)认为,低碳经济是一种新的经济发展模式,它与可持续发展理念和资源节约型、环境友好型社会的要求是一致的,与当前大力推行的节能减排和循环经济也有密切联系。刘思华认为,低碳经济是生态文明时代的一种经济模式,或者是一种经济发展方式,"高碳、高熵、高代价"的工业文明已经走到了尽头,全社会发展要转变为"低碳、低熵、低代价"的生态文明,而发展低碳经济是建设新型工业文明以及生态文明的最佳结合点。发展低碳经济要从推进绿色产业、构建绿色能源结构、培育创新型经济的市场经济体制上着手。

三是从气候变化问题解决的角度。低碳经济是指温室气体排放量尽可能低的经济发展方式,尤其是二氧化碳这一主要温室气体的排放量要有效控制。推行低碳经济是避免气候发生灾难性变化、保持人类可持续发展的有效方法之一。

陈佳贵认为保护气候已经刻不容缓,我们所面临的问题不存在是否应当,而在于谁和如何采取行动。实现低碳经济要求人类行为方式上的转变,以避免奢侈浪费的碳排放。张坤民认为,采用低碳经济的战略应对气候变化,如果能在中国付诸实施,许多环境与发展问题都可能迎刃而解。

(三)低碳经济的实质

低碳经济代表了未来经济发展的形态,低碳经济的实质是能源高效利用、清洁能源开发、追求绿色 GDP,核心是能源技术和减排技术创新、产业结构和制度创新以及人类生存发展观念的根本性转变,即依靠技术创新和政策措施,实施一场能源革命,建立一种较少排放温室气体的经济发展模式,缓减气候变化,派生新的技术标准。

低碳经济是经济发展方式、能源消费方式以及人类生活方式的一次变革。低碳经济发展的目标是减缓气候变化和促进人类的可持续发展。低碳经济涉及的行业和领域十分广泛,几乎涵盖了所有的产业领域,主要包括低碳产品、低碳技术、低碳能源的开发利用。在技术上,低碳经济则涉及电力、交通、建筑、冶金、化工和石化等多个行业,以及在可再生能源及新能源、煤的清洁高效利用、油气资源和煤层气的勘探开发、二氧化碳捕获与埋存等领域开发出有效控制温室气体排放的新技术。

二、低碳经济与循环经济、绿色经济及生态经济的联系

低碳经济与循环经济、绿色经济和生态经济均是20世纪后半期产

生的新经济思想,都是随着世界工业经济的发展、人口的剧增、人类欲望的无限上升和生产生活方式的无节制,不断恶化的生态环境和气候变暖等人类社会面临的最大挑战应运而生的。这些概念的提出是对人类和自然关系的重新认识,是人类在社会经济高速发展中陷入资源危机、环境危机、生存危机深刻反省自身发展模式与改进的产物,因此四者之间存在着诸多共同之处和联系,当然各自有不同的特征区别。

(一)相同点

一是具有相同的全新价值观和消费观。全新价值观主要体现在将自然资源视为可利用的资源,需要维持良性循环的生态系统,考虑科学技术对自然的开发能力及对生态系统的维系和修复能力,人对自然的改造能力,重视人与自然和谐相处的能力,促进人的全面发展。全新消费观是摒弃过度浪费和奢侈消费,提倡绿色消费。主要特征是一种与自然生态相平衡的、节约型的低消耗物质资料、产品、劳务和注重保健、环保的消费模式,是一种与环境和谐共处的可持续消费方式。

二是具有相同的支撑点。绿色经济、循环经济、生态经济和低碳经济都是把绿色科技和生态经济伦理作为支撑点。绿色科学技术是建立在人与自然和谐共处的基础上,为了促使人与自然协同演进、共同发展,是在生态自然观指导下,受生态意识支配和生态伦理、生态价值约束的科学技术。这是有利于促进人与自然和谐与统一的科学技术,随着这种技术的不断发展,人与自然之间相处得更加融洽,经济、社会和生态环境才会得到可持续发展。生态经济伦理是为适应当代人类发展的生态经济新时代需要而产生的一种新经济伦理。生态经济伦理强调环境忧患意识的重要性,追求平衡、和谐的道德境界,根本价值观是可持续发展。

三是具有共同的追求目标。低碳经济、循环经济、绿色经济和生态经济实际上都是因环境危机、能源危机产生后相继催生的经济形态,在一定程度上体现了人类对可持续发展的共同追求,都是为了实现人类的可持续发展和环境友好,要求人类在考虑生产和消费时不能把自身置于这个大系统之外,而是将自己作为这个大系统的一部分来研究符合客观规律的经济原则。要充分考虑自然生态系统的承载能力,尽可能地节约自然资源,进而不断提高自然资源的利用效率。

(二)不同点

一是研究的侧重点有所不同。循环经济侧重于整个社会的物质循环,强调在经济活动中如何利用“3R”原则[减量化原则(Reduce)、再使用原则(Reuse)、再循环原则(Recycle)]以实现资源节约和环境保护,提倡在生产、流通、消费全过程的资源节约和充分利用。绿色经济从研究范畴上来讲是一个比较宽泛的概念,它是以经济与环境的和谐为目标,突出将环保技术、清洁生产工艺等众多有益于环境的技术转化为生产力,并通过有益于环境或与环境无对抗的经济行为,突出以科技进步为手段实现绿色生产、绿色流通、绿色分配,实现经济的可持续增长。

生态经济则吸收了生态学的相关理论,核心是经济与生态的协调,注重经济系统与生态系统的有机结合,以太阳能或氢能为基础,要求产品生产、消费和废气的全过程密闭循环。

低碳经济是针对碳排放量来讲的,主要针对能源领域和应对全球气候变暖问题,重点是从建立低碳经济结构、减少碳能源消费入手,进而建立起全社会减少温室气体排放,使其在较高的经济发展水平上,让碳排放量达到比较低的经济形态。

二是实施控制的环节不同。从经济系统和自然系统相互作用的过程来看,生态经济和循环经济分别从资源的输入端和废弃物的输出端来研究经济活动与自然系统的相互作用,同时,循环经济还关注资源的利用,特别是不可再生资源的枯竭对经济发展的影响。绿色经济更多关注的是经济活动的输出端，即废弃物对环境的影响，重点在于环境保护。低碳经济强调的是经济活动的能源输入端，通过减少碳排放量，从而使地球大气层中的温室气体浓度不再发生深刻的变化，保护人类生存的自然生态系统和气候条件。

三是强调的核心内容不同。生态经济把实现经济和自然系统的可持续发展作为核心。循环经济把物质的循环作为核心，使各种物质循环利用起来，进而提高资源效率和环境效率。绿色经济强调以人为本，以发展经济、全面提高人民生活福利水平为核心，保障人与自然、人与环境的和谐共存，促使社会系统公平运行。低碳经济是把低能耗、低污染作为基础的经济，其核心是能源技术创新、制度创新和人类消费发展观念的根本性转变。

（三）联系

尽管低碳经济与生态经济、绿色经济及循环经济研究的侧重点、核心内容以及实现手段等均有异同，但是它们本质上是生态经济，是经济活动的生态化过程。绿色经济是可持续发展的经济，而循环经济则是支撑低碳经济、通向绿色经济、实现经济活动生态化的生产方式、发展方式。从根本上讲，这都是旨在解决人类可持续发展问题而提出的一脉相承的经济发展模式。因此，低碳经济是实现可持续发展的必由之路和主要途径，低碳发展是主线，低碳是个纲，抓住了低碳才能纲举目张，如果用成语“画龙点睛”来形容四者的关系，则绿色经济和生态经济是龙身，循环经济是龙腿，低碳经济是龙眼睛。

三、低碳经济的基本特征

根据众多学者对低碳经济这个热点名词的不同解释，可以概括出低碳最基本的含义。其含义是指较低（更低）的温室气体（主要是二氧化碳）排放。因此，为维持生物圈的碳平衡，抑制全球气候变暖，需要降低生态系统碳循环中的人为碳通量，通过减排二氧化碳，减少碳源，增加碳汇，改善生态系统的自我调节能力。低碳经济具有“三低”的基本特点。

（一）低能耗

低碳经济是相对于基于无约束的碳密集能源生产方式和能源消费方式的高碳经济而言的。低碳经济是目前最可行的、可量化的、可持续发展模式。温室气体长期减排和经济社会可持续发展，关键在于发展清洁、低碳能源技术，建立低碳经济增长模式和低碳社会消费模式，并将其作为协调经济发展和保护全球气候的根本途径。因此，发展低碳经济的关键在于降低单位能源消费量的碳排放量（即碳强度），通过碳捕捉、碳封存、碳蓄积，降低能源消费的碳强度，控制二氧化碳排放量的增长速度。

（二）低排放

低碳经济是相对于新能源而言的，是相对于基于化石能源的经济发展模式而言的。未来能源发展的方向是清洁、高效、多元和可持续。因此，发展低碳经济的关键在于促进经济增长与由能源消费引发的碳排放“脱钩”，实现经济与碳排放错位增长（低增长、零增长或者负增长），通过能源替代、发展低碳能源和无碳能源控制经济体的碳排放弹性，并最终实现经济增长的碳脱钩。

（三）低污染

低碳经济是相对于人为碳通量而言的，是一种为解决人为碳通量增加引发的地球生物圈碳失衡而实施的人类自救行为。全球应对气候变化正在引发能源领域的技术创新。低碳能源是低碳经济的基本保证，清洁生产是低碳经济的关键环节。因此，发展低碳经济的关键在于改变人们的高碳消费倾向和碳偏好，减少化石能源的消费量，减少碳足迹，实现低碳生存。

第二节 低碳经济形成的理论依据

低碳经济的理论体系是由美国著名学者莱斯特·R·布朗首次提出,1999年他在《生态经济革命——拯救地球和经济的五大步骤》中提出,面对"地球温室化"的威胁,应当尽快从以化石燃料为核心的经济,转变为以太阳、氢能源为核心的经济;2003年在《B模式——拯救地球延续文明》中,莱斯特·R·布朗又明确提出地球气温的加快上升,要求将"碳排放减少一半",加速向可再生能源和氢能经济的转变。这些思想奠定了低碳经济的基本理论。

低碳经济是在兼顾经济稳定增长的同时实现温室气体排放的低增长或者负增长的经济模式,低碳经济考虑的是社会经济系统、自然生态系统和科学技术系统构成的大系统以及系统的良性循环;低碳经济是保持社会经济与自然生态的协调发展,提高人类生存环境的质量的经济模式。因此,低碳经济的出现必然有着相关的理论作为其重要的理论支撑,是在多学科基础上发展起来的综合性理论,其研究内容涉及和交叉多种学科,如经济学、生态学以及经济系统控制论等。

一、经济学理论

(一)市场机制理论

市场机制主要是通过市场价格的波动、市场主体对利益的追求、市场供求的变化,调节经济运行的机制,是市场经济机体内的供求、竞争、价格等要素之间的有机联系及其功能。

市场机制是一个有机的整体,它的构成要素主要是由市场价格机制、供求机制、竞争机制和风险机制等构成。价格机制是指在市场竞争中,市场上某种商品的市场价格变动与市场上该商品供求关系变动之间的有机联系的运动。它通过市场价格信息来反映供求关系，并通过这种市场价格信息来调节生产和流通，从而达到资源配置的效果。另外，价格机制还可以促进竞争和激励，决定和调节收入分配等。供求机制是指通过商品、劳务和各种社会资源的供给和需求的矛盾运动来影响各种生产要素组合的一种运行机制。它通过供给与需求之间的在不平衡状态时形成的各种商品的市场价格，并通过价格、市场供给量和需求量等市场信号来调节社会生产和需求，最终实现供求之间的基本平衡。供求机制在竞争性市场和垄断性市场中发挥作用的方式是不同的。竞争机制是指在市场经济中，各个经济行为主体之间为自身的利益而相互展开竞争，由此形成的经济内部的必然的联系和影响。它通过价格竞争或非价格竞争，按照优胜劣汰的法则来调节市场运行。它能够形成企业的活力和发展的动力，促进生产，使消费者获得更大的实惠。风险机制是市场活动同企业盈利、亏损和破产之间相互联系和作用的机制，在产权清晰的条件下，风险机制对经济发展发挥着至关重要的作用。

（二）外部性理论

外部性是指经济主体对他人造成损害或带来利益，却不必为此支付成本或得不到应有的补偿。如果一个经济主体对其他经济主体造成损害但却不必为此支付成本时，称之为外部不经济；相反，当一个经济主体为其他经济主体带来利益而得不到应有的补偿时，称之为外部经济。从定义中可以理解，外部性是一种人为的活动，外部性应该是在某项活动的主要目的以外派生出来的影响，外部性包括对生态环境等与社会福利有关的一切生物或非生物影响，外部性的存在是造成社会脱离最有效的生产状态，使市场经济体制不能很好地实现其优化资源配置的基本功能。外部性主要包括以下几种，一是生产中的负外部性和生产中的正外性，二是消费中的负外部性和消费中的正外部性。

科斯认为外部性的存在主要包括三个方面的原因。首先是市场缺乏,资源利用不能完全排他,市场机制配置资源无效率;其次是人们只注重短期利益;最后是产权不能清晰界定(科斯,1960)。

运用科斯定理分析,外部不经济使得市场经济失灵的表现形式是高排放、低效益的经济发展模式。科斯定理可以帮助我们有效地解决环境问题。科斯定理证明:以零交易费用及充分界定产权并实施时,外部性因素将不会引起资源浪费或配置不当。

(三)国际经济学理论

国际经济合作是指为了共同的利益,不同主权的国家政府、企业及国际经济组织通过竞争与协调,在双赢甚至是多赢的基础上,着重在生产领域,以生产要素移动和重新组合配置为主要内容而展开的活动。发展低碳经济是通过建立完善的碳排放权交易体系,加强在国际的流动,并通过国际的贸易,充分发挥比较优势,实现碳排放权在全球范围内的最优化配置,建立在国际相互依赖的基础上的重要国际经济合作形式,最终推动低碳经济的发展。

(四)绿色经济理论

"绿色经济"的概念在英国经济学家皮尔斯 1989 年出版的《绿色经济蓝皮书》首次被提出。绿色经济是以市场为导向,以传统产业经济为基础,以经济、环境和谐为目的而发展起来的一种新的经济形式,是产业经济为适应人类环保与健康需要而产生并表现出来的一种发展状态。

Jacobs 与 Postel 等人在 20 世纪 90 年代提出了绿色经济学,倡议传统经济学三种生产基本要素,除劳动、土地及人力资本外,必须再加入一项社会组织资本。

绿色经济以可持续发展为目的,并遵循"开发需求、降低成本、加大动力、协调一致、宏观有控"五项准则。绿色经济既是具体的微观单位经济，又是一个国家的国民经济，甚至是全球范围的经济。绿色经济是以维护人类生存环境、合理生存环境、合理保护资源与环境、有益于人体健康为特征的经济，是一种平衡式经济。

（五）循环经济理论

循环经济的思想萌芽起源于环境保护兴起的20世纪60年代。1962年美国生态学家蕾切尔·卡逊发表的《寂静的春天》，阐述了生物界以及人类所面临的危险。“循环经济”一词，首先由美国经济学家K·波尔丁提出，主要指在人、自然资源和科学技术的范围内，在资源投入、企业生产、产品消费及其废弃的全过程中，把传统的依赖资源消耗的现行经济增长，转变为依靠生态型资源循环来发展的经济。“宇宙飞船经济理论”作为循环经济的早期代表理论，认为地球就像在太空中飞行的宇宙飞船，要靠不断消耗自身有限的资源才能生存，如果不合理开发资源，破坏环境，就会像宇宙飞船那样走向毁灭。因此，宇宙飞船经济需要一种新的发展观：第一，必须改变过去那种“增长型”经济，代之以“储备型”经济；第二，要改变传统的“消耗型经济”，而代之以休养生息的经济；第三，实行福利量的经济，摒弃只注重生产量的经济；第四，建立既不会使资源枯竭，又不会造成环境污染和生态破坏，能循环使用各种物资的“循环式”经济，以代替过去的“单程式”经济。

传统经济是以“资源—产品—废弃物”为单向直线的过程，如果创造的财富越多，消耗的资源和产生的废弃物就越多，对环境资源的负面影响相对也就越大。循环经济则恰恰相反，是以尽可能小的资源消耗和环境成本，获得尽可能大的经济和社会效益，从而使经济系统与自然生态系统的物质循环过程相互和谐，促进资源永续利用。因此，循环经济是对“大量生产、大量消费、大量废弃”的传统经济模式的根本性变革。

循环经济的基本特征主要表现在以下几个方面：一是在资源开采环

节，需要大力提高资源综合开发和回收利用率。二是在资源消耗环节，要大力提高资源利用效率。三是在废弃物产生环节，要大力开展资源综合利用。四是在再生资源产生环节，要大力回收和循环利用各种废旧资源。五是在社会消费环节，要大力提倡绿色消费。

循环经济在本质上是一种生态经济，要求运用生态学规律来指导人类社会的经济活动。循环经济按照自然生态系统物质循环和能量流动规律重构经济系统，使经济系统和谐地纳入到自然生态系统的物质循环的过程中，建立起一种新形态的经济。循环经济要求把经济活动组成一个“资源—产品—再生资源”的反馈式流程。循环经济的基本特征是低开采、高利用、低排放，是在可持续发展的思想指导下，按照清洁生产的方式，对能源及其废弃物实行综合利用的生产活动过程。

循环经济作为一种科学的发展观、一种全新的经济发展模式，具有自身的独立特征：

一是新的系统观。循环是指在一定系统内的运动过程，循环经济的系统是由人、自然资源和科学技术等要素构成的大系统。循环经济观要求人在考虑生产和消费时不再置身于这一大系统之外，而是将自己作为这个大系统的一部分来研究符合客观规律的经济原则，将“退田还湖”、“退耕还林”、“退牧还草”等生态系统建设作为维持大系统可持续发展的基础性工作来抓。

二是新的经济观。在传统工业经济的各要素中，资本在循环，劳动力在循环，而唯独自然资源没有形成循环。循环经济观要求运用生态学规律，而不是仅仅沿用19世纪以来机械工程学的规律来指导经济活动，不仅要考虑工程承载能力，还要考虑生态承载能力。在生态系统中，经济活动超过资源承载能力的循环是恶性循环，会造成生态系统退化，只有在资源承载能力之内的良性循环，才能使生态系统平衡地发展。

三是新的价值观。循环经济观在考虑自然生态系统时，不再像传统工业经济那样将其作为“取料场”和“垃圾场”，也不仅仅视其为可利用的资源，而是将其作为人类赖以生存的基础，视其为需要维持良性循环的生态系统；在考虑科学技术时，不仅考虑其对自然的开发能力，而且要充分考虑到它对生态系统的修复能力，使之成为有益于环境的技术；在考虑人自身的发展时，不仅考虑人对自然的征服能力，而且更重视人与自然和谐相处的能力，促进人的全面发展。

四是新的生产观。传统工业经济的生产观念是最大限度地开发利用自然资源，最大限度地创造社会财富，最大限度地获取利润。而循环经济的生产观念是要充分考虑自然生态系统的承载能力，尽可能地节约自然资源，不断提高自然资源的利用效率，循环使用资源，创造良性的社会财富。在生产过程中，循环经济观要求遵循“3R”原则：资源利用的减量化原则，即在生产的投入端尽可能少地输入自然资源；产品的再使用原则，即尽可能延长产品的使用周期，并在多种场合使用；废弃物的再循环原则，即最大限度地减少废弃物排放，力争做到排放的无害化，实现资源再循环。同时，在生产中还要求尽可能地利用可循环再生的资源替代不可再生资源，如利用太阳能、风能和农家肥等，使生产合理地依托在自然生态循环之上；尽可能地利用高科技，尽可能地以知识投入来替代物质投入，以达到经济、社会与生态的和谐统一，使人类在良好的环境中生产生活，真正全面提高人民生活质量。

五是新的消费观。循环经济观要求走出传统工业经济“拼命生产、拼命消费”的误区，提倡物质的适度消费、层次消费，在消费的同时就考虑到废弃物的资源化，建立循环生产和消费的观念。同时，循环经济观要求通过税收和行政等手段，限制以不可再生资源为原料的一次性产品的生产与消费，如宾馆的一次性用品、餐馆的一次性餐具和豪华包装等。

二、生态学理论

（一）生态学概述

生态学是研究生物与环境相互关系的知识体系，是协调和统筹人和自然的关系、引领人类可持续发展的主要理论基础。生物的生存、活动和繁殖需要一定的空间、物质与能量，各种生物所需要的物质、能量以及它们所适应的理化条件是不同的，这种特性称为物种的生态特性。任何生物的生存都不是孤立的，同种个体之间有互助也有竞争，植物、动物和微生物之间也存在复杂的相生相克关系。人类为满足自身的需要，不断改造环境，环境又反过来影响人类。随着人类活动范围的扩大和多样化，人类与环境的关系问题越来越突出。生态学研究的范围已经扩展为包括人类社会在内的多种类型的生态系统的复合系统。

生态学的研究目的在于认识和正确运用自然规律。生态学的一般规律包括以下四个方面：(1)种群。在环境无明显变化的条件下种群数量有保持稳定的趋势。一个种群所栖息环境的空间和资源是有限的，只能承载一定数量的生物，承载量接近饱和时，如果种群数量再增加，增长率则会下降乃至出现负值，使种群数量减少；而当种群数量减少到一定限度时，增长率会再度上升，最终使种群数量达到该环境允许的稳定水平。(2)群落。物种间相互依存和相互制约的规律反映了生物间的协调关系，是构成生物群落的基础。具体表现为食物链、竞争和互利共生。(3)生态系统。在生态系统中，植物、动物、微生物和非生物成分，借助能量的不停流动，一方面不断从自然界摄取物质并合成新的物质，一方面又随时分解为简单的物质，即所谓“再生”，这些简单的物质重新被植物所吸收，由此形成不断的物质循环。这样，要求严格防止有毒物质进入生态系统，以免它们经过多次循环后富集到危及人类的程度。(4)人与环境的关系。人们在改造自然的过程中必须注意到物质代谢的规律。

一方面，在生产中只能因势利导，合理开发生物资源，而不可只顾一时。另一方面，还应该控制环境污染，由于大量有毒的工业废弃物进入环境，超出了生态系统和生物圈的降解和自净能力，因而造成毒物积累，损害了人类和其他生物的生存环境。

(二)生态经济理论

生态经济是实现经济腾飞与环境保护、物质文明与精神文明、自然生态与人类生态的高度统一和可持续发展的经济，即在生态系统承载能力范围内，运用生态经济学原理和系统工程方法改变生产和消费方式，挖掘一切可以利用的资源潜力，发展一些经济发达、生态高效的产业，建设体制合理、社会和谐的文化以及生态健康、景观适宜的环境。

生态经济是"社会—经济—自然"复合生态系统，即不仅包括物质代谢关系、能量转换关系及信息反馈关系，还包括结构、功能和过程的关系，具有生产、生活、供给、接纳、控制和缓冲功能。

生态经济理论包括以下几个方面的内容：一是生态经济区划、规划与优化模型，就是应用生态与经济协同发展的观点来指导社会经济建设，首先要进行生态经济区划和规划，以便根据不同地区的自然经济特点发挥其生态经济总体功能，获取生态经济的最佳效益。二是生态经济基本理论，具体包括社会经济发展同自然资源和生态环境的关系，人类的生存、发展条件与生态需求，生态价值理论，生态经济效益，生态经济协同发展等。三是生态经济管理，需要改革不利于生态与经济协同发展的管理体制与政策，加强生态经济立法与执法，建立生态经济的教育、科研和行政管理体系；需要制定国家的生态经济标准和评价生态经济效益的指标体系，对重大经济建设项目，需要做出生态环境经济评价。四是生态经济史，生态经济问题一方面有历史普遍性，同时随着社会生产力的发展，又有历史的阶段性。因此，进行生态经济史研究，可以探明其发

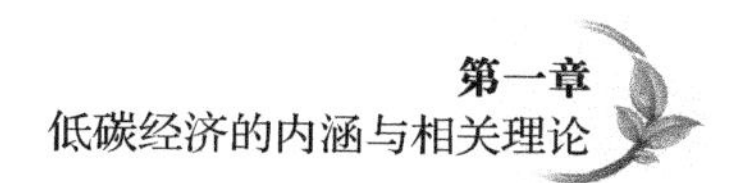

展的规律性，指导现实生态经济建设。

（三）可持续发展理论

《我们共同的未来》中将“可持续发展”定义为：“既满足当代人的需求，又不对后代人满足其自身需求的能力构成危害的发展”。1989年“联合国环境发展会议（UNEP）”专门为“可持续发展”的定义和战略通过了《关于可持续发展的声明》，可持续发展的战略和定义主要包括四个方面的内容：要有一种支援性的国际经济环境；维护、合理使用并提高自然资源基础；走向国家和国际平等；在发展计划和政策中纳入对环境的关注和考虑。

可持续发展内涵包括以下内容：一是发展的可持续性，人类的经济和社会的发展不能超越资源和环境的承载能力；二是人与人关系的公平性，当代人在发展与消费时应努力做到使后代人有同样的发展机会，同一代人中一部分人的发展不应当损害另一部分人的利益；三是人与自然的协调共生，人类必须建立新的道德观念和价值标准，学会尊重自然、师法自然、保护自然，与之和谐相处；四是突出发展的主题，发展与经济增长有根本区别，发展具有集社会、科技、文化、环境等多项因素于一体的完整性，是人类共同的和普遍的权利，发达国家和发展中国家都享有平等的不容剥夺的发展权利。科学发展观把社会的全面协调发展和可持续发展结合起来，以经济社会全面协调可持续发展为基本要求，指出要促进人与自然的和谐，实现经济发展和人口、资源、环境相协调，坚持走生产发展、生活富裕、生态良好的文明发展道路，保证一代接一代地永续发展。从忽略环境保护受到自然界惩罚，到最终选择可持续发展，是人类文明进步的一次历史性重大转折。总而言之，可持续发展是建立在社会、经济、人口、资源、环境相互协调和共同发展的基础上的一种发展，其宗旨是既能相对满足当代人的需求，又不能对后代人的发展构成危害。

可持续发展是一种新的生存方式，这种生存方式不但要求体现在以资源利用和环境保护为主的环境生活领域，更要求体现到作为发展源头的经济生活和社会生活中去。它包括经济、生态以及社会可持续发展三个方面的具体内容。可持续发展的重要性就是考虑“代际公平”和“代内公平”，可持续发展要求人类在发展中讲究经济效率、关注生态和谐、追求社会公平，最终达到人的全面发展。

低碳经济是指在可持续发展理念指导下，通过实体经济的发展模式转型、技术创新、组织创新、产业转型、新能源开发等多种手段，尽可能地减少煤炭石油等高碳能源消耗，减少对化石燃料的依赖，减少温室气体排放，达到经济社会发展与生态环境保护双赢的一种经济发展形态。

（四）生态足迹理论

生态足迹也称“生态占用”。生态足迹是能够持续地提供资源或消纳废物的、具有生物生产力的地域空间，其含义就是要维持一个人、地区、国家或者全球的生存所需要的或者能够容纳人类所排放的废物的、具有生物生产力的地域面积。生态足迹要估计承载一定生活质量的人口，需要多大的可供人类使用的可再生资源或者能够消纳废物的生态系统，又称之为“适当的承载力”。

通过生态足迹需求与自然生态系统的承载力（亦称生态足迹供给）比较，即可以定量地判断某一国家或地区目前可持续发展的状态，以便对未来人类生存和社会经济发展做出科学规划和建议。生态足迹通过测定现今人类为了维持自身生存而利用自然的量来评估人类对生态系统的影响。例如，一个人所排放的二氧化碳总量可以转换成吸收这些二氧化碳所需要的森林、草地或农田的面积，他的粮食消费量可以转换为生产这些粮食所需要的耕地面积，因此，它可以形象地被理解成一只负载着人类和人类所创造的城市、铁路、工厂、农田……的巨脚踏在地球上时留下的脚印大小。它的值越高,人类对生态的破坏就越严重。探讨生态足迹的意义在于探讨人类持续依赖自然以及要怎么做才能保障地球的承受力,进而支持人类未来的生存。生态足迹将每个人消耗的资源折合成为全球统一的、具有生产力的地域面积;通过计算区域生态足迹总供给与总需求之间的差值——生态赤字或生态盈余,精确地反映了不同区域对于全球生态环境现状的贡献程度。生态足迹既能够反映出区域的资源供给能力和资源消耗总量,又能够反映出个人或地区的资源消耗强度,同时也揭示了人类持续生存的生态阈值。它通过相同的单位比较人类的需求和自然界的供给,使可持续发展的衡量真正具有区域可比性,评估的结果清楚地表明在所分析的每一个时空尺度上,人类对生物圈所施加的压力及其量级,因为生态足迹取决于人口规模、物质生活水平、技术条件和生态生产力。生态足迹指标的提出为核算某地区、国家和全球自然资本利用状况提供了简明的方法,通过测量人类对自然生态服务的需求与自然所能提供的生态服务之间的差距,就可以知道人类对生态系统的利用状况,以便在地区、国家和全球的尺度上比较人类对自然的消费量与自然资本的承载量。

生态足迹的计算是基于两个简单的事实:首先,可以保留大部分消费的资源以及大部分产生的废弃物;其次,这些资源以及废弃物大部分都可以转换成可提供这些功能的生物生产性土地。生态足迹的计算方式明确地指出某个国家或地区使用了多少自然资源。然而,这些足迹并不是一片连续的土地,人们使用的土地与水域面积分散在全球各个角落,这些需要很多研究来决定其确定的位置。

三、经济系统控制论

经济系统控制论是一门新兴学科,是系统论、控制论和信息论渗入到经济科学而产生的一门边缘学科。经济系统控制论以各种经济系统的控制问题作为自己的研究对象。它的应用主要是通过定性和定量相结合的方法来分析各种经济系统的功能,以及利用各种控制方法来实现资源最优化配置的经济问题,是低碳经济的理论指导。

经济系统控制论可以从经济系统论和经济控制论来分析。

(一)经济系统论

经济系统论主要包括经济惯性、经济加速度、经济内动力、经济系统层次、经济竞争协和与经济承载能力原理。

一是经济惯性原理。封闭的经济系统与外界几乎不发生任何关系,不能获得外力来推动经济的发展。任何经济实体,在它不与外界发生作用的封闭状态下,都会导致相对静止状态,甚至出现经济衰退。

二是经济加速度原理。封闭的系统是一种没有加速度的惯性系统,而开放系统则是有加速度的发展系统。从经济系统控制论来看,只有通过对外开放,让经济系统与外界环境建立联系,通过外资引进,吸纳先进的生产技术,促使其产生促进系统内部协同发展的外力,才能加快国民经济的发展速度。

三是经济内动力原理。如果要使一个没有任何加速度的惯性系统变为一个带有加速度的开放系统,那么必须要改变经济系统中内在的结构。那些有势能差的非平衡系统就是动态发展的系统,而无势能差的平衡系统则是不发展的系统,完全服从势能最小化原理。一个具有内在发展机制的经济系统必须是一个有差异、非均匀和非平衡态的经济系统,它要求改革僵化的经济体制,扩大系统内的势能差,加强系统各组成部分之间的互补,从而使系统具有自组织作用和内在动力。

四是系统层次原理。任何系统都是有层次的,不同的层次有不同的运动规律。低碳经济系统也是有层次的,如宏观层次和微观层次,甚至更详细的划分。因此,仅在一个层次上不加区分地制定低碳经济决策是

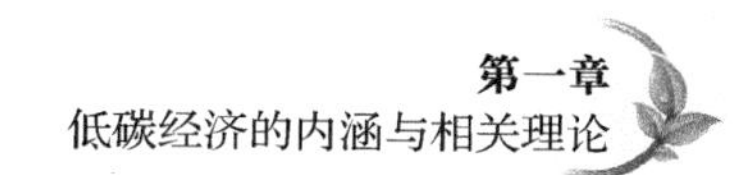

不符合实际情况的。

五是经济竞争协和原理。在微观经济系统中,企业的发展是在竞争规律和协和规律同时作用下进行的。在企业外部以竞争力为主;在企业内部则以协和力为主。竞争力使企业导向与外界相适应,而协和力则使企业的整体功能达到最优。在低碳经济系统中,从生态大系统分析,应用了生态学的原理,更加强调企业之间在科技工业园区中的协和,最终构成企业链的循环。

六是经济承载能力原理。一个经济系统的改革、开放和发展的程度,如果超过了其生态系统的承载能力,则系统的动态平衡将会被打破,从而使系统发生变化,以致崩溃。当然,与此同时,也应当考虑到改革、开放和发展对系统承载能力的提高,但是这种承载能力的提高在一定时间内是有限的,主要是因为人类对于地球生态系统、自然资源的认识是有限的。

(二)经济控制论

经济控制论把经济效果假设为信源,把价格看作传输信息的信道,而把收入作为信息的一种受体。这个就类似于通信系统中发报机、传输和收报机三者的关系。从统计规律角度来看,它要求价格以及收入的信息必须足够的多,变化必须足够的灵敏及迅速,这样人们才能从中得到有关经济效果的真实信息。经济控制论通过对信息传输的速率和效率的定量分析来研究不同经济体制的控制能力。

在低碳经济系统下,控制论除了要求经济效果的信息以外,还要求社会效果、环境效果、资源效果和对生态系统影响的效果,从大系统来分析经济体制的控制能力。经济控制论包括耦合、反馈和最优化三个理论。

一是经济耦合理论。经济控制论把自给自足的经济系统看作成孤立系统,而将分工协作的经济系统看作包含串联耦合和并联耦合的系统。串联耦合是指甲企业的产出就是乙企业的投入;而乙企业的产出就成为丙企业的投入;最后,丙企业的产出又成为甲企业的投入。这样就形成一个串联回路。在低碳经济系统下,控制论要求不仅在企业产品的生产过程中形成这种串联回路,而且在废弃物处理方面也形成这样一个串联回路,两者相互耦合。并联耦合是指一个企业要输入多个企业的产品,又要把本企业的产品输往多个其他企业,这样就形成了一个并联回路。在低碳经济系统下,控制论要求废弃物在这些企业间交叉输配,形成多重耦合。一般来讲,产品输出串联企业越多,生产效率越低;而废弃物输出串联企业越多,资源利用效率越高。

二是经济反馈理论。根据经济反馈理论,发展低碳经济要考虑生态成本,改变企业单一追求经济效益的观念,使企业的外部效益内部化。生态成本高,价格就高,而且还有绿色产品市场准入制度,市场就容易萎缩,反而带来更高的成本,市场更难进入,最终使得那些高能耗、高污染的企业退出市场。

三是最优化理论。根据最优化理论,低碳经济增长模式是指在自然资源投入一定的情况下,使总产出最大化,二氧化碳以及废弃物的排放量最小化。在这一前提下,选择最优顺序实施决策,解决最优工作时间、最优设备更新期、最优人员调配、最优产业布局和最优能源结构等一系列问题。

第三节　与发展低碳经济紧密相关的几对关系

一、经济结构战略性调整与发展低碳经济的关系

改革开放以来,中国经济得到迅速发展,中国已成为世界最大的经济体之一。但同时,能源消费量也增加,中国也是世界最大的能源生产

和消费国之一。作为一个“负责任”的大国，中国必须立足实际，基于自身发展阶段和特点，推进低碳经济和低碳的发展。中国要走低碳发展道路，要在不损害发展的前提下实现低碳化，近期看是提高能源效率，远期看是推进产业结构和能源结构调整，发展新能源和可再生能源。加快发展低碳经济，就要加快转变经济发展方式，推动产业结构升级，必须大力推进经济结构战略性调整，要更加注重提高自主创新能力，提高节能环保水平，提高经济整体素质和国际竞争力。

当前，我国在粗放型经济增长模式下，投资、工业的快速增长很容易带动消耗高、排放多的投资品生产的扩张及这些产业的投资扩张。加之自主创新能力不强，工业和出口的快速增长又主要依靠附加值低而占地多、消耗多、排放多的贴牌生产方式来实现，使得经济发展面临能源资源的制约。因此，要发展低碳经济，加快转变经济发展方式，推动产业结构优化升级，必须抓好需求结构、产业结构等方面的调整，抓好自主创新能力的提高。

经济结构战略性调整能够推动现代产业体系，促进经济增长由主要依靠第二产业带动向依靠第一、第二、第三产业协同带动转变。同时加快转变经济发展方式，推动产业结构优化升级，把结构调整作为推动经济发展方式转变的主线，坚持走科技含量高、经济效益好、资源消耗低、环境污染少、人力资源优势得到充分发挥的新型工业化道路。还要按十八大精神大力推进信息化与工业化融合，促进工业由大变强，振兴装备制造业，推动大型制造设备和基础设施建设，改造提升传统产业，淘汰落后生产能力。着力提升高新技术产业，发展信息、生物、新材料、航空航天、海洋等产业。实施加快培育和发展战略性新兴产业的规划及政策措施，积极营造良好的市场环境，加大扶持力度，积极推进节能环保、新一代信息技术、生物、高端装备制造、新能源、新材料等产业的培育和发展，实现整个产业结构的低碳化。

产业结构的战略性调整注重提高自主创新能力，促进经济增长由主要依靠增加物质资源消耗向主要依靠科技进步、劳动者素质提高、管理创新转变。提高自主创新能力，建设创新型国家，是提高综合国力的关键。从我国发展的战略全局看，我们发展低碳经济迫切地需要坚实的科技基础和有力的技术支撑。为此，必须把增强自主创新能力贯彻到现代化建设各个方面，坚持走中国特色自主创新道路，认真落实《国家中长期科学和技术发展规划纲要（2006—2020 年）》，加大对自主创新投入，着力突破制约经济社会发展的关键技术。要加快建设国家创新体系，支持基础研究、前沿技术研究、社会公益性技术研究。要加快建立以企业为主体、市场为导向、产学研相结合的技术创新体系，引导和支持创新要素向企业集聚，促进科技成果向现实生产力转化。通过提高自主创新能力和科技的进步，在低碳经济领域内寻求技术突破，最大限度提高资源生产率和能源效率，减少资源消耗和污染排放量。

经济结构战略性调整将建设资源节约型、环境友好型社会放在工业化、现代化发展战略的突出位置，加快发展低碳经济，建设科学合理的能源资源利用体系，提高节能环保水平。要按照减量化、再利用、资源化的原则，以提高能源资源使用效率为中心，以节能、节水、节地、节材、资源综合利用为重点，通过加快产业结构调整，推进技术进步，加快法制建设，完善政策措施，强化节约意识，建立长效机制，形成节约型的增长方式和消费方式，促进经济社会可持续发展。同时，抓住当前部分行业产能过剩的时机，加快淘汰浪费能源资源、污染环境的落后工艺、技术和设备，加强宏观调控，遏制盲目投资、低水平重复建设，限制高耗能、高耗水、高污染产业的发展，使我国尽快从根本上转变成为一个低碳国家。

此外，我国要走低碳经济的发展道路，必须加快经济结构的战略性调整，这也为我国实现经济方式的根本转变提供了难得的机遇。走低碳发展道路，既是应对全球气候变化的根本途径，也是国内可持续发展的内在需求。而且发展低碳经济不仅有利于突破我国经济发展过程中资源和环境瓶颈性约束，走新型工业化道路，还有利于顺应世界经济社会变革的潮流，形成完善的促进可持续发展的政策机制和制度保障体系。同时，发展低碳经济也有利于推动我国产业升级和企业技术创新，打造我国未来的国际核心竞争力，并推进世界应对气候变化的进程，树立我国对全球环境事务负责任的发展中大国的良好形象。

二、发展低碳经济与发展循环经济的关系

低碳经济是在生产、流通和消费过程中降低化石能源消耗、减少温室气体排放活动的总称，是指在可持续发展理念指导下，通过技术创新、产业转型、新能源开发等手段，改变能源结构，尽可能降低煤炭、石油等高碳能源消耗，减少二氧化碳等温室气体排放，达到经济社会发展与生态环境保护双赢的一种经济发展形态，是以低能耗、低污染、低排放、高效益为特征的新的经济发展模式。低碳经济以减少温室气体排放为主要关注点，以建立低碳能源系统、低碳技术体系和低碳产业结构为基础，以制定低碳政策、开发利用低碳技术和产品、采取减缓和适应气候变化的相关措施为核心内容。循环经济是指在人、自然资源、社会经济和科学技术的大系统内，在资源投入、企业生产、产品消费及废弃物处理的全过程中，把传统的依赖资源消耗的线性增长经济，转变为依靠自然资源的生态循环来发展，形成资源—产品—废弃物—再生资源的反馈式循环过程的发展模式，是一种通过资源循环利用使社会生产投入自然资源最少、向环境中排放的废弃物最少、对环境的危害或破坏最小的经济发展模式。循环经济是对新型经济发展方式的归结与概括，是从经济活动实践中产生和形成的。

循环经济与低碳经济的发展模式具有一些共同之处。首先，它们都是促进经济发展方式转变的发展方式。循环经济主要从资源减量化、再循环、再利用角度减少资源消耗，降低环境末端治理的成本，以应对资源紧张和环境污染问题。低碳经济则主要是降低煤炭、石油等化石能源的消耗，减少二氧化碳的排放，促进形成低碳的经济结构，应对全球化石能源过速消耗和全球气候变化。其次，循环经济和低碳经济都追求人类可持续发展和环境友好的实现，要求人类在考虑生产和消费时要充分考虑自然生态系统的承载能力，尽可能地节约自然资源，不断提高自然资源的利用效率。最后，它们都强调技术创新和制度创新。低碳经济和循环经济都是以技术创新为支撑，以制度创新为保证，以生态经济伦理为支撑点的。低碳经济要求低碳技术的配套，循环经济要求循环技术的发展。技术的进步和重大突破都将成为两种发展模式的强大动力。

虽然低碳经济与循环经济的根本宗旨一致，都是通过制度和政策措施的制定和创新以及科学技术进步，推动高投入、高消耗、高排放、低效益的社会经济发展模式向低投入、低消耗、低排放、高效益的社会经济模式转型，实现经济社会步入可持续发展的良性循环轨道，但两者也存在一些不同之处。

首先，低碳经济是循环经济的重要组成部分和深化，它要解决高耗能、高污染、高排放的问题，循环经济则是要解决资源有限和需求无限的矛盾、经济发展和环境保护的矛盾。其次，低碳经济与循环经济的核心不同，低碳经济是以低能耗、低污染、低排放为基础的经济，实质是高能源利用效率和清洁能源结构问题，核心是能源技术创新、制度创新和人类生存发展观念的根本性转变。循环经济是物质的循环，使各种物质循环利用起来，以提高资源效率和环境效率。最后，低碳经济与循环经济所针对的重点不同。低碳经济主要针对的是能源领域，重点是从建立低碳经济结构、减少碳能源消费入手,进而建立起全社会减少温室气体排放,应对全球气候变暖的应对机制和发展模式。循环经济既是一种发展模式,也是一种生产方式,是在满足成本效益原则的前提下,利用生态学原理,对经济活动中的有限资源不断地进行循环利用,高效率或无浪费地使用资源的一种生产方式。在产业导向方面,低碳经济侧重强调建立少消耗化石能源特别是煤炭、石油的产业体系,而循环经济强调无论什么样的产业结构均对废弃物循环使用。在技术运用方面,低碳经济通过新能源技术、替代化石能源等措施可以实现,循环经济不仅需要循环技术,在现阶段由于成本效益的原因,要对采用这种技术后的成本效益进行比较。在地区布局上,循环经济强调工业共生和代谢生态链关系,要求上下游企业实现地域上的相对集中,形成循环利用链。把废弃物的排放单位和利用单位在空间上有效集中,可以产生较大的聚集效益。低碳经济并不一定强调这种地域上的集聚,它强调的是产业结构的问题,要求产业发展的能源消耗是低碳能源,较多考虑能源供给与利用的优化,寻找替代能源,使用清洁能源成为发展低碳经济的重要措施。

低碳经济和循环经济这两种发展模式,我们应当同样重视,借鉴和利用两种模式的技术创新优势,取长补短,共同发展。同时,借鉴发达国家的成功经验,根据我国的实际加以推广运用,发挥这两种模式的作用,促进我国的资源节约和环境保护,真正形成资源节约型、环境友好型社会的产业基础、制度基础和社会基础。

三、技术创新进步与低碳经济的关系

人类减少排放走向低碳经济主要依靠提高能源使用效率和发展清洁能源,而背后的支柱则是人们致力发展的节能和新能源技术。技术创新是低碳经济发展的动力源泉,只有运用系统的思维谋取技术及其相关制度的创新,才能最终实现我国低碳经济的发展目标。

目前,国内外学者认为要发展低碳经济,开发和使用低碳技术是减少排放的关键途径。我国政府也非常重视技术进步和技术创新在应对气候变化、发展低碳经济方面的作用。技术创新是实现低碳经济的关键,如果低碳技术不能实现商业化和产业化,那么低碳技术在影响经济发展模式和气候变化方面作用就微乎其微。因此,需要通过各种政策手段,激励技术创新,才能实现经济发展模式向"低碳"转变。

传统的创新理论,根据创新的强度分为渐进性创新与突破性创新。渐进性创新指对现有技术的非质变性的改革与改进,是基于现存市场上主流顾客的需要而进行的线性、连续的过程。突破性创新是相对于渐进性创新来说,指含有显著的技术进步,旧的技术不论是在规模的增长、效率或设计上都无法与突破性创新带来的新技术竞争。而在低碳技术创新方面,国外学者普遍认为,以可再生能源技术为主体的低碳技术相对于传统化石能源技术而言,是一种突破性创新。还有一些观点是将低碳技术看作是一种技术范式的转变,是要对传统能源技术以及建立在传统能源技术之上的社会、经济系统进行一种根本性的改变。传统的碳基技术使得社会经济技术系统形成了路径依赖,这种依赖一方面来自于建立在传统能源技术之上的技术锁定,而依赖的另一方面是制度锁定。制度可以理解为规范人类行为的所有约束变量。这包括正式的约束,如法律、经济规则与合同;以及非正式的约束,如社会习俗与行为规范。低碳技术创新是一个通过技术范式的转变来实现对原有技术经济系统进行解锁的过程。

科学技术是生产力,当前应当以创新技术推进低碳经济,主要包括降低清洁能源的开发成本和攻关核心技术两大内容。以往,在核心技术研发方面,企业分散行为较多,并未形成攻关合力,需要国家有关机构扮演组织者的角色对其进行整合。近年来,国家以提升自主创新能力为基础，高度重视新能源产业发展，创新发展可再生能源技术、节能减排技术、清洁煤技术和核能技术，大力推进节能环保和资源循环利用技术的应用。在选择战略性新兴产业方面，特别注重战略性长远规划，如在能源领域，选择新能源、可再生能源和非化石能源作为未来发展重点；在交通领域，选择电动汽车作为发展重点；在信息领域，确定智能电网和相关技术作为发展重点；在制造业领域，突出节能减排各方面的设计。目的就是使科学技术融入经济社会的发展，使我们的经济社会发展获得可持续的能力和长远发展的动力。全球应对气候变化正在催生以低碳技术为支撑的新兴产业，加快发展低碳经济。这便要求企业从发展战略、研发投入、人才激励上坚持以创新为本，积极发挥企业在自主创新中的主体作用，通过技术进步迎接低碳时代的机遇和挑战。有序推进低碳经济新兴产业的发展，争取打造一批在低碳技术领域掌握核心技术知识产权的先进企业，建成一批以低碳生产方式和消费方式为特征的示范城市，为构建我国低碳产业体系和全面发展战略性新兴产业打下基础。

技术创新进步可以提高能源效率，改善能源消费结构，减少二氧化碳排放。社会经济活动的环境效应在很大程度上受到技术变化的速度和方向的影响。技术创新已经成为应对气候变化和推行低碳经济的关键，无论是新能源的开发还是提高能源利用效率，都离不开科技进步和创新。但是技术创新应有一定的时间顺序，如太阳能、生物质能和风能，都是比较好的可再生资源，由于风能和太阳能占地面积小，能力巨大，我国可以优先发展。此外，我国正处在工业化进程，发展低碳经济是我们未来的出路。我国应当重视技术创新进步，采取多元化的清洁能源发展战略，大力发展技术比较成熟，经济效益较好的核能、天然气、水电，并辅以风能、太阳能和生物质能等具有长期发展潜力的新能源。

低碳经济是一个长远的目标和艰巨的任务，包含的内容很多且并不简单。目前我国的低碳产业技术尚不成熟，低端设备产能过剩，还在摸索中，很多人却只看到了巨大的投资机会和投资需求，而往往忽略了其替代传统能源的原始任务，忽略了技术创新的重要性。要发展低碳经济，不能只靠扩大低碳经济产业来实现，技术进步才是我们长期努力的方向，也是解决能源和环境问题的根本出路，同样是低碳经济发展的本质。

第四节　低碳经济的相关指标

一、碳源

《联合国气候变化框架公约》将碳源定义为向大气中释放二氧化碳的过程、活动或机制，碳源量即碳的排放量与吸收量之差。

二、碳汇

碳汇一般是指从空气中清除二氧化碳的过程、活动和机制。它主要是指森林吸收并储存二氧化碳的多少，或者说是森林吸收并储存二氧化碳的能力。

（一）森林碳汇

森林是陆地最大的生态系统，对稳定全球生态平衡具有水源涵养、气候调节、空气净化、风沙防治以及生物多样性保护等多种功能，吸收二氧化碳、抑制气候变暖是其中一项重要功能。据研究，陆地生态系统中57%的碳都储存在森林中，全球每年大气和地表碳流动量的90%都来源于森林。森林每生长1立方米，平均吸收1.83吨二氧化碳，释放1.62吨氧气。通过造林营林，增加森林面积可以达到间接减排的效果，是应对气候变化的有效手段。内蒙古的森林面积居全国之首，森林覆盖率为17.57%。2008年末，全内蒙古自治区森林面积2051万公顷，占全国森林面积的1/8。据专家测算，每公顷温带森林每年的固碳能力为2.7～

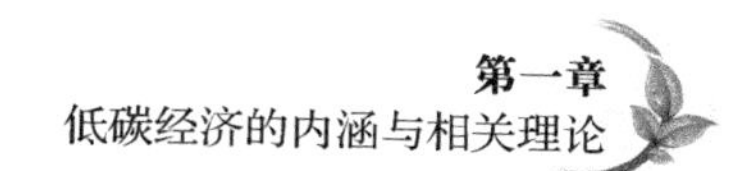

11.25 吨,平均数为 5 吨,以此推算自治区森林资源量为 1.2 亿吨。

此外,内蒙古自治区目前还有 1560 万公顷宜林荒山荒地,可以为发展碳汇造林项目提供丰富的林地资源。2007 年,敖汉旗防治荒漠化青年造林项目"以灌木为辅助的退化土地造林再造林方法学"获得国际 CDM 执行理事会的正式批准,为荒漠化地区乔灌混交造林项目申请 CDM 碳汇项目奠定了基础。另外,从荒漠化地区植被恢复和农牧民增收的角度讲,碳汇造林项目对于内蒙古来说也应该是一个优先选择。

(二)草原碳汇

草原在缓解气候变暖、防风固沙、涵养水源、保持水土、净化空气以及维护生物多样性等方面具有重要作用。草原碳汇是不亚于森林碳汇的珍贵资源,具有重要的生态价值和经济价值。据专家测算,0.067 公顷天然草原固碳能力为 0.1 吨,相当于减少二氧化碳排放量 0.46 吨。而内蒙古有 0.87 亿公顷草原,占全国可利用草场面积 1/5 以上。呼伦贝尔、锡林郭勒、科尔沁、乌兰察布、鄂尔多斯和乌拉特是全国著名的草原。由此推算,内蒙古自治区的草原固碳能力为 1.3 亿吨,相当于减少二氧化碳排放量 6 亿吨。我国的青藏高原面积超过 200 万平方千米,是影响亚洲大陆乃至全球气候的重要之地,青藏高原拥有 20% 的草地面积,这些广阔的草原都形成了巨大的碳汇。

(三)沙漠碳汇

内蒙古有 5.6 亿亩可利用的沙漠或荒漠化土地,其中 1.2 亿亩可种灌木、半灌木,2.8 亿亩可种草,可实现碳汇 12 亿吨。这些草木都是本土品种,适宜干旱缺水、寒冷多风的自然环境,成活率很高。开发沙漠碳汇资源,可以使沙漠绿化,恢复生态。同时,还可以开发生物质能,获得清洁能量。内蒙古自治区生物质发电的实践证明,利用沙漠灌木等植物可产生清洁能源。因此,沙漠碳源的开发前景很广阔。

三、碳税

应对气候变化的政策工具可分为命令 - 控制型(Command - and - Control,CAC)和激励型(incentive - based)两类。命令 - 控制型政策是运用法律和制度,直接或间接地要求企业使用减排技术,通过检查、监控和罚款等标准化程序确保企业达到减排要求。激励型政策是政府制定总体目标和原则,然后给企业留下足够的追求利润的余地来激励企业采取成本有效的减排技术。经济学家大多认为,应对气候变化,基于市场的激励型工具要比传统意义上的命令 - 控制型手段更为有效。

激励型政策工具又分为排放税(emission taxes)和可转让排放许可证(transferable emission permits)即排放权交易(emission trading)两种。碳税就属于一种排放税。

征税对象的确定直接涉及征税范围,征税范围的圈定又影响经济主体的收益与行为,而经济主体的行为反过来会影响到税收的实施。碳税也是如此,征税对象的选择直接涉及二氧化碳排放前后产业链上的一系列环节和主体的利益。

从二氧化碳产生的流程来看,针对源头征税优于在过程中征税。碳税应该对化石能源为消费和生产活动的经济主体提供能量时产生的每一单位二氧化碳排放征税,如汽车驾驶、工厂操作等(Bernard P. Herber 和 Jose T. Raga,1995)。但是对已产生的碳排放征税在操作上并不可行,更可行的手段是对化石能源征税。化石能源的不同使用途径并不影响化石能源碳含量与二氧化碳排放之间的比率,因此从源头征税,即依据特定化石能源的碳含量对其征收碳税是合理且有效率的。值得注意的是,化石能源在被开采前并不释放二氧化碳,因此对这种状态下的化石能源征税没有意义(Lawrence H. Goulder,1992)。

针对源头征收的碳税可依据两种方法分类。一种是把碳税分为原始碳税和最终碳税：原始碳税是当化石能源被开采或进口到某国时征税；最终碳税是当化石能源被卖给企业或家庭用于提供能量时征税（Bernard P. Herber 和 Jose T. Raga,1995）。另外一种分类方法是源头碳税与目的地碳税:源头碳税针对国内化石能源生产者,在石油和天然气开采的源头以及煤的挖掘处收取;目的地碳税则针对在国内消费的碳,碳的目的地（消费地点）是这种税的基础（Lawrence H. Goulder,1992）。

第五节　低碳经济的评价方法

目前,我国对于低碳经济评价的研究较少,主要有以下几种方法对低碳经济进行评价。

一、层次分析法(AHP)

朱有志等(2009)提出低碳经济评价方法,并提出了基于 AHP 的低碳经济评价指标体系(见表 1 – 1)。

表 1 – 1　基于 AHP 的低碳经济评价指标体系

二级指标	三级指标	指标属性
碳排放	碳排放总量	定量
	人均碳排放量(碳足迹)	定量
	能源强度	定量
	碳强度	定量
能源控制	化石能源消耗总量	定量
	煤炭在能源消耗中占比	定量
	可再生资源在能源结构中占比	定量
碳汇建设	森林覆盖率	定量
	城市绿化覆盖率	定量

续表

二级指标	三级指标	指标属性
低碳产业	低碳产业产值占比	定量
	低碳技术	定量、定性
	低碳产品出口与对外服务总额	定量
碳交易与合作	“碳单量”交易金额	定量

他认为，上述评价指标体系是基于“低碳经济是一种发展新理念、新模式、新规则，是一个涉及能源、环境、经济系统的综合性问题”的概念内涵基础上的，并遵循层次分析法的原理提出来的，虽然复杂，但便于系统、综合评价。其评价是，只要根据需要进行加权求和，即可得出低碳经济发展的整体状况。

二、模糊层次分析法

（一）应用模糊层次分析法对省区的低碳经济发展进行评价

李晓燕（2010）提出应用模糊层次分析法对省区的低碳经济发展进行评价，建立的低碳经济评价指标体系为以下六个系统：

经济发展系统：包括人均 GDP、居民的收入、第三产业比重、对外开放度、外贸进出口总额、R&D 经费占 GDP 比重六个指标。

低碳技术系统：包括清洁能源的比例、工业废水重复利用率、城市生活垃圾无害处理率、低能耗建筑比例、温室气体捕获与封存比例、城镇生活污水处理率、工业固体废弃物综合利用率、单位种植面积的化肥量八个指标。

低碳能耗排放系统：包括单位 GDP 能耗、单位 GDP 的二氧化碳、单位 GDP 的二氧化硫、单位 GDP 的化学需氧量（COD）四个指标。

低碳社会系统：包括每万人拥有公交车数量位、恩格尔系数、城市化率、基尼系数、人口自然增长率五个指标。

低碳环境系统：包括森林覆盖率、人均绿地面积、建成区绿地覆盖率、自然保护区省辖区面积四个指标。

低碳理念系统：包括公众对环境保护的满意率、环境教育普及率、居民的低碳理念三个指标。

她利用模糊层次分析法对四川等五省市进行了低碳经济的实证分析，得到六省市低碳经济综合评价指数，以四川为例提出政策建议。

（二）运用模糊层次分析法和主成分分析法对于城市低碳经济进行综合评价

李晓燕、邓玲（2010）运用模糊层次分析法和主成分分析法对于城市低碳经济进行综合评价，并建立了城市低碳经济综合评价指标体系，分为以下四个系统：

经济系统：包括人均 GDP、城镇居民可支配收入、第三产业比重、第三产业从业人员比重、农村居民纯收入五个指标。

科技系统：包括单位 GDP 能耗、单位 GDP 的二氧化碳、单位 GDP 的二氧化硫、新能源的比例、温室气体捕获与封存比例、能源消费弹性系数、低能耗建筑比例、工业废弃物综合利用率、工业废水达标率、生活垃圾无害处理率十个指标。

社会系统：包括每万人拥有公交车数、恩格尔系数、城市化率、R&D 投入占财政支出比重、人均住房面积、公众对环境保护的满意率、环境教育普及率、居民的低碳理念及普及率八个指标。

环境系统：包括森林覆盖率、人均绿地面积、建成区绿地覆盖率、自然保护区面积占比四个指标。

她们以直辖市为例，进行了城市低碳经济的综合评价，依据有关的指标数据，采用主成分分析筛选出各个子系统评价指标的主成分量，进行直辖市低碳经济发展综合评价指数分析。

三、DEA 法

(一)研究方法与模型的建立

DEA 方法是美国著名运筹学家 Charnes 和 Cooper 等在 1978 年首先提出的,是评价具有多个输入和多个输出的决策单元相对有效性的方法。DEA 模型利用观察到的样本数据,将每个评价单位视为一个决策单元(DMU),对投入产出体系的效率进行评价。DEA 的模型主要是 CCR 和 BCC 两种,本书采用 CCR 模型。

假设有 n 个地区(称为决策单元 DMU),每个决策单元(DMU_j)都有 m 种输入和 s 种输出,相应的向量分别为:

$$X_j = (x_{1j}, x_{2j}, \cdots, x_{mj})^T > 0$$

$$Y_j = (y_{1j}, y_{2j}, \cdots, y_{sj})^T > 0$$

权系数分别为:$V = (v_1, v_2, \cdots, v_m)^T, U = (u_1, u_2 \cdots, u_s)^T$

其中,$x_{ij}, y_{rj}, v_i, u_r > 0; r = 1, 2, \cdots s; i = 1, 2, \cdots m; j = 1, 2, \cdots, n$。则对于第 j 个 DMU_j 有相应的效率评价指数:

$$h_j = \frac{u^T Y_j}{v^T X_j}, j = 1, 2 \cdots, n$$

我们总可以适当地选取权系数 v 及 u,使其满足 $h_j \leqslant 1$,构成评价 DMU_{j0} 的最优化 CCR 模型为

$$\max \frac{u^T Y_0}{v^T X_0} = h_{j0}^*$$

$$\begin{cases} \dfrac{u^T Y_j}{v^T X_j} \leqslant 1, j = 1, 2, \cdots, n \\ u \geqslant 0, v \geqslant 0 \end{cases}$$

其中,第 j_0 个决策单元 DMU_{j0} 的输入、输出数据向量记为 $X_0 = X_{j0}$,$Y_0 = Y_{j0}$。上式是一个分式规划,利用 Charnes - Cooper 变换可将它转化

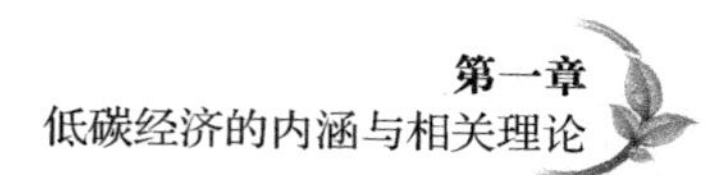

为下面一个等价的线性规划问题：

$$\max u^T Y_0 = h_{j0}^*$$

$$\begin{cases} \omega^T X_j - u^T Y_j \geqslant 0, j = 1,2,\cdots n \\ \omega^T X_0 = 1 \\ \omega \geqslant 0,\ u \geqslant 0 \end{cases}$$

则考虑带有非阿基米德无穷小 ε 的 DEA 模型为：

$$\max u(u^T Y_0 + \delta u_0)$$

$$\begin{cases} \omega^T X_j - u^T Y_j - \delta u_0 \geqslant 0, j = 1,2,\cdots n \\ \omega^T X_0 = 1 \\ \omega^T \geqslant \varepsilon \cdot \hat{e}^T, u^T \geqslant \varepsilon \cdot \hat{e}^T \end{cases}$$

其对偶规划为：

$$\min[\theta - \varepsilon(\hat{e}^T S^- + \hat{e}^T S^+)]$$

$$\begin{cases} \sum_{j=1}^{n} X_j \lambda_j + S^- = \theta X_0 \\ \sum_{j=1}^{n} Y_j \lambda_j - S^+ = Y_0 \\ \sum_{j=1}^{n} \lambda_j = 1 \\ \lambda \geqslant 0, S^- \geqslant 0, S^+ \geqslant 0 \end{cases}$$

上式中 X_j、Y_j 分别为决策单元 DMU_j 的投入和产出要素集，λ_j 表示通过现行组合构造一个有效的 DMU_j 时，第 j 个决策单元的组合比例。θ 表示 DMU_j 离有效前沿面的径向优化量，具体在本书中表示省区低碳经济的效率，θ 越趋于 1 代表低碳经济发展得越合理。S^- 与 S^+ 为松弛变量，非零的 S^- 与 S^+ 使无效 DMU_j 沿水平或垂直方向延伸达到有效前沿面。当计算出 $\theta=1$ 且 $S^-=S^+=0$ 时称 DMU_j 为 DEA 有效；当 $\theta=1$ 且

$S^- \neq 0$ 或 $S^+ \neq 0$ 时，称 DMU_j 为弱 DEA 有效；当 $\theta < 1$ 时称 DMU_j 为 DEA 无效。

（二）指标的选取与数据说明

由于评价各地区的低碳经济效率，因此选择输入、输出指标如下。

1. 输入指标

劳动投入：劳动投入一般是指生产过程中实际投入的劳动量，发达国家一般用标准劳动强度的劳动时间来衡量。由于我国省际资料缺乏统计，已有研究都用从业人数来代替。因此，本书采用各地区从业人员数作为劳动投入量指标。

资本投入：本书用新增资本投入来反映经济中的资本投入，主要考虑增量资本，不考虑存量资本。因此，本书主要采用各地区固定资产投资、R&D 投资和污染治理投入这三个指标来反映。

资源投入：主要指各地区原油、原煤、石油、天然气等的消耗量。本书采用能源消费总量这个指标。

2. 输出指标

地区 GDP：主要反映地区经济发展变化，本书采用当年 GDP 来反映。

地区碳排放量：主要反映地区碳排放的情况，本书采用地区 CO_2 排放量，由于 CO_2 排放是“坏”的产出指标，因此在衡量时用其倒数。由于中国还没有地区的 CO_2 排放量的数值，因此根据采用《2006 年 IPCC 国家温室气体清单指南》提供的方法学，并结合我国的能源统计数据和《中国统计年鉴》对我国 30 个省区市（西藏除外）的 CO_2 排放状况进行核算。核算对象包括化石燃料燃烧的排放和水泥生产过程的排放两部分。曾贤刚（2009）根据这种方法测算出了2000—2007年中国各省区市二氧化碳排放，本书沿用这种方法，测算出 2008 年中国各省区市二氧化碳排放量作为分析所用数据。

四、DEA法的实证分析

(一)数据说明

除各省区市二氧化碳排放量之外,其他指标数值均来自《中国统计年鉴2009》。

(二)各省区市低碳经济评价

1. 效率分析

表1-2　各省区市DEA效率评价结果

省区市	技术效率	纯技术效率	规模效率	规模报酬	判断结果
北　京	1	1	1	-	DEA有效
天　津	0.901	1	0.901	irs	非DEA有效
河　北	0.825	1	0.825	drs	非DEA有效
山　西	0.87	0.956	0.911	drs	非DEA有效
内蒙古	1	1	1	—	DEA有效
辽　宁	0.743	0.802	0.927	drs	非DEA有效
吉　林	0.988	1	0.988	drs	非DEA有效
黑龙江	0.798	0.821	0.972	drs	非DEA有效
上　海	1	1	1	—	DEA有效
江　苏	0.912	0.994	0.917	drs	非DEA有效
浙　江	0.982	1	0.982	drs	非DEA有效
安　徽	0.728	0.885	0.822	drs	非DEA有效
福　建	0.949	1	0.949	drs	非DEA有效
江　西	0.841	0.929	0.906	drs	非DEA有效
山　东	0.801	0.895	0.895	drs	非DEA有效
河　南	0.7	1	0.7	drs	非DEA有效
湖　北	0.766	0.874	0.877	drs	非DEA有效
湖　南	0.799	1	0.799	drs	非DEA有效
广　东	1	1	1	—	DEA有效

续表

省区市	技术效率	纯技术效率	规模效率	规模报酬	判断结果
广　西	0.817	1	0.817	drs	非 DEA 有效
海　南	1	1	1	—	DEA 有效
重　庆	0.575	0.587	0.979	irs	非 DEA 有效
四　川	0.636	0.732	0.868	drs	非 DEA 有效
贵　州	0.72	0.759	0.949	drs	非 DEA 有效
云　南	0.728	0.98	0.743	drs	非 DEA 有效
陕　西	0.597	0.607	0.984	drs	非 DEA 有效
甘　肃	0.717	0.724	0.991	drs	非 DEA 有效
青　海	1	1	1	—	DEA 有效
宁　夏	0.551	0.93	0.593	irs	非 DEA 有效
新　疆	0.957	0.971	0.986	drs	非 DEA 有效

从表 1－2 可知，只有北京、内蒙古、广东、上海、海南、青海达到了 DEA 有效水平，其他非 DEA 有效的省区市中，河北、辽宁、黑龙江、安徽、山东、河南、湖北、湖南、广西、重庆、四川、贵州、云南、陕西、甘肃、宁夏低于全国的水平 0.830。通过对技术效率的分解可得到纯技术效率和规模效率。总体上看，各省区市的纯技术效率平均得分为 0.915，大于规模效率的平均得分 0.909，在低碳经济发展中，规模效率上还较欠缺。低碳经济发展效率主要受制于规模上的瓶颈。在非 DEA 有效的省区市中，重庆、宁夏和天津处于规模报酬递增阶段（irs），而河北、山西、辽宁、吉林、黑龙江、江苏、浙江、安徽、福建、江西、山东、河南、湖北、湖南、广西、四川、贵州、云南、陕西、甘肃、新疆处于规模报酬递减阶段（drs）。这说明前者主要是由于低碳经济规模过小导致效率较低，可考虑增加要素投入规模，来提高低碳经济效率；而后者，由于已经处于规模报酬递减阶段，为进一步提高低碳经济效率，只有进行产业和技术升级，吸收和利用

先进的节能减排技术，减少碳的排放量，才能进一步提高整体的低碳经济发展效率。

2. 生产前沿面投影分析

表1－3　非DEA有效的各省区市在生产前沿面上的“投影”分析(投入冗余率)

省区市	劳动投入	固定资产投资	R&D投资	污染治理投入	资源投入
天　津	0.00	0.00	0.00	0.00	0.00
河　北	0.00	0.00	0.00	0.00	0.00
山　西	0.04	0.04	0.04	0.77	0.52
辽　宁	0.20	0.41	0.20	0.20	0.38
吉　林	0.00	0.00	0.00	0.00	0.00
黑龙江	0.18	0.18	0.18	0.18	0.40
江　苏	0.01	0.39	0.15	0.17	0.10
浙　江	0.00	0.00	0.00	0.00	0.00
安　徽	0.54	0.30	0.11	0.11	0.11
福　建	0.00	0.00	0.00	0.00	0.00
江　西	0.45	0.35	0.07	0.07	0.07
山　东	0.11	0.35	0.11	0.56	0.29
河　南	0.00	0.00	0.00	0.00	0.00
湖　北	0.13	0.13	0.13	0.13	0.13
湖　南	0.00	0.00	0.00	0.00	0.00
广　西	0.00	0.00	0.00	0.00	0.00
重　庆	0.51	0.54	0.41	0.55	0.41
四　川	0.39	0.27	0.27	0.27	0.27
贵　州	0.62	0.24	0.24	0.66	0.70
云　南	0.46	0.02	0.02	0.02	0.02
陕　西	0.39	0.46	0.39	0.39	0.39
甘　肃	0.50	0.28	0.28	0.79	0.60
宁　夏	0.07	0.21	0.60	0.83	0.28
新　疆	0.03	0.03	0.03	0.22	0.30

对于非 DEA 有效的省区市,通过计算,可以对原有的投入和产出向量进行调整,使其成为 DEA 有效,经过调整后的点即为各省区市在生产前沿面上的“投影”。表1－3 给出了各省区市的投入冗余率和产出不足率。针对具体省区市而言,可以从表中分析出造成各省区市低碳经济发展效率低下的原因,并得出下一步改进的方向和程度。

从投入指标看,各省区市均存在投入冗余,要素的投入冗余率是与 DEA 有效省区市相比该要素的使用效率,要素的投入冗余率越大,则目前的使用效率越低。尤其是安徽、江西、山东、重庆、四川、贵州、云南、陕西、甘肃、宁夏、新疆等省区市的投入冗余过高,从资源配置的角度分析,优先提升冗余率较大的要素使用效率,对经济发展的促进作用更显著。

(三)结论与建议

通过上述分析可得出如下结论:在各省区市中北京、内蒙古、广东、上海、海南、青海低碳经济发展效率较高,而宁夏、陕西、重庆、四川、河南的低碳经济发展效率较低。各省区市低碳经济平均纯技术效率(0.915)大于平均规模效率(0.909),显示出规模有效性是制约低碳经济发展的瓶颈,也说明了大多省区市低碳经济是不具有规模效益的,因此,只有扩大低碳经济的规模,才能从整体进一步提高我国低碳经济发展效率。低碳经济效率较低的各省区市,其形成原因也不同。总体而言,有些主要是规模报酬不足所致,有些是需进一步提高纯技术效率。所以对我国发展低碳经济提出如下建议:

(1)不断扩大区域低碳经济的发展规模。一方面,通过国家和地区的相关政策进行规制和刺激,可通过税收计划来惩罚或激励碳排放大户——工业来降低碳排放的同时发展经济;另一方面,可通过各种媒体宣传,增加人们对低碳经济的认识,以此来不断扩大低碳经济发展规模。

(2)不断进行产业和技术升级,吸收和利用先进的节能减排技术,减少碳的排放量,才能进一步提高整体的低碳经济发展效率。

(3)有1/3的省区市投入冗余率过高,说明要素的使用效率欠佳,应该进一步合理配置资源,提高要素使用效率,才能进一步促进低碳经济的发展。

参考文献

[1]宋维明.低碳经济与林业发展论.北京:中国林业出版社,2010.

[2]史新峰.气候变化与低碳经济.北京:中国水利水电出版社,2010.

[3]中国人民大学气候变化与低碳经济研究所.低碳经济.北京:石油工业出版社,2010.

[4]中国节能投资公司.2009中国节能减排产业发展报告——迎接低碳经济新时代.北京:中国水利水电出版社,2010.

[5]熊焰.低碳之路:重新定义世界和我们的生活.北京:中国经济出版社,2010.

[6]樊纲.走向低碳发展:中国与世界——中国经济学家的建议.北京:中国经济出版社,2010.

[7]张坤民,潘家华,崔大鹏.低碳发展论(上、下册).北京:中国环境科学出版社,2009.

[8]国家发展和改革委员会能源研究所课题组.中国2050年低碳发展之路:能源需求暨碳排放情景分析——创新2050:科学技术与中国的未来.北京:科学出版社,2009.

[9]蔡林海.低碳经济 绿色革命与全球创新竞争大格局.北京:经济科学出版社,2009.

[10]何强,孟宪芳.全球治理视域中的全球气候变化问题.科学·经济·社会,2010(1).

[11]赵海东,赵斌.产业结构、节能减排与转变内蒙古经济发展方式[J].北方经济,2007(12):9-11.

[12]刘贵清,姜学民.循环经济和低碳经济的异同[J].消费导刊,2010(8).

[13]黄栋.低碳技术创新与政策支持.中国科技论坛[J],2010(2):37-40.

[14]杨芳.中国低碳经济发展:技术进步与政策选择[J].福建论坛,2010(2):73-77.

[15]张晓盈,钟锦文.碳税的内涵、效应与中国碳税总体框架研究[J].复旦学报(社会科学版),2011(4):92-101.

[16]王岩,张建超.国外碳税研究文献综述[J].广东社会科学,2011(1):13-18.

[17]朱有志,等.发展低碳经济应对气候变化.中国国情国力,2009(12):4-6.

[18]李晓燕.基于模糊层次分析法的省区低碳经济评价探索.华东经济管理,2010(2):24-28.

[19]李晓燕,邓玲.城市低碳经济综合评价探索.现代经济探讨,2010(2):82-85.

[20]杨斌.2000—2006年中国区域生态效率研究.经济地理,2009(7):1197-1202.

[21]曾贤刚,等.我国各省区 CO_2 排放状况、趋势及其减排对策.中国软科学增刊(上),2009:64-70.

[22]马军.中国区域低碳发展的效率分析及减排对策研究.前沿,2011(13).

第二章　全球视野下发展低碳经济的背景

第一节　全球气候变化：一种不争的事实

一、全球气候变化的三个时期

地球不断经历着循环往复的变暖和变冷过程。全球气候变化大致可以分为三个时期。

一是地质时期。该时期的时间跨度为约 6 亿年前到 200 万年前，在这一时期有三次全球性大冰期，在此期间气温呈现出下降趋势，大冰期之间为间冰期，在此期间气温呈上升趋势。最近的第四纪大冰期中，气温冷暖交替，寒冷的亚冰期要较现代平均温度低 8 ~ 12℃，相对温暖的亚间冰期则要比现代高 8 ~ 12℃，这可能使极地的整个冰盖消失。

二是历史时期。这个时期全球进入冰后期，时间为约 1 万年前，这个时期的主要特征是冷暖旋回，即有时是温暖期，有时是寒冷期。

三是近代时期。时间跨度为 19 世纪末至今，这个时期的主要特征是气温波动上升，全球气候变暖。从全球角度看，现代全球温度上升大约从 19 世纪末开始，进入 20 世纪暖期（1890—1950年），全球气温上升约为 0.6℃，在北极最为突出，这种增暖的现象在 20 世纪 40 年代达到顶点。此后，全球气候变冷，60 年代以后高纬度地区变冷趋势比较显著，1968 年冬出现了北极熊从格陵兰岛踏冰跑到冰岛的罕见现象。80 年代后全球气温明显变暖，并有逐渐加剧的趋势。

通过对全球气候变化的三个时期分析发现，近代时期的气候变化要比地质时期和历史时期的气候变化呈现出较为明显的气温上升趋势。

近一百多年来，全球平均气温经历了冷—暖—冷—暖的波动，总体上呈现出气温上升趋势。进入20世纪80年代，全球平均气温已经上升了0.6～0.9℃。

二、全球气候变化事实

（一）全球温度的升高

众多已经观测到的资料表明，近百年来，地球气候正在经历着全球变暖的显著变化。特别是近年来，以全球变暖为主要特征的气候变化越来越明显。联合国政府间气候变化专门委员会第四次评估报告指出，根据全球地表温度的器测资料显示，1985—2006年期间的20年有11年位列最暖的12个年份之中。1906—2005年的最近100年里，全球平均地表温度上升了0.74℃（0.56～0.92℃）。1956—2005年的升温倾向为每10年上升0.13℃，这大约是1906—2005年的升温倾向的2倍，这一趋势大于《第三次评估报告》指出的0.6℃（0.4～0.8℃）的趋势（1901—2000年）。过去50年的升温速度几乎是过去100年升温速度的2倍。20世纪后50年，北半球平均温度可能是近1300年中平均温度最高的。全球温度普遍升高，在北半球高纬度地区温度升幅较大，陆地区域的变暖速率比海洋快。

（二）海平面的上升

海平面的逐渐上升与气候变暖相一致。全球的海洋平均温度的增加已经延伸到至少3000米深度，海洋吸收热量后导致海水膨胀，海平面上升。自1961年以来，全球海平面上升的平均速率为每年1.8毫米（1.3～2.3毫米）。从1975年以来，在全球范围内的极端高海平面事件可能性已增加，而从1993年以来海平面上升平均速率为每年3.1毫米（2.4～3.8毫米），1961—2003年，全球海平面上升的平均速率为每年1.8毫米。热膨胀以及冰川、冰帽和极地冰盖的融化导致20世纪全球海平面约上升了0.17米。

（三）极端气候频发

全球变暖使得地球上的天气变化更加剧烈，正如中国气象局局长郑国光所说，全球变暖引起水分蒸发增加，因而导致极端天气频发。因为水分蒸发增加使大气中的水蒸气增多，给大气增加了额外的能量，导致大气环流出现异常。水汽蒸发量会随着温度升高呈非线性增加，20℃时每立方米空气中最多可容纳23克水蒸气，温度每上升1℃，可容纳的水蒸气质量会增加6.4%；每上升2℃，水蒸气质量会增加13.1%；每上升3℃，水蒸气质量会增加20.1%。大气中增加的这些水蒸气总量，等于增加了同等规模的能量，这会给天气系统乃至气候变化带来很大的扰动。这些累积起来的能量，肯定会不断释放出来，以其巨大的规模在其辐射范围内演变成一股毁灭性的力量。很多事实可以证明这一点，如20世纪60年代撒哈拉牧区持续六年干旱；2008年初中国南方十省市爆发冰冻雨雪天气；2005年中国发生13次严重的沙尘暴。

在过去50年中，某些气候极端事件的频率和强度已经发生了变化，即大部分陆地地区的冷昼、冷夜和霜冻的发生频率可能性减小，而热昼、热夜和热浪的发生频率已经增加。大部分陆地地区的热浪发生频率可能性增加，大部分地区的强降水事件发生频率可能性有所上升。

进入21世纪以来，地球“上火”引起的极端天气事件，其烈度、频度和广度每天都在刷新历史纪录，让过去那些相对稳定的气候变迁显得平淡失色。印度和南欧创纪录的热浪，斯里兰卡和中国的严重水灾，希腊、澳洲与美国加州恐怖的森林和草原大火，美国频频发生的龙卷风，中国和非洲持续多年的大面积干旱，各地越来越多的暖冬天气等，每个事件前面都被媒体加上了“史无前例”这样的定语。

(四)温室气体增加

自工业化时代以来,人类活动已引发全球温室气体排放增加,其中在1970—2004年期间增加了70%。二氧化碳是最主要的人为温室气体。自1750年以来,由于人类的活动,全球大气中二氧化碳、甲烷和一氧化二氮浓度已经明显增加,目前已经远远超出了根据冰芯记录测定的工业化前几千年中的浓度值。在1970—2004年间,二氧化碳的排放量增加了大约80%。2000年之后,能源供应单位的二氧化碳排放量的长期下降趋势出现了逆转。

(五)积雪和海水面积的变化

1978年以来的卫星资料证实,大面积的积雪和海水面减少同样与气候变暖是一致的。南北半球的山地冰川和积雪平均面积已经呈现出不断退缩的趋势,如北极海冰面以平均每10年2.7%(2.1%~3.3%)的速度退缩,夏季中的海冰退缩率比较大,为每10年7.4%(5.0%~9.8%)。

2008年3月26日,一块面积约为7个曼哈顿大的南极巨型冰架突然坍塌破裂,迫使面积更大的流动冰块均处于危险的地步。据英国南极调查局科学家大卫·沃恩说,冰块破裂是由于全球气候变暖造成的。2008年4月18日,由特伦特大学极地专家德里克·穆勒博士和加拿大巡逻员组成的科学研究小组发现:北半球的最大的冰架现在已经断裂成3部分。2002年该冰架上最大的中心裂缝被发现,许多科学家强烈预感到,在未来几年内残留的冰架将会逐渐被分解。德里克·穆勒博士认为,数十年来气候变暖造成了最近观测到的冰架崩溃事件。另外,陆地上的冰川也出现不断减少的现象,而且全球各地频繁发生的旱涝灾害、暖冬等现象均说明了全球变暖正在逐步加重。2008年3月,威尔金斯冰架上一块面积为400平方千米的冰川断裂入海,2009年美国冰雪数据中心发现，连接威尔金斯冰架和南极洲夏科岛的最后一段冰桥已经出现了坍塌。科学家预计，威尔金斯冰架还将失去3370平方千米的冰层，面积相当于两个卢森堡。

与南极遭遇同样的命运，随着全球变暖化加剧，北极冰川正以惊人的速度融化，千年厚的冰花在以每10年8%～10%的速度消失，一些极地区域每年的海冰季节已缩减至3个星期。美国国家航空和宇宙航行局对比2004—2008年的观测数据后发现，极地的冰盖不只是越来越少，更是越来越薄。虽然一些冻结超过两年的冰盖比较难融化，但数量已经少之又少。科学家估计，最快到2030年北极就会迎来一个“无冰之夏”。绿色和平组织“极地曙光号”科学考察船队在格陵兰岛的现场勘察发现，距离北冰洋27千米的冰川上，100平方千米的区域已布满裂缝，有些裂缝宽近500米，融化的冰水已经形成一条大河，河流流量约每秒50立方米，用这种速度来填满一个奥运会标准游泳池只需不到1分钟。

三、令人担忧的未来预测

因全球气候变暖已经成为一种不争的事实，全球不同研究机构和国家纷纷对全球气候变化做出一些预测。我们从不同机构对未来因全球温室气体排放导致的全球温度不断上升的预测，可以看出人类将面临更加严峻的全球环境。

一是美国大气研究中心科学家做了两项最新研究预测，其研究结论均发表在美国《科学》杂志上。两篇文章分别从不同角度预测了全球气候变化的趋势。其一是美国国家大气研究中心的魏格雷提出的一个理解全球气候变化的较简单的数学模型，他认为，由于海洋存在“热惯性”，对温室气体等外界影响的反应会有所滞后，因而，21世纪全球变暖的趋势只不过是以前排放温室气体的后果。据魏格雷预测，到2400年，已存在于大气中的总的温室气体成分将至少使全球平均气温升高1℃；

不断新排放的温室气体，又将导致全球平均气温额外升高 2～6℃，这两个因素还会分别引起海平面每世纪上升 10 厘米和 25 厘米。杰拉尔德·梅尔等人发表的第 2 篇论文中所述，由于“热惯性”的存在，即使 21 世纪中人类不向大气排放任何温室气体，到 2100 年全球平均气温也将至少升高 0.5℃，海平面将上升 11 厘米以上，其中海平面上升的高度要比科学家早先预测值高了一倍多。梅尔解释说可能因为以前的预测并没有考虑到冰川融化等的影响。

二是政府间气候变化问题小组根据气候模型做出预测，到 2100 年，全球气温估计将上升 1.4～5.8℃。根据这一预测，全球气温将出现过去 1 万年中从未有过的巨大变化，从而给全球环境带来潜在的重大影响。

三是政府间气候变化问题小组对未来的排放趋势进行了预测。IPCC 的第四次评估报告中运用 SRES 情景估计得到，在 2000—2030 年期间全球基准温室气体排放将会增加，二氧化碳排放量增幅范围为 97 亿～367 亿吨（25%～90%）。在这些情景下，到 2030 年甚至在更长时间内，化石燃料仍在全球混合能源结构中占主导地位。因此，预计在 2000—2030 年，能源利用过程中的二氧化碳排放量将增加 40%～110%。

我们从全球气候变化的三个时期，最近全球气候变化的表象以及全球权威机构对未来全球温度预测分析，全球变暖已经成为一种无可争议的事实。

第二节　全球气候变化对人类生存的威胁

气候变化是全人类有史以来面临的最为严峻的环境挑战，它对人类社会和自然界产生了很大的影响，而且这种影响是全方位、多层次的。这一定性描述可以从联合国政府间气候变化专门委员会发布的几次报告中寻找到答案。IPCC 第三次评估报告第二部分对气候变化的影响进行了深入的分析，指出气候变化对水文、资源、生态系统、人类健康、人类居住、粮食、能源等各个方面都有影响；2007 年公布的第四次评估报告表明：近百年来，地球气候正经历着以全球变暖为主要特征的显著变化，已经并将持续对全球的自然生态系统和经济社会发展产生重要影响；最新发布的《全球气候评估报告》勾勒出了气候变暖将给人类造成的灾难性变化：气候极端事件将频繁袭击人类，全球受水资源短缺影响的人口将上升到数十亿，上亿人面临饥饿威胁，受海水上涨侵害的人口每年将新增数百万，环境移民人数将从以千万计算增到以亿计算。总而言之，气候变化威胁着人类生存和可持续发展 。

一、气候变化影响生态安全

从有关文献中了解到，预计陆地生态系统的碳吸收量到 21 世纪中叶将达到饱和，其后将逐渐减少。如果温室气体继续以当前的速度排放，陆地生物圈可能成为净碳源，从而扩大气候变化。全球气候变化对人类的生态环境将产生巨大的负面影响，如冰河与永久冻土的逐渐减少、大洋生态系统发生的变化、湖泊及河流的水温上升、陆地的生态系统发生变化以及海水酸性化等。

（一）加快物种灭绝进程

全球气候变化导致海平面上升，降水重新分布，改变了当前的世界气候带格局，这种事实已经被证实。这样的事实导致的一个严重后果是：全球气候变化影响和破坏了生物链和食物链，从而带来更为严重的自然恶果。

气候变化不仅能改变某个地区各种物种的适应性，而且可以改变生态系统内部各种各样的种群的竞争力。以前的气候变化曾迫使许多物种消失，未来的气候将同样会使某一些地区的某些物种灭绝，因此，自然界的动植物，特别是植物群落，可能会因不能适应全球气候变暖的速度而做出适应性转移的动作，结果惨遭厄运。但与此相反，有一些物种则会从气候变暖过程中受益，它们的栖息地也可能会增加，而它们的竞争对手及天敌也可能减少，这可能出现泛滥的情况。

从 19 世纪初，花栗鼠、老鼠等动物开始向高处迁徙，研究发现，这些动物之所以向更高的地方迁徙，可能是全球变暖使它们的栖息地环境发生变化所致，栖息地环境的改变还威胁着北极熊和海象等极地动物的生存，因为它们栖息的冰层正在慢慢融化。按目前的状况发展下去，北极熊等许多极地动物终将会消失。在科学家证实气候变暖正在改变动物的觅食场所和时间之后，直到 2003 年，两份报告证实，超过 100 个物种的活动范围正以每 10 年 4 英里[①]的速度向北迁徙，还有几千个物种迁徙或繁殖的时间比一个世纪前提前了几天到几周。

（二）冰川融化

全球变暖最明显的后果之一就是冰川融化，自 20 世纪 60 年代以来，全球雪盖面积减少了 10% 左右。众所周知，全球 4/5 的淡水资源储存于冰川之中，南北极地冰川占全球淡水资源的 75%，其资源现在难以被人类利用，而内陆高山冰川是河流重要的水源。随着气候变暖，极地冰川面积在萎缩，厚度在下降，裂缝在扩大，内陆冰川的融化速度会更快。这样的结果会导致人类所需要的淡水量下降。预计面临缺水风险的人口在 21 世纪 20 年代为 4 亿 ~ 17 亿，21 世纪 50 年代为 10 亿 ~ 20 亿，21 世纪 80 年代为 11 亿 ~ 32 亿。

在南极和北极地区，冰川融化的启动是一个不断自我强化和相互增强的非线性进程。南极洲 50% 的海岸都是冰架，一旦冰架倒塌，南极大陆融化的冰就会失去冰架的阻挡，一步步滑进海洋，引起海水上涨。地

① 1 英里 = 1609.3 米。

球上 80% 的光和热都是通过冰雪把太阳光反射回太空得到的，冰架冰川减少也会使星体反照率降低，让地球越来越热，目前南极洲的普遍温度已经达到了 1800 年以来的最高点。北极冰川的融化动因则是同中有异，在北极地区 60 米深的冰川水分中盐分含量较高，表示来自大西洋温暖的海洋环流正在加速冰川底层的融化，这将使冰川的倒塌比预期来得更快。在格陵兰，冰川倒塌裂开的地方等于打开了一个缺口，让内陆地区的冰块被北大西洋温暖洋流融化。冰川融化不但将使北极熊面临灭顶之灾，同时也将使全球渔业走向崩溃，进一步危及人类的生存。

冰川融化另一个潜在的威胁是可能来自那些千百万年来一直沉睡在冰层底下的不速之客。美国拉特格斯大学海洋与海岸学助理教授凯·贝德勒的研究小组在对 5 个 10 万～800 万年的冰样本进行检测后发现，这些被称为“基因冰棒”的冰芯中包含的远古细菌仍具有活性，一些已存在很长时间的细菌此前并未在地球上发现过。经过研究人员的努力，南极“冰棺”中沉睡了 10 多万年的细菌最终在实验室苏醒过来，并已开始再次生长。冰川融化从地下的黑暗世界里苏醒过来的这些未知生物，究竟会给地球上的人类带来什么影响，是否意味着一种新的致命病毒？现在谁都无法判定。

（三）永久冻土地带的融化

全球多年冻土分布面积约占地球陆地面积的 25%，包括苏联和加拿大近一半的领土、中国 22% 的领土、美国阿拉斯加 85% 的土地、南极和格陵兰的无冰盖地段和被冰盖边缘覆盖的地下以及南美和中亚的高山地区。

但是，当前俄罗斯大部分永久冻土带正在消退，并在向西伯利亚西北部和欧洲北部扩散。到 21 世纪末，格陵兰岛南部海岸、美国阿拉斯加州布鲁克斯以南地区和加拿大北极圈大部分地区的永久冻土带将融化，中国的永久冻土带面积也有可能减少一半。

冻土的融化会使封存在里面的甲烷等温室气体释放到空气中，增加大气中的含碳量，增强地球的温室效应。美国麻省理工学院科研人员在《地球物理研究杂志》网络版上报告说，一旦地下甲烷大量释放到大气层中，其导致的全球变暖速度可能会比目前主要由二氧化碳等温室气体造成的全球变暖还要快20倍。在永久冻土地带里封存着大量远古时期的甲烷等温室气体，联合国环境规划署估计这里包含了7500亿~9500亿吨的有机碳，而目前大气中的有机碳大概有7500亿吨。永久冻土地带的大范围融化会将这些气体释放到大气中，使大气中的碳浓度急剧上升。无论是在西伯利亚还是在青藏高原，这种恐怖的进程已经在不知不觉之间悄然启动了。在青藏高原至关重要的三江源地区，永久冻土层的融化还会带来另外一个长期恐怖的后果。坚硬致密的永久冻土层对于地表水就像岩石圈一样起着保护作用，从而维持了地表的水量平衡，永久冻土层融化会使地表水失去依托渗漏到地下，不但直接影响发源于此的江河径流，也使当地的地表一步步沙漠化。文成公主入藏时还是碧波万顷、水草丰美的黄河源头鄂陵湖和扎陵湖，今天已经基本干涸见底；长江源头的青海当曲和玛曲以及当地的草原也已经大片沙化。这反过来又会加速当地冻土层的消融，使得在冻土下面的甲烷向大气层排放碳，从而形成一个很难打破的恶性循环。

（四）海平面逐渐上升

过去的百余年间，由于全球气候变暖，一方面海洋变暖，海水出现热膨胀，另一方面温度升高造成水体膨胀，进一步抬高了海平面，全球海平面上升了14.4厘米。海平面的直线上升将会给全球带来毁灭性的灾难。

首先，直接带来的危害是低地被淹没。这将威胁到沿海国家以及30多个海岛国家的生存和发展。联合国的专家小组经电脑模拟试验后得出结论,当全球海平面升高30~50厘米时,世界各地海岸线的70%(美国海岸线的90%)将被海水吞灭。美国环保专家的预测更令人担忧,再过50~70年,巴基斯坦国土的1/5、尼罗河三角洲的1/3以及印度洋上的整个马尔代夫共和国,都将因海平面升高而被淹没。东京、大阪、曼谷、上海、威尼斯、圣彼得堡和阿姆斯特丹等沿海城市将完全或局部被淹没。据英国官方公布的统计数据,在过去的20年中,由于泰晤士河的水位随全球变暖而升高,当地政府不得不先后88次加高防洪堤坝,以保障伦敦人的生命财产安全。马尔代夫、塞舌尔等30个低洼岛国面临在21世纪被海水淹没的威胁。印度洋岛国马尔代夫平均海拔只有1.5米,海平面的升降关乎它的生死。科学家的研究报告显示,如果全球变暖的趋势以目前的速度持续下去,那么这个由1192个小岛组成的国家将在21世纪消失,2009年10月17日,马尔代夫首次在水下召开内阁会议,呼吁国际社会关注全球气候变暖造成海平面上升的危害。

其次,海平面上升还将会使沿海岸的水土资源恶化。海水上升,海浪动力增强,破坏力增大,造成海岸线的后退和被冲蚀,破坏沿海养殖和旅游经济发展。由于海平面的上升和海水的侵蚀,沿海地下水水位上升,盐分增加,土壤盐碱化程度会加重,水土资源都会被破坏。生活在海洋世界中的岛国居民,他们脚下的立足之地会在海平面不断上升的过程中一点点失去。

二、气候变化对人居环境及社会经济产生严重威胁

2004年1月,英国政府首席科学顾问戴维·金爵士在《科学》杂志的特约社论中警告说:“气候变化是今天摆在我们面前的最为严重的问题,甚至比恐怖主义的威胁还要严重。”当前,人类周围生活环境的现实正是由越来越多的极端天气事件累积起来的大范围的气候失调和疫病蔓延。这样的现象表明,气候变化必将给世界各国的可持续发展带来挑

战。人居环境和社会经济对气候变化的脆弱性主要表现在极端天气事件的脆弱性健康以及国民财富的巨大损失上。

(一)气候变化危害人体健康

全球气候变化通过极端天气和气候事件扩大疫情的流行,对人体健康产生极大的危害。美国哈佛大学医学院全球环境和健康中心的保罗·爱泼斯坦注意到,植物也会随雪线而不断地移动,全世界山峰上的植物也都在上移。随着山峦顶峰的不断变暖,那些处于海拔较高处的环境进而也越来越有利于蚊子以及它们所携带的疟原虫等类似的微生物生存。此外,自1987年以来,疟疾、西尼罗病毒和黄热病等热带传染病在美国的密西西比、亚利桑那、佛罗里达、加利福尼亚、德克萨斯和科罗拉多等地相继爆发,这些疾病的爆发一再证实了专家们关于气候变暖使一些热带疾病将向较冷的地区传播的科学推断。气候变化对人类健康产生的负面影响主要包括以下几个方面:

一是对热浪的影响。全球气候变化使热浪发生更加频繁。在高温情况下,病菌、病毒和寄生虫更加活跃,而人体免疫力和抵抗力降低,导致心脏和呼吸道疾病的发病率和死亡率增加,这种影响对老人、儿童、发展中国家的贫困人口尤为显著。由于热岛效应,城市地区的温度将更高,而且持续时间更长,因此,城市人口在热浪中面临更大的挑战。

二是对极端气候事件的影响。全球气候变化使暴风雨、飓风、干旱、洪涝等极端天气事件发生的频度和严重程度均有增加,除导致死亡率、伤残率上升外,还为疟疾、登革热、霍乱和脑炎等传染病提供传染环境而间接增加对人体健康的损害,以及影响生态系统稳定,破坏公共设施。频发的极端天气还可能为许多疾病的传播创造了更加有利的环境。近年来,一些热带疾病开始向高纬度地区扩散,疟疾、霍乱以及登革热的传播范围扩大,危及全球一半以上人口。

三是对气候带的影响。陆晨和谢璞(北京市气象局研究人员)指出,全球气候变暖的结果之一是改变了气候带,热带边界将不断扩大到亚热带,温带的一些地区将会变成亚热带地区。据有关资料的研究统计显示,如果全球平均气温每升高 1℃,那么气候带约会向极地方向推进 100 千米,但是,这种推进过程不可能是一种均匀的现象,一些气候带和气候型往往会因海洋、高山和荒漠的阻隔而间断甚至消失。在全球范围内,热带非洲是寄生虫病和传染病的高发地区,是病毒性疾病的最大发源地。随着温带地区的不断变暖,携带这些致病原体的昆虫和啮齿类动物的分布区域将不断扩大,从而使那些疾病的扩散成为一种可能。

四是气候变化对心理产生的影响。由于生存环境的变化、异常气候事件的发生以及社会生活、家庭财产在气候变化中遭受损失等因素的影响,人类心理也将遭受冲击,因为气候变化而产生的忧郁症和自杀事件可能增加。

五是气候变化影响因子会导致营养不良加剧。气候变化是导致全球疾病和早夭的原因之一。

六是高温的影响。全球气候变暖将会直接导致一些地区在夏季出现超高温的现象,结果造成每年因为心脏病及引发的各种呼吸系统疾病都会使得许多人丧失生命,其中,这些人群中又以新生儿和老人为主。

七是臭氧浓度的影响。全球气候变暖将会导致臭氧浓度增加,低空气中的臭氧会破坏人的肺部组织,从而导致心脏和呼吸器官疾病的发病率增加。1988 年,马达加斯加高地传染性疟疾,死亡 10 万多人。

(二)全球气候变化会给人类生命和财产带来重大损失

随着全球气候的逐年变暖,洪涝、干旱、飓风、热带气旋、台风和冰雪灾害等极端天气事件发生的频率和强度将大大增加,严重地威胁着人类的生命与财产的安全。根据世界卫生组织的统计资料显示,全球每年都要有 30 万人因气候变化而死亡，这是一个十分恐怖的数据。据联合国网站报道，气候变化将会导致疾病和自然灾害的频繁发生，致使许多当地居民迁移出自己的家乡甚至国家。气候变化会影响到人类活动的诸多方面，包括健康、环境、能源、安全、迁徙、施政以及经济发展等。

在南部非洲，由于受到全球气候变化的严重影响，南非、莫桑比克、马拉维和津巴布韦等国家近年来的降水量不断创历史新高，均不同程度地暴发了洪涝灾害，莫桑比克和马达加斯加甚至还遭受过罕见的热带旋风的更加严重的冲击，结果造成许多房屋被摧毁，死亡数百人，无家可归的达到了数十万人。在太平洋沿岸的美国也同样没有躲过气候变化的冲击，近些年也同样频频遭受飓风的袭击，在 2004 年 9 月 18 日，俗称“伊万”的飓风袭击了美国，结果造成了 45 人死亡，“伊万”成为 1999 年以来造成死亡人数最多的一次飓风。2005 年 8 月 25 日，飓风“卡特里娜”在美国佛罗里达州登陆，飓风导致洪灾泛滥，造成至少 80 人死亡，许多房屋被毁，数万居民被紧急撤离；2006 年 3 月 13 日，威力巨大的龙卷风席卷了美国中西部的五个州，造成至少 10 人死亡，几十人受伤，数百座房屋被毁。1998 年，米奇飓风席卷洪都拉斯，贫困人口增加了 8%，低收入家庭失去了 15% ~20% 的生产资本，重建前景暗淡。1998 年 7 月，沙嗨玛噔峡谷的冰川湖突发洪水，超过 100 人死亡，当地生活生产受到严重影响。2005 年 8 月，新奥尔良卡特里娜飓风，1500 人死亡，78 万人流离失所，破坏房屋 20 万所，该市基本瘫痪。1998 年，孟加拉国洪灾使 2/3 国土淹没，1000 人罹难，3000 万人无家可归。2005 年，中国发生 13 次严重的沙尘暴，水土逐渐减少，沙漠化加剧。

英国 2006 年公布的《斯特恩气候报告》中指出，气候变化的代价相当于每年至少失去全球 GDP 的 5%，如果考虑更广泛的因素，到下世纪初，全球 GDP 将减少 20%。

(三)全球气候变化迫使贫困地区与贫困人群生存更加的艰难

气候变化对人类最快的、可预见的严峻威胁,就是加剧了饥荒严重和水资源的供应紧张,而受冲击最大的则是最贫困的人群。气候变化不仅仅是贫困人口的额外负担,更会削弱他们对抗贫穷的能力,致使穷者更穷。国际扶贫组织乐施会对大约一百个国家进行调研后发现,气候变化正在威胁全球贫困人群,如不及时行动,气候变化的影响将抵消所有贫穷国家过去50年扶贫工作取得的发展成果。

自20世纪70年代至今,气候变化每年令15万人丧生,其中半数在亚洲。到2020年,全球玉米产量将下跌15%,非洲将为此每年损失20亿美元。到2050年,每年会有2亿人因为饥饿、环境破坏和土地减少而迁移。加德满都和拉巴斯等城市历史上一直依赖喜马拉雅山脉和安第斯山脉冰川供给水源,由于气候变化它们也将面临水荒,这样的城市预计到2030年会增加三成。牛津饥荒救济委员会新西兰负责人巴里·科茨告诫说:"如果不立即采取行动,穷国50年的发展成就就会永久性地丧失。"

(四)气候变化对全球农业生产造成的影响

随着全球气候变暖的加剧,农业是受其影响最大的部门,而且在未来会越来越脆弱。尤其是发展中国家会受到威胁,因为他们高度依赖农业,但缺少资源和抵御气候变化带来损失的办法,就短期而言,随着全球平均温度升高1~3℃,工业化国家或许能够提高粮食生产能力,然而,在低纬度地区,特别是以旱地农业为主的贫困地区和半干旱及半湿润地区,即使全球温度略微升高,都非常有可能导致作物潜力的下降。全球气候变化专业委员会主席罗伯特·沃森在联合国粮农组织国际农业研究小组的一次会议上曾经指出,在若干年内,全球气候变暖将给生态环境带来严重的破坏,致使自然灾害频繁发生,而受影响最为严重的当属非洲大陆。沃森还指出，全球气候变暖将会使非洲大陆的干旱地区，特别是非洲中部和南部的干旱、半干旱地区更加缺水，耕地退化和荒漠化现象越来越严重；而部分地区却会导致降雨量增大和海平面上升，将会使非洲一些地区频繁发生水灾。由于气候变暖造成的这些自然灾害将严重打击非洲的粮食生产，致使农业产量下降，加之非洲人口的持续增长，非洲一些国家的缺粮状况将会更加趋向恶化。

俄罗斯的一位学者认为，由于全球气候的不断变暖，估计北半球平均气温将上升 2 ~ 3℃，这样将会迫使农作物生长的自然带向北推移 600 ~ 1000 千米，莫斯科南部的耕地将会逐渐退化成黑土草原。据一些资料估计，在全球变暖的状况下，美国农产品的波动幅度年均可达 50%。全球的气候变化不但会影响到农业的产量，而且还会使农业生产的不稳定性程度不断增加，农业生产的布局和结构同样会遭到冲击。据一些资料估计，到 2030 年，我国种植业的产量在整体上会因全球气候变暖减少 5% ~ 10%，其中，水稻、小麦和玉米这三种主要的农作物均会以减产为主要特征。而到 2050 年，气候变暖将使我国农作物多熟种植的分布极大地改变，农田大面积减少。

气候变化与全球的粮食安全之间的联系是复杂的、不确定的和多变的，气候变化对有关粮食生产的很多方面都会产生影响。首先，全球气温变化直接影响全球的水循环，使某些地区出现干旱和洪涝灾害，导致农作物减产。其次，多变的天气将导致收获难度增加，且温度过高也不利于种子生长，这些均会引发粮食供应和价格的动荡。美国斯坦福大学的一份最新报告显示，随着全球变暖，一些国家的农民将不得不选择新作物品种播种，例如，被誉为美国“果篮子”的加利福尼亚州部分地区已经不可能再适合多种果树的生长，而是以更加耐热的玉米代替，加州农业将因此遭受重创；在欧洲，一些国家的葡萄酒酿造业也受到了气候变暖的影响。2009 年 8 月 11 日,法国环保组织和相关行业在《世界报》上发文指出,如果再不采取措施遏制气候变化,法国将可能不再适合种植葡萄。2004—2005 年,尼日尔干旱与粮食匮乏,250 万人需要紧急粮食援助,56 个区面临粮食安全。20 世纪 60 年代,撒哈拉牧区持续六年干旱,粮食、牧草极度缺乏,牲畜大量被宰杀,饥饿致死的人数超过 150 万。

三、气候变化威胁海岸和低洼地区

预计到 2100 年,地表平均气温将比 1990 年上升 1.4 ~5.8℃,全球平均海平面将比 1990 年上升 0.09 ~0.88 米。如果海平面升高 1 米,中国沿海将有 12 万平方千米被淹没,7000 万人口需要内迁;孟加拉国将失去 12% 的国土,印度尼西亚失去的高达 40%;美国将有 48 个州的共计 6.5 万平方千米土地被淹没;圣彼得堡、悉尼歌剧院、华尔街以及硅谷等都将不复存在。

图瓦卢气象局首席预报员提供的一组检测数据显示,从 1993 年之后的 16 年间,图瓦卢的海平面总共上升了 9.12 厘米,国土面积已经缩小了 2%。按照这个数字推算,50 年后海平面将上升 37.6 厘米,图瓦卢至少将有 60% 的国土彻底沉入海中。专家认为,这对图瓦卢就是意味着死亡,因为涨潮时图瓦卢将不会有任何一块土地能露在海面上。

毋庸置疑,全球气候变化已经成为人类面临的最大威胁。全球变暖已经导致了许多灾难性的后果,如冰川退缩、永久冻土层融化、海平面上升、飓风、洪水、暴风雪、土地干旱及森林火灾等;气候变化将使农业生产下降,无法满足全球人口仍然不断增长的粮食需求;饥荒和疾病会接踵而来,霍乱、伤寒和脑炎将会在温带蔓延。

第三节　全球气候变化的根源

全球变暖的趋势已经势不可挡,全球气候系统是一个由大气圈、水圈、岩土圈和生物圈组成的复杂系统，引起气候变化的原因概括起来可分成自然的气候波动与人类活动的影响。总的看来，近百年的现代气候变化是由自然的气候波动和人类活动共同造成的，而近 50 年的全球变暖主要是由人类活动造成的，这个结论总体上在科学界达成了共识。随着政府间气候变化专门委员会关于气候变化成因的认识逐步深化，“最近 50 年的气候变化由人类活动导致”这一结论的可信度也在提高。IPCC 的第三次评估报告(2001 年)指出，新的、更强的证据表明，过去 50 年观测到的大部分增暖“可能”归因于人类活动(66% 以上可能性)；第四次评估报告(2007 年)同样显示，人类活动“很可能”是导致气候变暖的主要原因(90% 以上可能性)。人类活动主要是指化石燃料燃烧行为和毁林等土地利用变化，由此排放的温室气体(二氧化碳、甲烷和一氧化二氮等)导致大气中温室气体浓度大幅增加，造成温室效应增强，从而引起全球气候变暖。

一、碳排放导致的全球气候变化问题

IPCC 第四次评估报告指出，地球变暖的主要原因是人类活动所导致的温室气体的增加，而二氧化碳是最主要的人为温室气体。

地球大气的主要成分是氮气和氧气，它们既不吸收也不散发热辐射。那些给地球保温的所谓温室气体大约有十种，最常见也最重要的是水汽，它所产生的温室效应占整体温室效应的 60% ~70%，这也是地球上风云雨雪等各种气象活动的主要载体，但它纯粹是一种自然现象。除此之外，二氧化碳、甲烷、一氧化二氮、氢氟碳化物、全氟碳化物和六氟化硫是六种主要的温室气体。其中，二氧化碳约占整体温室效应的 26%，是最重要的一种温室气体。二氧化碳在大气中存留的时间高达 200 年，即使我们今天完全停止向大气中排放二氧化碳，此前排放的二氧化碳产生的温室效应还将持续 200 年左右。

二氧化碳是地球上各类生物生命活动的主要参与者，如植物通过光合作用从空气中吸入二氧化碳，转化为葡萄糖和淀粉等碳水化合物，再将碳水化合物转化为蛋白质和脂肪；动物则把植物作为食物，将植物组织的有机物消化掉，然后转化为动物组织等。通过这些复杂的活动，二氧化碳不停地在地球的大气圈、生物圈、地圈和水圈中循环流动。二氧化碳不仅是上述自然活动的载体和产物，同时也是人类生产活动的产物，人类耕作土地、砍伐森林和燃烧木材，都会向大气中释放二氧化碳。

在工业化以前的时期，这些活动的规模都不大，因此产生的二氧化碳排放对地球大气的影响非常微小。工业革命的到来，以前所未有的规模，显著改变了自然界的碳循环。工业革命以前很长一段时间里，大气中二氧化碳的浓度大致稳定在 270 ~ 290 ppm（ppm 为计量单位，即百万分之一），但在 1800 年以后，现代工业和交通发展迅猛，城市化水平不断提高，煤炭和石油消耗快速增加，导致大气中的二氧化碳浓度不断增加，且增加速度越来越快。碳在自然界的循环平衡被彻底打破，地球开始“发烧”了。

IPCC 第四次评估报告认为，自 1750 年以来，由于人类活动，全球大气中二氧化碳、甲烷和一氧化二氮的浓度已明显增加，1970—2004 年期间增加了 70%，目前已经远远超出根据冰芯记录测定的工业化前几千年中的浓度值。在这 34 年间，二氧化碳的排放增加了约 80%。到 2005 年，大气中二氧化碳的浓度为 379 ppm，远远超过了过去 65 万年自然变化的范围。

美国国家海洋和大气管理局（NOAA）发布的最新监测数据显示，全球大气二氧化碳浓度已由 1750 年工业革命前的约 280 ppm 上升到 2008 年的近 386 ppm。甲烷和一氧化二氮浓度也超过了近 65 万年以来的最大值。据估算，自 1750 年以来，全球累积排放了 1 万多亿吨二氧化碳，其中发达国家的排放约占80%（见表2－1）。

表2－1 2007年全球温室气体浓度及WMO－GAW监测的全球温室气体趋势

	CO_2（ppm）	CH_4（ppb）	N_2O（ppb）
2007年全球浓度	383.1	1789	320.9
2007年浓度与1750年相比	137%	256%	119%
2006－2007年的绝对增加	1.9	6	0.8
2006－2007年的相对增加	0.50%	0.34%	0.25%
过去10年平均年度绝对增加	2.00	2.7	0.77

注：工业化前数据分别为：CO_2：280 ppm，CH_4：700 ppb，N_2O：270 ppb。

二、导致全球碳排放迅猛增加的人类活动

（一）化石燃料的使用

全球二氧化碳浓度的增加，主要是由于化石燃料的使用。2007年11月，联合国政府间气候变化专门委员会在西班牙瓦伦西亚发表了《IPCC第四次评估报告书》，对气候变化和地球变暖的因果关系做了科学而详细的分析。IPCC第四次评估报告指出，地球变暖的主要原因是温室气体的增加，而二氧化碳是最主要的人为温室气体。而且，工业化时期以来，大气中二氧化碳浓度的增加主要源于化石燃料的使用。化石燃料燃烧所导致的二氧化碳年排放量从20世纪90年代的平均每年64亿吨碳增加到2000—2005年间的每年72亿吨碳。

煤、石油和天然气是目前全球最主要的能源，2006年在全球能源结构中占87.9%，它们是千百万年前埋在地下的动植物经过漫长的地质年代变化形成的，其主要成分是碳氢化合物或其衍生物，因此也被称为化石能源或碳基能源。200多年来，人类依赖碳基能源创造了很多人间奇迹，但它们燃烧过程中排放的大量二氧化碳和二氧化硫等温室气体，

是造成大气褐云、灰霾、酸雨和温室效应的罪魁祸首,同时,大部分碳基能源将在21世纪内被开采殆尽。

随着全球人口急剧膨胀,人类的能源消费大幅度增长,整个工业就是靠碳基能源支持的。煤炭、石油均是古生物在地下历经数亿年沉积变迁而形成的,储量极为有限且不可再生。按现在的消耗速度,世界上的石油、天然气和煤等能源将在几十年至两百年内逐渐耗尽。20世纪60年代以来,包括水电、生物质能、太阳能、风能、地热能、海洋能、核能和氢能等新兴和可再生能源陆续被开发出来,开始部分代替碳基能源,随着技术的进步,这类新能源的比重将不断提高,最终将有望为人类社会提供清洁和持久的动力。

IPCC第四次评估报告警告说,如果到2030年,全球能源结构仍以化石燃料为主导,按照二氧化碳当量计算,全球温室气体排放量在2000—2030年间将会增加25%~90%。世界气象组织估计,如果按目前排放量继续等值排放,大气中二氧化碳等温室气体的体积浓度将近乎直线增长,2050年为450 ppm,2100年将增加到520 ppm,增长趋势令人担忧。在这一趋势下,21世纪的地球将会进一步变暖。报告估计,未来20年,全球气温将升高约0.4℃,即使所有温室气体和气溶胶的浓度稳定在2000年的水平不变,仍会升温约0.2℃。科学家相信,地球的平均气温将在未来100年内骤升1.4~5.8℃。

(二)人口剧增

近年来,人口的剧增是导致全球变暖的主要因素之一,严重地威胁着自然生态环境的平衡,从20世纪初至今,全球人口增加了2倍。超多的人口,每年仅自身排放的二氧化碳将是一个惊人的数字,其结果将直接导致大气中二氧化碳含量不断增加。

(三)工业化发展

随着工业革命的发生,人类活动对气候变化的影响越来越大。工厂大量地燃烧煤、石油、天然气等矿物燃料,汽车不断地排放尾气,使大气层中二氧化碳的含量不断增加,这些都在日积月累地为地球加温。联合国政府间气候变化专门委员会于2007年发布的第四份气候变化评估报告指出,人类活动特别是工业生产和生活中燃烧及消耗的化石燃料导致地球大气中二氧化碳等温室气体浓度创纪录地升高。工业革命最先是从西方国家开始。西方国家在大量使用化石燃料进行大量的生产、消费及废弃的同时,不断向大气中排放出了大量的二氧化碳,最终结果是二氧化碳使得地球吸热远高于放热,形成了主要的"温室气体"。据联合国开发署(UNDP)2007/2008年人类发展的报告指出,"自工业化时代以来,地球上所排放的每10吨二氧化碳中,大约有7吨是由发达国家排放出来的。美国和英国的人均历史排放量约达到1100吨二氧化碳,而中国和印度的人均二氧化碳排放水平分别为66吨和23吨"。全球的二氧化碳浓度不断增高,给全球造成了非常严重的影响,在过去的100年间,世界平均气温上升了0.74℃;在20世纪后半叶,北半球是过去1300年当中最为暖和的50年;冰川大幅度的消融,气候异常和气象灾害事件发生频率比较高,海平面不断上升。

(四)土地利用导致的破坏

近年来,人类为获取木材而过度砍伐森林,开垦土地用于农业生产,以及过度放牧,对植被进行着严重的破坏。人类这种不适当的活动造成越来越多的土壤侵蚀和沙漠化。目前全球平均每分钟有10公顷土地沙化,4.7万吨土壤遭侵蚀。土壤侵蚀使土壤肥力和保水性下降,从而降低了土壤的生物生产力及其保持生产的能力,并可能造成大范围洪涝灾害和沙尘暴,导致生态环境恶化,同时也给社会造成重大经济损失。此外，地表植被的大量破坏使地面直接裸露，使大量水蒸气蒸发到空气中，太阳能量不能转化为其他能量，从而直接以热形式存在于地球表面。

（五）森林资源锐减

在世界范围内，由于受自然和人为因素的影响森林面积大幅度地锐减，在八千年以前人类还没有从事农业生产的时候，地球上大约有61亿公顷森林，也就是说有近1/2的陆地被森林所覆盖（地球上的陆地面积大约是130亿公顷）。但据联合国粮食及农业组织的统计数据显示，现在地球上仅存大约28亿公顷森林和12亿公顷稀疏林，与1960年的统计数字相比较，那时的森林面积占地球陆地面积的1/4，而如今只占1/5。联合国环境规划署和联合国粮食及农业组织的共同调查结果表明，在非洲每年有130万公顷，在亚洲每年有180万公顷，在中南美洲每年有420万公顷的森林正在消失。此外，还有半干旱地带稀疏林的砍伐，仅在非洲每年就有230万公顷，这些都没有包括在上述统计之中。

美国根据各国政府提供的资料和对人造卫星照片的判读推测森林破坏的速度为每年1800万～2000万公顷，联合国粮食及农业组织的推测是1130万公顷。均衡两者的说法，世界上每年共有一千几百万公顷的森林正在遭到无法挽救的破坏。森林锐减后，不仅消化二氧化碳的能力大大降低，而且参天大树被伐倒后，不可利用的部分烂掉或被烧掉，都将释放出大量二氧化碳。

（六）环境污染

环境污染的日趋严重已经构成全球性重大问题，同时也是导致全球变暖的主要因素之一，具体包括水污染、大气污染、噪声污染、放射性污染、有毒废料污染等。各种各样的环境污染再加上地表水域逐渐缩小，降水量大大降低，减少了吸收溶解二氧化碳的条件，破坏了二氧化碳生成与转化的动态平衡，这就使大气中的二氧化碳含量逐年增加。

参考文献

[1]宋维明.低碳经济与林业发展论.北京:中国林业出版社,2010.

[2]史新峰.气候变化与低碳经济.北京:中国水利水电出版社,2010.

[3]中国人民大学气候变化与低碳经济研究所.低碳经济.北京:石油工业出版社,2010.

[4]中国节能投资公司.2009 中国节能减排产业发展报告——迎接低碳经济新时代,北京:中国水利水电出版社,2010.

[5]熊焰.低碳之路:重新定义世界和我们的生活.北京:中国经济出版社,2010.

[6]樊纲.走向低碳发展:中国与世界——中国经济学家的建议.北京:中国经济出版社,2010.

[7]张坤民,潘家华,崔大鹏.低碳发展论(上下册).北京:中国环境科学出版社,2009.

[8]国家发展和改革委员会能源研究所课题组.中国 2050 年低碳发展之路:能源需求暨碳排放情景分析——创新 2050:科学技术与中国的未来.北京:科学出版社,2009.

[9]蔡林海.低碳经济 绿色革命与全球创新竞争大格局.北京:经济科学出版社,2009.

[10]何强,孟宪芳.全球治理视域中的全球气候变化问题.科学·经济·社会,2010(1).

第三章　全国视野下发展低碳经济的背景

第一节　中国的气候变化与温室气体的排放

一、中国的气候变化

进入 21 世纪以后，全球气候变暖及其对人类生存造成的损害和威胁已为世人公认。经研究发现，气候变暖主要是由自然因素和人为因素两方面共同作用造成的，而人类活动排放的大量温室气体是造成气候变暖的主要原因。由于人类活动和自然变化的共同影响，我们所生活的这个星球正经历着显著的气候变化，其主要特征为温度升高，最近 100 年（1906—2005 年）全球平均地表温度上升了 0.74℃（0.56～0.92℃），且 1850 年以来最暖的 12 个年份有 11 个出现在 1995—2006 年。根据中国气候变化的最新科学事实和研究结果显示，由于国土面积辽阔、海岸线漫长、生态环境脆弱等现实情况，我国也属于受全球气候变暖影响比较显著的国家。1951—2001 年，我国平均地表气温变暖幅度约为 1.1℃，增温速率为 0.22℃/10 年，比全球同期平均增温速率高 1 倍左右。其中黄河以北地区的内蒙古中、东部和北疆地区升高了 1.2 ℃，东北地区升高了 1.0 ℃，青海和拉萨地区升高了 0.9 ℃，华北地区升高了 0.8 ℃，华南和滇南地区升高了 0.3 ℃。气候变化主要在夜间，华北和西北地区夜间年平均最低气温已升高了 0.24～0.30 ℃，而白天最高气温仅升高 0.08 ℃。东经 100°以东，黄河以南的苏南、浙、闽等沿海地区气温下降了 0.2 ℃，鄂、赣、陕南、晋西南、甘西和新疆东部地区下降了 0.3 ℃，滇北、黔西和川西地区下降了 0.8 ℃。预计到 2020 年，全国年平均温度将增加 0.2～

3.7℃，到 2100 年将增加 1.3～8.9℃。

在全球变暖的大背景下，中国近百年的气候也发生了明显变化。从地域分布看，西北、华北和东北地区气候变暖明显，长江以南地区变暖趋势不显著；从季节分布看，冬季增温最明显。1986—2005 年，中国连续出现了 20 个全国性暖冬。

此外，近百年来，中国年均降水量变化趋势不显著，但区域降水变化波动较大。中国年平均降水量在 20 世纪 50 年代以后开始逐渐减少，平均每 10 年减少 2.9 毫米，但 1991—2000 年略有增加。从地域分布看，华北大部分地区、西北东部和东北地区降水量明显减少，平均每 10 年减少 20～40 毫米，其中华北地区最为明显；华南与西南地区降水明显增加，平均每 10 年增加 20～60 毫米。在近 50 年来，中国主要极端天气与气候事件的频率和强度也出现了明显变化。华北和东北地区干旱趋重，长江中下游地区和东南地区洪涝加重。1990 年以来，多数年份全国年降水量高于常年，出现南涝北旱的雨型，干旱和洪水灾害频繁发生。海平面和冰川也发生了变化，中国沿海海平面年平均上升速率为 2.5 毫米，略高于全球平均水平；山地冰川快速退缩，并有加速趋势。

从全球看，极地增温幅度大于热带。在我国，北方增温，南方降温；气候带北移，南北温差减小；南北方向的冬季风（寒潮）和夏季风减弱；中纬度地区降水减少，加上西南季风受青藏高原阻挡，东南季风受南岭—秦岭—阴山及横断山—雪峰山—武陵山—巫山—太行山—大兴安岭的阻挡，西北气流受天山—阿尔泰山的阻挡，使藏东南、华南、华东和东北沿海地区多雨，而西北地区受下沉气流影响，少雨干旱，南涝北旱加剧。随着人口增加，经济发展，用水量不断增大，致使北方江河断流，湖泊干涸，荒漠化面积扩大。同时，因过度开采地下水，导致地面下沉，水生态环境日趋恶化，工农业生产已受到严重影响。

二、中国温室气体的排放

改革开放以来，我国在经济发展取得显著绩效的同时，也出现了资源消耗、碳排放增加等问题。二氧化碳排放总量从 1978 年的 1483 万吨增加到 2008 年的 6896 万吨，年均增长 5.2%。人均二氧化碳排放量从 1978 年的 1.5 吨增加到 2008 年的 5.2 吨，年均增长 4.1%。这一期间，二氧化碳排放也呈现出较强的阶段性特征，总体可分为 3 个阶段。第一阶段是 1978—1996 年，二氧化碳排放量呈平稳增长态势，年均增长 4.9%；第二阶段是 1997—2002 年，二氧化碳排放量基本稳定，年均增长 0.9%；第三阶段是 2003—2008 年，二氧化碳排放量快速增长，年均增长 11.3%，2003—2005 年增速分别达到 17.4%、15.7% 和 10.2%，远高于其他国家增长速度。美国二氧化碳信息分析中心公布的数据（见图 3－1）更加证明了上述分析。可以明显地看出 2002 年以来我国二氧化碳排放的增长远远高于前期。

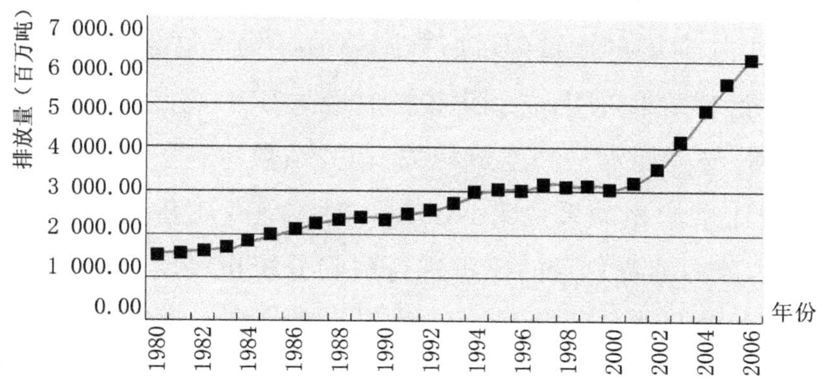

图 3－1　1980—2006 年中国消费化石燃料的二氧化碳排放量

根据《中华人民共和国气候变化初始国家信息通报》，1994 年中国温室气体排放总量为 40.6 亿吨二氧化碳当量（扣除碳汇后的净排放量为 36.5 亿吨二氧化碳当量），其中二氧化碳排放量为 30.7 亿吨，甲烷为

7.3 亿吨二氧化碳当量，一氧化二氮为 2.6 亿吨二氧化碳当量。据中国有关专家初步估算，2004 年中国温室气体排放总量约为 61 亿吨二氧化碳当量（扣除碳汇后的净排放量约为 56 亿吨二氧化碳当量），其中二氧化碳排放量约为 50.7 亿吨，甲烷约为 7.2 亿吨二氧化碳当量，一氧化二氮约为 3.3 亿吨二氧化碳当量。从 1994—2004 年，中国温室气体排放总量的年均增长率约为 4%，二氧化碳排放量在温室气体排放总量中所占的比重由 1994 年的 76% 上升到 2004 年的 83%。

不合理的经济结构和能源结构是我国二氧化碳排放增长的主要因素。围绕碳排放及其影响因素的关系问题，国外已进行了大量的实证研究。这些研究的共性结论是：经济发展是二氧化碳排放增长的重要原因；能源效率提高对二氧化碳排放水平的增长有抑制作用，但由于能源技术进步的长期性，能源效率对于碳排放增长的抑制贡献率会减弱；能源结构对二氧化碳排放水平有显著影响。通过用 1978—2008 年的数据，计算了 1978 年 GDP、1978 年不变价能耗、化石能源占能源消费总量的比重、工业占 GDP 的比重（反映产业结构水平）与二氧化碳排放量的相关系数。计算结果表明，二氧化碳排放量与 GDP 高度相关，相关系数达到了 0.98；与能耗水平高度负相关，相关系数达到了 -0.82；与煤炭占能源消费比重的相关系数为 -0.58。对二氧化碳排放量与 1978 年 GDP、煤炭占能源消费总量的比重进行回归分析也表明，经济增长是我国二氧化碳排放量增长的最主要因素，煤炭占能源消费总量的比重过高对二氧化碳排放量增长有重要影响。

进一步看，经济增长因素的影响不仅和我国 GDP 增长速度过快有关，也和经济增长结构不合理有关：从需求结构看，经济增长过度依赖出口，净出口导致的二氧化碳排放占到排放总量的 20% ~30%；从产业结构看，经济增长过度依赖工业，尤其是重化工业，工业能源消耗导致的二氧化碳排放占到排放总量的70%以上。而煤炭占能源消费总量的比重高,则与我国以煤炭资源为主的能源资源禀赋有关,这种能源资源禀赋直接决定了我国以煤炭为主的能源供应结构:20世纪80年代初期,煤炭占我国一次能源生产总量的70%左右,此后逐步上升,到1996年上升到75%,随后开始下降,2002年下降到72%左右,但2003年后又快速上升,2008年达到76.7%。由于单位标准煤炭燃烧产生的二氧化碳是等标量石油排放的1.3倍,是等标量天然气排放的1.7倍,以煤为主的能源资源结构和能源生产结构,直接导致我国单位能源使用产生的二氧化碳高于其他国家。

总体而言,中国温室气体历史排放量一直很低,而且人均排放一直低于世界平均水平。根据世界资源研究所的研究结果,1950年中国化石燃料燃烧二氧化碳排放量为7900万吨,仅占当时世界总排放量的1.31%;1950—2002年间中国化石燃料燃烧二氧化碳累计排放量占世界同期的9.33%,人均累计二氧化碳排放量61.7吨,居世界第92位。根据国际能源机构的统计,2004年中国化石燃料燃烧人均二氧化碳排放量为3.65吨,相当于世界平均水平的87%,经济合作与发展组织国家的33%。

尽管二氧化碳排放总量在增长,但二氧化碳排放强度(万元GDP二氧化碳排放量)总体呈较快下降趋势。从现价看,万元GDP二氧化碳排放量从1978年的40.7吨下降到2008年的2.3吨,年均下降9.1%;从不变价(1978年价格)看,万元GDP二氧化碳排放量从1978年的40.7吨下降到2008年的12.3吨,年均下降4.1%。从时间看,二氧化碳排放强度的变化可分为2个阶段:1998年以前基本上是稳定下降,但1999年以后下降速度放缓,2003年和2004年还出现反弹,"十一五"以后下降速度明显低于历史其他时期。

在经济社会稳步发展的同时，中国单位国内生产总值(GDP)的二氧化碳排放强度总体呈下降趋势。根据国际能源机构的统计数据，1990年中国单位 GDP 化石燃料燃烧二氧化碳排放强度为5.47 kg CO_2/美元(2000年价)，2004年下降为2.76 kg CO_2/美元，下降了49.5%，而同期世界平均水平只下降了12.6%，经济合作与发展组织国家下降了16.1%。

我国二氧化碳排放强度明显高于国际水平。按汇率法和不变价美元计算，2008年我国亿美元二氧化碳排放量是26.5吨，是世界平均水平的3.4倍，是日本的9.9倍，德国的6.4倍，巴西的5.2倍，美国的4.8倍，印度的1.5倍。从动态来看，2003—2008年我国二氧化碳排放强度下降了3.7%，不仅低于日本、德国、美国和印度，甚至低于世界平均降速。即使考虑 PPP(购买力平价)法对人民币汇率有高估的因素，我国二氧化碳排放强度在全球也是较高的，下降速度也是较慢的。

三、中国气候变化与温室气体排放的影响

(一)对自然系统的影响

温室效应给气候带来的影响是十分显著的。温室效应将使中国地区的日最高和最低气温明显升高，并导致强降水事件的出现频次增加。自20世纪50年代以来，我国沿海海平面每年上升1.4~3.2毫米，西北冰川面积减少了21%，西藏冻土层最严重地区减薄达4~5米，青海和甘南牧区产草量下降，西南地区、三江平原的湿地面积减少，功能衰退。北方干旱受灾面积扩大，南方洪涝加重。农业生产的不稳定性增加，局部干旱高温危害加重。我国六大江河的实测径流量都呈下降趋势，北方部分河流发生断流。同时，局部地区洪涝灾害频繁发生，特别是1990年以来，长江、珠江、松花江、淮河、太湖、黄河均连续发生多次较大洪水，洪灾损失日趋严重。同时，气候变化对人体健康、旅游业、能源供应等方面的

影响也不容忽视。国务院颁布的《中国应对气候变化国家方案》中,从农牧业、森林和其他生态系统、水资源、海岸带以及其他领域等方面简要分析了气候变化对我国的影响。

1. 对农牧业生产的直接影响

农业是对气候变化反应最为敏感的产业部门之一。农作物的品种、土壤种类和湿度、空气温度和质量、农作物的适应能力等多方面因素的相互作用,使得农作物产量对气候变化的反应非常迅速。自20世纪80年代以来,中国的春季物候期提前了2~4天。未来气候变化对中国农牧业的影响主要表现在:一是农业生产的不稳定性增加,如果不采取适应性措施,小麦、水稻和玉米三大作物均可能减产。二是农业生产布局和结构将出现变动,种植制度和作物品种将发生改变。三是农业生产条件发生变化,农业成本和投资需求将大幅度增加。四是潜在荒漠化趋势增大,草原面积减少。气候变暖后,草原区干旱出现的概率增大,持续时间加长,土壤肥力进一步降低,初级生产力下降。五是气候变暖对畜牧业也将产生一定的影响,某些家畜疾病发病率可能提高。大量研究表明,如果未来全球气温升高几度或更高,粮食供给能力的增长会滞后于对粮食需求的增长,粮食价格会升高。另外,气候变暖所引起的干旱和洪水灾害等也将给粮食生产带来负面影响。草原面积减少也必定影响牧业的发展。

2. 对水资源系统的巨大影响

水是生命之源,气候变暖已经引起了我国水资源的显著变化,它加速了水汽循环,改变了降水量,导致干旱、洪水的次数和强度增加,左右了水资源的供需平衡。近二十多年来,北方干旱缺水与南方洪涝灾害不断同时发生,形成了北旱南涝的局面。根据资料分析,1980—1989年海滦河流域平均地表径流仅为155亿立方米,比1956—1979年平均地表径流量288亿立方米减少了46.2%。进入20世纪90年代，干旱区向西南方向转移，黄河中上游地区（陕、甘、宁）、汉江流域、淮河上游、四川盆地在1990—1999年的平均年降水量较多年平均偏少5%～10%。黄河利津以上同期平均来水量估计较多年平均偏少32%。北方缺水地区持续枯水期的出现，以及黄河、海河和汉江同时遭遇枯水期等不利因素的影响，加剧了北方水资源供需失衡的矛盾。另外，由于我国人口众多，对水资源的需求总量十分巨大，有关资料显示，目前淮河水资源利用率为60%，黄河为62%，海河高达90%，远远超过国际公认的30%～40%的水资源利用率警戒线圈，这无法不引起人们的警惕。再者，由水资源所引起的一系列自然灾害对我国造成了巨大的经济损失，仅洪水一项每年就造成直接经济损失达数百亿元，1998年特大洪水所造成的损失高达2466亿元。

3. 对自然灾害及人类生存健康的影响

自然灾害是气候变暖最显而易见的后果，干旱洪涝的频发、天气持续高温、土地沙漠化、水土流失、山地崩塌等，造成了一系列人员伤亡、经济损失。气候变化造成的降水强度的增加，使得洪水以及泥石流的发生次数变得更加频繁，也增加了沿海地区海平面上升的风险。我国海岸线连绵而漫长，一些主要的经济发达城市都位于东部沿海，据估计到2080年，沿海及低海拔地区每年将有几百万人遭遇洪灾，人们不得不离开自己世世代代居住的家园，去寻找适合自己居住的环境。重大的自然灾害也增加了瘟疫的传播，洪涝灾害会增加溺死、暴发腹泻和呼吸疾病的风险。气候变化可能增加疾病的发生和传播机会，增加心血管病、疟疾、登革热和中暑等疾病发生的程度和范围，危害人类健康。天气的持续高温会产生热浪，造成死亡率的增加和流行病的产生。

4. 对其他生态系统方面的影响

气候变暖还会对物种多样性造成威胁，可能对大熊猫、滇金丝猴、藏羚羊和秃杉等产生较大影响，比较耐高温的水稻品种将逐渐向北方稻区发展。冰川开始消融，20世纪以来我国山地冰川普遍退缩，西部山区冰川面积减少了21%。另外，对我国的工业和交通部门、旅游业和居民生活也将产生重大影响。

（二）对社会系统的影响

气候变化除了对自然生态系统有巨大的影响，对人类社会的影响也非常深刻。

1. 对人体健康的影响

预估数百万人的健康状况将受到影响，其原因如下：营养不良增加；因极端天气事件导致死亡、疾病和伤害增加；腹泻疾病增加；由于与气候变化相关的地面臭氧浓度增加，心肺疾病的发病率上升，以及某些传染病的空间分布发生改变。预估气候变化在温带地区将带来某些收益，如，因寒冷所造成的死亡减少。气候变化还会产生一些综合影响，如疟疾在非洲的传播范围和潜力的变化。总体上，这些效益预计将会被温度升高对健康带来的负面影响所抵消，特别是在发展中国家。至关重要的是那些直接影响人类健康的因素，如教育、卫生保健、公共卫生计划和基础设施以及经济发展。

2. 对人居环境和能源的影响

随着气候变化，几乎可以确定的是大部分陆地地区冷昼、冷夜偏暖或偏少，热昼、热夜偏暖或偏多；气温升高，供暖能源需求降低，但对制冷能源需求增加；城市空气质量下降，使得由冰雪造成的运输中断减少。气候变暖很可能使发生热浪的区域增加，导致温暖地区无适当住宅者生活质量下降，影响老年人、幼童和穷人；很可能使大部分地区降水强度和降水概率增加。这样一来，洪水破坏人居环境、商业、运输和社会，城乡基础设施面临的压力加大，遭受更大的财产损失。气候变暖可能加剧干旱化程度，干旱地区范围增加，导致人居环境、工业和社会的水源短缺，使水力发电潜力降低，还增加了潜在的人口迁移。

3. 对交通运输和金融服务的影响

气候变化导致极端天气事件增加，自然灾害增多，如可能使强热带气旋活动增强，热带地区将遭受洪水和强风的破坏。这类极端天气事件的增多将会影响到交通运输业的发展。气候变化将加剧金融危机的破坏力。在脆弱地区，私营保险公司撤出保险范围，存在潜在人口和基础设施的迁移，导致更多的财产损失。另外，由极端高海平面所引发的事件可能增多，增加了海岸带保护和对土地利用重新安置的成本，增加了潜在的人口与基础设施的迁移。

4. 对其他方面影响

气候变化将会影响到旅游资源，尤其是以气候为主的风景旅游资源将受到很大影响，有些资源的品质会受到影响，有些旅游景点还会因气候变暖而消失，如冬季冰雪旅游资源。气候变化使得极端天气事件增多，不仅容易造成自然灾害，也影响到人们的正常出行，气候变化将会影响到整个旅游业的正常发展。

中国未来的气候变暖趋势将进一步加剧。中国科学家的预测结果表明：一是与2000年相比，2020年中国年平均气温将升高1.3～2.1℃，到2050年将会升高2.3～3.3℃。全国温度升高的幅度由南向北递增，西北和东北地区温度上升明显。预测到2030年，西北地区气温可能上升1.9～2.3℃，西南可能上升1.6～2.0℃，青藏高原可能上升2.2～2.6℃。二是未来50年，中国年平均降水量将呈增加趋势，预计到2020年，全国年平均降水量将增加2%～3%，到2050年可能增加5%～7%。

其中东南沿海增幅最大。三是未来100年,中国境内的极端天气与气候事件发生的频率增大,将对经济社会发展和人们的生活产生很大影响。四是中国干旱区范围可能扩大,荒漠化可能性加重。五是中国沿海海平面仍将继续上升。六是青藏高原和天山冰川将加速退缩,一些小型冰川将消失。

第二节　应对气候变化对中国的影响

随着综合国力的提高以及二氧化碳排放的持续增长,中国在气候变化问题上面临的挑战十分严峻,机遇也十分难得。作为世界上最大的发展中国家,中国需要发挥负责任大国的作用,应更加主动地参与气候变化国际事务的磋商和国际规则的制定,充分反映合理主张。同时需要在促进自身发展的过程中不断提高技术水平,积极建立适应可持续发展要求的生产和消费模式,从根本上应对气候变化的挑战。

一、应对气候变化给中国带来的挑战

中国是一个发展中国家,实现经济和社会发展、消除贫困是首要和压倒一切的优先事项。在未来相当长时期内,中国经济仍将保持快速增长,人民的生活水平必将有一个较大幅度的提高,能源需求和二氧化碳排放量不可避免地还将增长,作为温室气体排放大国的形象将更加突出,无疑将对中国的社会经济发展带来严峻的挑战。

(一)发达国家要求中国承担温室气体限控的压力增大

京都会议后,一些发达国家试图以《京都议定书》已规定发达国家的减排指标为由,集中全力向中国和印度等“主要的”发展中国家施压。有的发达国家甚至明确提出将发展中国家“有意义的参与”作为其批准议定书的前提条件之一,并与公约的资金机制挂钩。发达国家要求发展

中国家参与全球减排的理由包括:环境原因、竞争力原因、政治原因等。虽然这些理由严重背离了公约“共同但有区别的责任”原则,以及公约特别强调的:“发展中国家能在多大程度上有效履行其在本公约下的义务,将取决于发达国家对其在本公约下所承担的有关资金和技术转让的承诺的有效履行,并将充分考虑到经济和社会发展以及消除贫困是发展中国家首要和压倒一切的优先任务”。但从另一个侧面,我们也不难发现减轻这种压力的艰巨性。

(二)对中国现有发展和消费模式提出了严峻的挑战

自然资源是国民经济发展的基础,资源的丰度和组合状况,在很大程度上决定着一个国家的产业结构和经济优势。中国人口基数大,发展起点低,到 2003 年底,仍有 59.5% 的人口为乡村人口,面临着继续完成工业化和城市化的长期发展任务,人均资源短缺是中国经济发展的长期制约因素。传统的消费和生产模式是一种资源耗竭型、不可持续的消费和生产模式,这种模式已经对中国的社会经济发展构成了巨大的挑战。从发展模式的选择看,虽然各国有权根据本国的具体情况来选择自己的发展道路,但在其发展过程中,都遵循某些带有普遍性的规律,很少有国家发生例外。世界各国的发展历史和趋势表明,人均商品能源消费和经济发达水平有明显相关关系,可以说,在目前的技术水平和消费方式下,达到工业化国家的发展水平意味着人均能源消费必然达到较高的水平。世界上目前尚没有既有较高的人均 GDP 水平又能保持很低人均能源消费和排放水平的先例,中国面临开创可持续消费和生产新模式的挑战。

(三)对中国以煤为主的能源结构提出了严峻的挑战

随着经济的快速发展和人口的继续增长,中国能源消费和二氧化碳排放将继续增加。有关预测表明,中国二氧化碳排放总量有可能在

2025年左右就超过美国。尽管中国目前的人均二氧化碳排放量仍很低,但由于中国人均二氧化碳排放年均增长率高于世界平均水平,按照目前的发展趋势,预计在2030年左右,中国的人均二氧化碳排放量就有可能超过世界平均水平。中国是世界上少数几个以煤为主的国家,2002年中国煤炭产量13.93亿吨,接近世界煤炭消费总量的30%。同石油、天然气相比,单位热量燃煤引起的二氧化碳排放比使用石油、天然气分别高出36%和61%左右。由于调整能源结构在一定程度上受到能源资源结构的制约,提高能源利用效率又面临着技术和资金上的压力,以煤为主的能源资源和消费结构,使中国控制二氧化碳排放的前景不容乐观。

二、应对气候变化给中国带来的机遇

全球气候变化给中国带来巨大挑战的同时,也给中国带来了新的发展机遇。当前国际社会提出的减缓二氧化碳排放的政策和措施主要集中在提高能源利用效率,发展可再生能源,这些不仅符合中国经济增长方式从粗放型向集约型根本转变的需要,而且其直接结果也将在一定程度上促进高效能源技术和节能产品更加迅速地向全球扩展和传播,这一趋势也将有利于促进中国能源利用效率的提高和能源结构的优化。我们应当抓住全球气候变化问题给中国发展可能带来的新的发展机遇,积极参与相关领域的国际合作,推动发达国家履行资金和技术转让的承诺,为中国的社会经济发展创造更为有利的国际政治和经济技术环境。

(一)气候变化促进中国走向可持续发展和低碳发展道路

全球气候变化极大地压缩了世界化石能源消费和温室气体排放的空间,国际环境已经不再允许中国和其他发展中国家沿袭发达国家工业化过程中高投入、高耗能、高排放的传统发展道路。在这种压力下,中国需要积极探索、实践一条新的发展道路——可持续发展道路和低碳经济发展道路,其目的是既减少温室气体的排放,又不破坏消除贫困和现代化发展的前景。中国政府多年来提倡的科学发展观、转变经济增长方式、走新型工业化道路、建设资源节约型和环境友好型社会等思想，均反映了坚持可持续发展框架下协调解决发展、环境和气候变化问题的一贯立场。

气候变化问题已经成为推动全球转向可持续发展和低碳经济发展道路的重要驱动力。2002 年 UNFCCC 第八次缔约方会议通过《气候变化与可持续发展德里部长级宣言》首次在国际文件中明确提出，应在可持续发展框架下应对气候变化问题，2003 年通过能源白皮书提出了“低碳经济”的创意之后，引起了世界的广泛响应。当前世界范围内低碳经济的发展趋势，将创造有利于中国转变发展方式的国际环境。

（二）气候变化有利于促进自主创新能力的提高

控制温室气体排放的根本途径在于加快经济发展的减物质化和低碳化进程，这需要经济增长和消费模式的巨大变革和调整以及科学技术的持续创新、应用和扩散，包括发展理念、体制和模式方面的创新。其中技术进步在应对气候变化过程中发挥着基础性的作用，没有技术支撑，可持续发展和低碳经济将是“无源之水，无本之木”。技术进步离不开自主创新或技术引进后的消化、吸收和再创新。

技术自主创新能力是国际竞争力的核心，也是中国应对气候变化的关键对策，关系到在未来温室气体排放权受到限制的情况下能否维持其自身可持续发展的大计，同时，也决定一个国家的全球应对气候变化行动引发的政治、经济、贸易等国际形势的激烈变动中的竞争优势，对中国的现代化进程既是一场严峻的考验，也应成为中国推进自主创新的重要机遇和巨大驱动力。因此，要把应对气候变化的核心技术作为中国技术自主创新体系的重要领域，以超常规的措施大规模发展和推广先进能源等低碳型技术。提高自主创新能力，需要建立、健全自主创新激励机制，营造良好的创新氛围,加快建立以企业为主体、市场为导向、产学研相结合的技术创新体系,加快实施国家重大科技专项,不断提高开放条件下的原始创新能力,集成创新能力和引进、消化、吸收、再创新能力,并广泛应用高科技和先进适用技术改造传统产业,努力打造拥有自主知识产权的优势产业,全面提高产业技术水平。

(三)有利于获得先进的节能与新能源技术,加快中国能源结构调整步伐

气候变化问题与能源问题紧密相关。温室气体排放主要来源于能源活动,仅与能源相关的二氧化碳排放量就占到全球温室气体排放量的61%。控制温室气体排放已经成为世界能源发展的一个新的制约因素,依赖传统化石能源既不持续也无法减排,人类必须及时建立可持续的低碳能源体系,包括强化节能政策,转向可再生能源与清洁核能以及其他新的低碳或无碳能源,近期煤炭的清洁利用也非常重要。低碳化的能源体系不仅可以显著削减碳排放,还具有增强能源安全、改善环境问题的多重效益。在当前国际社会控制温室气体排放的呼声日益高涨、世界能源安全形势日趋复杂、环境问题日益显现的形势下,各国学者都在密切关注和探求未来世界能源的低碳化趋势。一些主要国家已经把能源低碳化作为新一轮能源战略调整的重要内容。

新的形势和要求也促使中国从积极应对气候变化的角度审视和调整本国的能源发展战略,有效控制温室气体排放将成为能源战略的重要目标之一。为促进能源低碳化发展,中国需要坚持实施“节能优先”的能源战略,加快国民经济产业结构的战略性调整,转变经济增长方式,发展节能型经济;需要以自主创新与引进、吸收、消化和再创新相结合,积极发展可再生能源技术和先进核能技术,优化能源结构,发展低碳和无碳能源,发展和储备 CCS 等固碳技术;需要不断强化制度创新,加强促

进节能和可再生能源发展的法律、法规和财务金融政策体系建设,加强产品能效标准和标识的制定和管理,改变过度依赖化石燃料的消费观念和生活方式,为未来承担碳减排义务打下良好基础。

若发达国家能在国内进行实质性减排,无疑将对世界能源产生结构和能源技术产生重大影响。发达国家有可能由以石油为主向以天然气为主要能源过渡,各种可再生能源也将得到较大的发展,这可能为中国逐渐将目前以煤为主的高排放、高污染的能源结构转向以油气为主要能源提供了机遇。另一方面,发达国家的这种减排压力也势必会促进其在节能与新能源技术上的创新,节能与新能源技术的市场竞争力也会得到加强,气候变化无疑将为新一代能源技术发展提供了机遇。同时,如果发达国家的能源消费受到抑制,将在一定程度上为中国未来的发展留出更多的能源消费空间。

(四)应对气候变化有利于企业竞争

全球气候变暖,在一定意义上正在改变着企业竞争的基本面,它向一切不能应对这一变化的公司提出了挑战,也为率先顺应“低碳经济”的公司带来了机会。应对气候变化对全球的企业竞争带来新一轮的风险与机会:那些被认为是环境友好的公司,甚至在不太景气的行业里,其声誉也可能比那些被认为是环境不友好的公司要好。那些能更好地适应“更绿”世界的公司将能产生竞争优势。

(五)积极开展全球气候变化领域的国际合作,有利于提高中国的国际地位

中国是温室气体排放大国,在履约活动中具有较强的国际合作优势。积极参与全球气候变化领域的国际活动,认真履行与中国经济发展水平相适应的义务,有利于树立中国保护全球气候的国际形象,扩大中国的国际影响,提高中国的国际地位。同时,通过开展国际合作,努力推

动发达国家履行资金和技术转让承诺,可争取我国所需要的部分先进技术和资金。

参考文献

[1]姜冬梅,张孟衡,陆根法. 应对气候变化. 北京:中国环境科学出版社,2007.

[2]金三林. 我国二氧化碳排放的特点、趋势及政策取向. 广东经济,2010(5):22-25.

[3]邹尚伟,刘颖. 中国气候状况及应对气候变化方案. 环境科学与管理,2008(6):189-194.

[4]中国国家发展和改革委员会. 中国应对气候变化国家方案. 2007:16-17.

[5]秦大河,陈宜瑜,李学勇. 中国气候与环境演变——气候与环境变化的影响与适应、减缓对策(下卷). 北京:科学出版社,2005.

[6]胡鞍钢,管清友. 中国应对全球气候变化. 北京:清华大学出版社,2009.

[7]徐华清. 全球气候变化——中国面临的挑战、机遇及对策. 经济研究参考,2004(84).

[8]国家发展和改革委员会能源研究所课题组. 中国2050年低碳发展之路——能源需求暨碳排放情景分析. 北京:科学出版社,2009.

第四章　全球视野下发展低碳经济的障碍

第一节　发展低碳经济的国际公平性问题

一、发展低碳经济的伦理和公平性问题

工业革命以来，人类社会在大量消费能源以促进经济增长和社会繁荣的同时，也给全球气候带来了显著的负面影响。近年来，人类逐渐认识到了气候问题的严重性，并达成共识，要制定出控制气候变化的策略和行动方案。但其中的难点在于，人类应对气候变化的具体决策和执行过程牵涉到复杂而深刻的伦理和公平性问题。伦理主要是调节人际关系行为，包括由其外延扩化的人与社会或群体之间的关系行为的价值原则和规范。由此可见，伦理作为一种“实践理性”，其最为基本也是最为重要的功能，是在私人领域与公共领域为个体和社会提供一种基本合理的行为规范和价值标准。就公共领域而言，公共伦理就是人们在公共生活领域所应当遵循的基本原则和规范，在人们的日常生活中有着极其重要的地位。

当今世界，全球化的趋势越来越明显，人与人、民族与民族、区域与区域、国家与国家之间的联系越来越密切，人类进入了一种全球化的、共生性存在的历史时期。从人类的社会实践来看，自第二次世界大战以来，特别是20世纪80年代以来，人类从整体上改变了发展的观念，主客二分的对立实践方式遭到了“灾难性”的后果，可持续发展、全面发展、后工业社会、知识经济、主体间性成为社会的主流话语。所以，这种内在的、本质的、构成性的社会关系，呼唤人与人、人与社会、人与自然和谐共生，呼唤

成就德性与成就福祉的统一。同时,这种共生性的存在不仅表现为与个体同时态存在着的人的关系,也包含着与过去人和未来人的历时态关系。

人类是自然历史演化的产物,自然环境是人类生存、生活和发展的自然基础。龚群教授在《社会伦理十讲》中指出"自然界与人类处在这样一种双重关系中,一是就认识论和功利价值而言的人的主体和自然的客体性地位,二是从系统论的意义上看的人及其环境的诸因素所共有的作为地球生态系统成员的地位"。自然界为人类劳动提供了物质基础,人类通过生产实践来利用和改造环境,从自然界获得物质和能量,再通过人类的消费活动,把物质和能量归还给自然界。人是一种能动的存在物,能够能动地认识、利用和改造自然。另一方面,人类又依赖于自然、受自然的约束和控制,需要适应自然界的发展,遵循自然规律。这两重关系的合理协调便是以不破坏自然的生态系统特征为界限,人与自然在发生物质交换关系的同时还发生着重要的伦理互动关系,和谐互动是人与自然共生的伦理目标。但人类在改造自然使之为自己服务的过程中,忽略了自然界的规律,尤其是经过了工业社会时期追求经济"无限增长"和严重依赖大规模地消耗自然资源的生产方式,出现了砍伐森林、破坏植被、污染水质、浪费资源、消耗能源、过度排放等现象,给自然环境带来了严重破坏,造成了今天全球气候变暖的整体趋势和严峻现实,也给人类的生存和发展带来了严重的危害。恩格斯说过"我们不要过分陶醉于我们人类对自然界的胜利。对于每一次这样的胜利,自然界都报复了我们。每一次胜利,在第一步都取得了我们预期的结果,但是在第二步和第三步却有了完全不同的、出乎预料的影响,常常把第一个结果又取消了"。而现在出现的冰山融化、海平面升高、物种灭绝、自然灾害频发等现象验证了恩格斯的忠告,成为人类必须面对的世界性难题。当前,建立人类与自然和谐相处的新文明,已成为人们的共同伦理诉求,这是时代赋予人类的伟大责任和神圣使命。

人与人之间的伦理关系问题涉及国际和国内的代内公平问题以及代际公平问题。亚里士多德把正义定义为“避免贪婪”，罗尔斯则把正义理解为“作为公平的正义”，都包含有公正合理地对待自己和他人利益问题的思想。正如《联合国气候变化框架公约》关于应对气候变化的最终目标，概括了人类在处理气候变化问题上对人与自然之间以及当代人与后代人之间的伦理选择和公平考虑：“使生态系统能够自然地适应气候变化、确保粮食生产免受威胁并使经济能够可持续地进行，即人类必须以文明的生产、生活方式实现人与地球生物圈的和谐共生以及不损害后代人的可持续发展环境。这要求当代人以及他们的后代必须持续地减少温室气体排放，及时将大气温室气体浓度控制在足够低的稳定水平上”。

在社会生活中，人在消费自然资源和物质资料时应充分考虑到其他消费主体的权益，考虑其生产、生活方式对自然的影响，不公正的生产、生活方式应该受到伦理谴责和道德审判。而低碳经济则是维持代内、代际消费公正的一种经济发展形式。从代际公正来看，低碳经济不是当代人在满足自身需要时对子孙后代满足其需要的能力构成威胁，而是尽可能给后代人留下更广阔的生存和发展的条件和空间。另一方面，低碳经济的发展也没有因照顾后代人的需求而消极克制当代人的需求，扼杀当代人在自然环境开发与利用上的能动性，重新使人沦为环境盲目性的奴隶。从代内公正来看，低碳经济就是人与人之间以一种平等公正的关系，共同履行对自然环境的责任，而不是单纯从一己私利出发，对资源环境进行破坏性的开采和利用，损害人类共同的、长远的利益。

在气候变化的伦理和公平性问题中，最现实、最困难的是如何解决国与国之间以及国内的公平性问题。国家与国家之间，地区与地区之间需要以公平正义为原则来开发和利用自然界留给我们的共同遗产。从全球气候变化的视角看，任何国家、任何人都对全球加速变暖带来的灾难性后果负有其相应的责任。因此，在“共同但有区别的责任”的前提下，世界各国共同负起应对气候变化的责任是人类生存的需要，是拯救人类自身。世界各国在减缓自然环境持续恶化及改善自然环境方面必须有所作为，而不是在应对气候变化问题上为了眼前的利益而患得患失。但另一方面，由于各国经济发展水平、历史责任和当前人均排放情况千差万别，在应对气候变化问题上的责任不能一概而论，这就涉及了国际气候合作应对机制中的减缓义务分担以及与此紧密相关的气候变化责任、能力和贫富差距问题。温室气体排放的历史和现实情况是：发达国家的人口不到世界的20%，却控制和消费了大部分的全球资源并排放了绝大部分的温室气体，据世界资源研究所统计，大气中现存二氧化碳排放中，70%～80%是由发达国家产生的。富裕国家在排放总量中占主要部分，从工业化时代开始所排放的每10吨二氧化碳中，约有7吨是发达国家排放的。发达国家必须为威胁人类生存与发展的气候变化及其影响承担主要责任。另外，发达国家也是最有能力解决这些问题的国家。因此，发达国家减缓气候变化的义务不能仅局限于本国的成本效益分析，而应该承担起更多的责任，考虑其他国家和后代人的利益。任何公平有效的国际气候合作应对机制都必须清晰地看到这个问题。总而言之，正如20世纪生态社会主义思想家威廉·莱斯在《自然的控制》中言辞恳切地指出，“我们所面临的最迫切的挑战，不是征服外部自然、月球和外层空间，而是发展能够负责任地使用现成的技术手段来提高生活的能力，以及培养和保护这种能力的社会制度”。共同的责任促使人们采取共同的行动，以合作的集体姿态迎接环境挑战；而有区别则在于应充分考虑到发展中国家能力与需求的现实状况。在一个公平有效的国际气候合作应对机制下，发达国家和发展中国家都必须对全球环境承担“共同但有区别的责任”，同时照顾到发达国家和发展中国家在能力和需求上的巨大差异，在合作的基础上谋求集体解决气候变化的问题，这是人类的共赢之道。

二、发达国家主导低碳经济的国际规则

“海洋污染、臭氧层空洞、全球变暖、生物多样性和森林退化等是发达国家首要关心的全球环境问题”。在气候问题由科学界首先提出之后，发达国家最早涉入并且一直在气候问题谈判中起着主导作用。作为应对气候变化的一种新的经济增长方式——低碳经济，也是由发达国家首先提出来的。低碳经济是包含着环境、能源、技术、生产、流通、消费等经济社会运行各个层面的系统的理论，有人指出低碳经济将是继农业革命、工业革命、信息革命之后的又一次革命。

应对气候变化、发展低碳经济不仅是环境问题和社会问题，也是重大的国际政治和安全问题。对于低碳经济提出的深层次原因，国内学者有一些较为普遍的看法，主要有以下两点：首先，世界以化石能源为基础的工业经济遭遇了资源、环境和技术的发展瓶颈制约。以化石能源为基础的经济发展模式排放了大量的二氧化碳，不仅使人类生存环境恶化，而且化石能源的高消耗也使人类面临资源短缺的状况。各国从自身安全的角度考虑，将尽量降低对化石能源的依赖。其次，工业革命和信息革命带来的发展“红利”已缺少创新动力，经济发展需要新的“发动机”。西方发达国家已进入后现代化，依靠提高劳动生产率促进经济发展基本上没有很大的空间了，而以信息技术和金融创新为驱动力的经济发展模式也暴露出了问题，寻找新的经济增长点，催生一种新的经济发展模式以提升国际竞争力是发达国家的当务之急。在这样的背景下，西方发达国家抓住了“低碳经济”这一未来发展机遇。

低碳经济是一种正在兴起的发展模式,其核心是提高能效、节约能源、开发可再生能源和减少温室气体排放。所以,低碳经济的背后实际是能源使用技术、经济发展的世界支配权争夺。目前,积极鼓吹低碳经济的国家无一例外都是后工业化的发达国家,主要是欧盟、日本、美国等。这些国家推行低碳经济,主要的考虑是:降低对世界上主要传统能源大国的依赖,转向能源的高效使用与新能源,使得主要竞争对手失去制约他国的能源优势,并削弱其在世界政治经济中的话语权,从而在新一轮的国际竞争中提高竞争力。从这个角度分析,低碳经济将逐渐成为发达国家之间、发达国家与发展中国家间的利益博弈枢纽,这将对世界利益格局产生深远的影响。

发达国家通过低碳经济创新,可以比那些还没有完成"高碳经济"发展阶段的发展中国家拥有一种新的竞争优势。发达国家在低碳经济创新方面所拥有的竞争优势以及它们制定低碳经济游戏规则的主导权,还将会影响到全球贸易和投资的走向,从而为发展中国家的"高碳经济"增长带来新的障碍,在新一轮的产业创新中重新占据制高点。

发达国家之间,主要是欧盟和美国、日本之间争夺低碳经济发展标准、主导权。本来在"京都协议"之类的有关温室气体排放的国际谈判中,各国为了尽可能地降低自己的减排幅度,大都拼命地抑制自己国家的减排目标,认为这样做才会保住本国的利益。而欧盟认为这是一种只看到眼前经济利益的短视性的、落后于时代的举动。欧盟为自己设定了严格的减排目标,在世界上首先建立对二氧化碳排放进行严格管制的政策体系和碳排放交易制度。同时,欧盟还积极主导全球范围的防止地球变暖的气候外交活动,逼迫美国和日本以及发展中国家"就范"。这样,在发展低碳经济方面,欧洲就顺理成章地成为低碳经济"游戏规则"的制定者,相对于美国和日本以及中国和印度等发展中国家就会拥有一种新的竞争优势。日本、美国产业界和学术界的一部分人认为，欧盟之所以敢于大胆制定严格的减排目标是因为欧盟采取“东扩政策”，把能源效率非常低的东欧国家拉入欧盟，使得欧盟整体减排的余地增加了。还有人认为，欧盟本来在大幅度减排温室气体方面就不用费太多的工夫，所以，它率先确立应对气候变化的政策和实施大幅度减排的制度，并以此为武器向美国和日本施加大幅度减排温室气体的压力，从而使美国、日本在经济上处于不利地位，进而在与美国、日本的经济竞争中获得优势。实际上，欧盟是站在发展低碳经济的大视野上，促使自己全力进行低碳技术的创新，把应对气候变化与经济发展统一起来，战略性地进行经济和社会结构的大变革，从而在政策、国际标准以及新的游戏规则方面主导世界的低碳经济，并且在国际市场上提高欧盟的产品和服务的竞争优势。总之，欧盟的战略意图是先发制人，企图在构建低碳经济方面争夺世界低碳经济的先机，确立自己相对于美国和日本的优势地位。欧盟将在政策、制度、法律、标准、知识产权和新的贸易规则方面领导世界低碳经济的潮流。

美国为了打破欧盟主导世界低碳经济发展的战略构想，在温室气体排放问题上一直与欧盟唱反调。2001 年，美国共和党布什政府提出“减少温室气体排放会危害美国经济发展”，千方百计地减轻其温室气体的控制义务。以不应免除发展中国家的减排责任、温室气体导致全球气候变暖的说法尚无科学依据等为由，堂而皇之地宣布退出《京都议定书》。德国一位政府官员曾说过，只有等到美国的环保技术可以统治世界市场时，他们才会同意国际社会制定目标明确的减排计划。另一方面，美国又向中国、日本、韩国、澳大利亚等国家提出了亚太清洁发展意向宣言，试图利用《京都议定书》对技术转让没有明确承诺这一“漏洞”来设计某种由自己主导的机制，以强化自己的地位。实际上，美国是不希望由欧盟主导来制定低碳经济发展的规则，而试图对此进行抵制。奥巴马总统上台执政后，美国政府的态度发生了变化，他宣称美国要成为全球应对气候变化的“领袖”。奥巴马总统的智囊库指出，低碳经济创新，特别是以二氧化碳减排为主要特点的低碳技术创新和低碳型产业创新涉及的范围很广，包括了签署“京都协议”的 172 个国家和地区的大约 60 亿人口，美国如果能成功地主导低碳技术创新和低碳型产业，那么它获得的利益将大幅度超过信息技术创新和金融创新曾给美国带来的巨大利益，因此美国应以领导者的姿态参加低碳革命。相应地，美国采取了一系列措施。2009 年 6 月 26 日，美国众议院以 219 票对 212 票微弱多数通过了《美国清洁能源安全法案》，这是美国首个温室气体减排法案。美国也积极推动生物质能、核电以及二氧化碳地下贮存等技术创新，并希望垄断下一代环保技术体系。

日本一方面反对欧盟主导的减排方案，反对其对日本制定的减排义务。日本学者指出，日本的能源效率已经是世界一流，就 1995 年单位 GDP 的能源消费量而言，日本为 100 的话，欧盟的英国为 210，德国为 148，美国为 303。所以按照欧盟所主导的减排方案，对日本规定的减排义务“极不公平”。另一方面，自 2001 年以来，日本环保产业市场逐渐衰落，特别是在国际市场上的份额趋于下降。日本对此深感不安，发布低碳革命宣言，声称要在低碳经济规则的制定中成为主角。福田首相宣布，在温室气体减排量交易的制度建设方面，日本在 2008 年秋试行“排放量交易国内市场的统合试验”，力求创建适合日本国情的排放量交易制度。在制度的设计上要与排放量交易国际市场接轨，争取在排放量交易的国际规则和相关的游戏规则的制定中取得发言权。因此，日本也急于推广自己的环保产品和技术，从而扩张环保产业在国际环境领域的发展。日本还大力促进汽车、机电等行业重组，垄断太阳能电池等新能源产业,以扩大在发展中国家的市场份额。日本政府在经济刺激计划中,把“低碳革命”作为“投资未来”的最为核心的内容,并且提出了具体的目标:第一,在低碳技术领域领先世界;第二,太阳能发电世界第一;第三,节能世界第一;第四,环保车的普及(目标:世界上最快的普及速度);第五,低碳型物流(目标:世界上最先进);第六,成为资源大国(目标:领导世界低碳再循环的新潮流)。

三、国家之间围绕低碳经济的博弈

在全球层面上,发展低碳经济始终面临着全球公共利益和国家利益之间的博弈。环境问题的流散性和跨国性使各国在环境利益上具有共同性,这使得国际环保事业从理论上来讲有了全球同心协力的基础,世界各国乘在同一条环境之舟上,必然存在着共同的环境利益。但这种共同的利益只是各国国家利益的叠加和重合,是各国国内利益延伸的交叉部分。尽管随着全球环境危机的加深,这种共同利益的范围也在不断扩大,但由于各国的经济背景和发展水平各不相同,面临的最紧迫的环境问题以及与全球环境问题的利害关系各有所异,因此,各国对自己利益的认定也会有所差异。归根结底,人类共同利益无法完全涵盖国家的特殊利益。碳减排涉及各国的具体利益,当碳减排目标与国家利益存在重大矛盾时,碳排放配额的约束力就会下降,因此碳减排过程是一个多方利益博弈均衡的过程。

当前低碳经济领域呈现群雄纷争、三足鼎立的基本格局。在气候变化的国际角逐中,不论是发达国家、经济转轨国家、发展中大国,还是中小发展中国家,都有利益诉求。但群雄角逐的阵营和代表,主要是气候谈判的发起者欧盟、以美国为代表的“伞形”国家集团以及中国+77国集团。无论从人口、经济,还是从能源、排放来看,这三方在全球都占有相当大的份额,在参与谈判的众多缔约方之中地位举足轻重。欧盟27

国联盟，是气候谈判的发起者，是推动气候变化谈判最重要的政治力量。一方面，由于人口稳中有降，经济成熟而稳定，基础设施完善，技术和管理先进，能源消费总量的增长十分有限，温室气体排放几乎不需要增长，与其他国家相比具有比较优势。另一方面，欧洲人生活安逸，重视环境，担心全球变暖危及欧洲冬暖夏凉的气候。因而欧盟竭力占领控制温室气体排放的道义上的制高点，大力推进气候谈判进程，在道义上取得了国际社会的支持，提高了国际地位。以美国为首的"伞形"集团包括日本、加拿大、澳大利亚、新加坡、俄罗斯等国，还包括欧盟以外的欧洲国家，这些国家在世界地图上呈伞形分布。它们是国际气候舞台上另一支重要的政治力量。美国地域广阔，人口增长较快，经济外延扩张的空间很大，其消费方式追求奢华，对能源的消耗巨大。虽然拥有世界最强大的经济实力，技术和管理水平也很高，但美国不愿意改变奢侈浪费的生活方式，因而能源需求和温室气体排放呈现较快增长趋势。中国 + 77 国集团中最主要的是基础四国，即巴西、南非、印度和中国，作为发展速度居于世界前列的发展中大国，这四国人口众多，资源匮乏，经济外延扩张的压力大，能源消费和温室气体排放的增长速度很快。这四国的立场代表了大多数发展中国家的态度。中国一直以"77 国集团 + 中国"模式与发展中国家阵营一起参与谈判，同时，中国也积极在"77 国集团 + 中国"阵营中发挥协调作用，促进发展中国家阵营的团结。这三方代表了世界上大多数国家的立场和利益，它们之间的博弈主要体现在两个层次上，即发达国家与发展中国家的博弈和发达国家之间的博弈。

（一）发达国家和发展中国家之间的博弈

这是气候博弈中最主要的矛盾。发达国家和发展中国家在气候变化的历史责任、减排所需的资金和技术转让的问题上有很大的分歧，形成两军对垒的阵势。对于"共同但有区别的责任"这一根本原则，双方的理解也是各取所需、南辕北辙,发达国家看到的是共同的责任,而发展中国家强调的则是有区别的责任。发展中国家提出了“气候的正义”之说,指出由于不同的国家处于不同的发展阶段,因而其对温室气体的排放情况和性质也存在差异。虽然所有国家都要承担保护气候的共同责任,但“共同”并不是“平等”和“均摊”。发展中国家认为,从历史上来看,气候变化是由发达国家在其工业化进程中排放大量温室气体造成的;从现实角度来看,当代地球环境所承受的来自人类社会的压力大部分来自发达国家;从人均排放量来看,发达国家的人均排放量远远高于发展中国家。印度的非政府组织“Down to Earth”主张说,全人类每个人都应当平等地拥有二氧化碳的排放权,人均排放量应该是每年 4 吨。目前,美国每年人均排放 20 吨二氧化碳,澳大利亚每年人均排放 19 吨二氧化碳,日本是 10 吨,而发展中国家则少得多,如中国为人均 3.5 吨,印度的人均年排放量还不到 1 吨。按人均 4 吨的年排放量来计算,美国等发达国家应大力减排,而发展中国家还可以继续增加排放量。因此,发达国家应该“负起历史的责任”,发展中国家没有义务接受与发达国家一致的减排目标,而且气候变化造成的损失应由发达国家承担。一些即将被淹没的小岛国更把矛头对准了美国这个排放大户,认为它不负责任的政策令自己难免灭国之祸。

一些发达国家认为就目前技术而言,很难评估由于人类活动引起的气候变化造成的影响;很难评估适应气候变化的成本和效益,对采取适应措施降低气候变化影响方面的作用了解甚少。一些发达国家却不愿意承担相应的责任。在发达国家中,美国的表现最为极端。布什政府就以减排将“损害美国经济”为由,拒绝签署《京都议定书》,不愿在国内实施强制减排措施。以中国、印度等发展中大国没有承担量化减排义务为借口,拒绝承担起自己的责任。奥巴马上台后,在气候政策方面出现了一个大转弯。奥巴马认为,应对气候变化将对经济产生积极而深刻的长远影响,其着眼点在于清洁能源在创造就业方面明显拥有巨大潜力,主张在危机过后,寻找一个可持续的发展模式。因此,在减排方面采取了较为积极的态度。美国在气候变化地缘政治的博弈中,对发展中国家“抓大放小”,以打压为主,美国政府明确表态:如果中国、印度、巴西等发展中大国不减排,美国不会参与;发展中大国的排放增量,使发达国家的减排没有意义。美国强调,美国人的生活方式难以改变,而同时发展中国家的增长和消费对世界形成了巨大的压力。因此,美国对发展中大国的态度非常明确,既打又压,不希望看到发展中国家的排放增长。随着中国开始有可能取代美国成为全球头号排放大国的趋势,加上中国在金融风暴和经济危机中增长势头不减,各国开始把更多的减排期望和压力,投向了中国。美国在 2009 年 11 月 25 日做出的减排承诺是,到 2020 年在 2005 年的基础上减排 17%。据专家推算,这一目标仅相当于在 1990 年的基础上减少了 4%。这使环保主义者大失所望,一些人甚至认为布什唱的红脸为美国争取了 8 年的免排时间,打了一个时间差,占了其他国家的便宜。

2009 年 12 月 7 日,联合国气候变化大会第十五次缔约方大会在丹麦哥本哈根召开。哥本哈根大会原定于 2009 年 12 月 18 日闭幕,并达成具有法律约束力的协议。但由于发达国家与发展中国家之间分歧严重,大会被迫延长一天,最终达成的《哥本哈根协议》不具有法律约束力。这次会议充分表现出了发达国家与发展中国家之间的博弈。首先是单轨双轨机制的博弈。哥本哈根会议谈判采用“后京都时代”的双轨机制。一种为《京都议定书》(KP)机制,专门就《京都议定书》附件一指定减排目标的发达国家制定 2010 年后的第二期承诺减排义务进行磋商。另一种为气候变化框架公约下长期合作行动(LCA)机制。双轨制有利于维护公平、保障发展中国家的权益。会上，各国就谈判机制展开辩论。发达国家意将双轨并为一轨。美国联合欧盟以及其他西方发达国家提出要在《京都议定书》基础上建立一个包括《京都议定书》要素绑定的法律协议，宣称发达国家和发展中国家必须在统一的框架下谈判，共同做出减排承诺。包括中国在内的发展中国家要求坚持"共同但有区别的责任"原则，坚持要求实施双轨制。

其次是减排目标的博弈。本次大会的最重要议题之一就是为发达国家在《京都议定书》第二承诺期设定具体减排目标，但协议不但没有明确发达国家在议定书第二承诺期的减排目标，甚至连对发达国家的长期减排目标都未能做出规定。发展中国家在本次大会上普遍要求发达国家减排40%。对于长期减排目标，要达到把全球升温控制在2℃以内的目标，发达国家到2050年应减排80%。发达国家提出到2050年全球排放总量减少50%和发达国家减排80%，这意味着发达国家要拉上发展中国家同步减排，发展中国家到2050年需要承担全球减排总量的20%。这遭到包括中国在内的大多数发展中国家的普遍反对。因为在发展中国家处于或即将进入工业化阶段的情况下，它们的排放总量在一段时间内还会增加，如果接受到2050年减排20%的目标，就会丧失发展经济和提升民众生活水平所必需的"碳排放空间"。而《哥本哈根协议》中只提出根据科学研究，应进行大幅度量化减排，没有明确具体的减排目标。美国等发达国家在不愿承诺大规模量化减排的同时，却要求发展中国家的减排目标应该受到国际监督，做到"三可"（可测量、可报告、可核查）。发达国家在谈判中还宣布其向发展中国家提供的资金数额，与发展中国家的减排额和是否接受"三可"挂钩。在中国和"77国集团"等发展中国家的强烈反对下，协议最终拒绝了发达国家的无理要求。

再次，发达国家最大限度地分化发展中国家阵营。在谈判全球升温控制目标和资金援助时,发达国家先是利用小岛屿国家对全球变暖所带来的海平面上升而面临被淹没的担忧,挑动它们提出将全球升温控制目标从2℃提高到1.5℃,这导致发展中国家在该问题上产生分歧和对立。在谈判讨论应对气候变化的资金分配时,发达国家故意把发展中国家分为“最贫穷国家”“小岛屿国家”“最脆弱国家”和“新兴国家”,宣称资金应有区别地分配,使发展中国家之间为寻求更多资金而产生竞争和矛盾,从而破坏它们的团结,分散它们的合力。

为了鼓励和帮助发展中国家减排,《京都议定书》还要求发达国家对发展中国家给予资金、技术转让和能力建设方面的支持,但多年来也是口惠而实不至,尤其在至关重要的技术转让方面更是鲜少行动。

2010年11月29日召开的联合国坎昆气候变化会议,谈判主要是发达国家和发展中国家两大阵营的矛盾。不发达国家认为气候问题由发达国家造成,所以理应由它们来买单;但像美国这样的发达国家对于任何影响其经济发展的可能性都非常戒备,它们还要求发展中国家承担更大责任。向发展中国家转让技术一直是气候谈判的核心,但发达国家对技术转让始终不太积极。

2011年11月28日,《联合国气候变化框架公约》第十七次缔约方会议暨《京都议定书》第七次缔约方会议在南非德班开幕。发达国家表现出比过去更强硬的立场和姿态。比如,在京都议定书第二承诺期问题上,加拿大、澳大利亚和日本等国明确表态反对,加拿大甚至信誓旦旦地宣布很快将退出《京都议定书》。虽然最后达成了妥协,但主要是因为发展中国家在谈判中展示了更大的灵活性。发达国家的谈判立场日趋强硬,主要有三方面原因:第一,这与当前国际格局的快速变动和调整导致权力转移有关。进入21世纪以来,发展中国家群体性崛起势头强劲,权力正从发达国家向发展中国家转移。2008年以来的世界金融危机加速了这一变化。发达国家相对衰落,发展中国家快速崛起,这一力量对比的变化使发达国家的失落感、焦虑感和不平衡感迅速上升,导致它们要求发展中国家在气候变化领域承担更多的国际责任,而自身则竭力回避责任,更不愿意做出让步。第二,近年来发展中国家因经济快速发展而带来温室气体排放总量增长,客观上也增加了发达国家的忧虑和警惕。第三,近些年来发展中国家内部在应对气候变化的某些问题上观点相左,也使发达国家感到有机可乘,因此态度日趋强硬。当前,发达国家日趋强硬的谈判立场与发展中国家日益积极和灵活的谈判姿态形成鲜明对比。这种态势的发展预示着未来国际气候谈判将更加艰难。

(二)发达国家之间的博弈

发达国家对地球变暖负有不可推卸的历史责任,在履行"京都协议"上却出现了分裂。分裂的焦点在于二氧化碳等温室气体的减排虽然有利于防止地球变暖,但是减排需要巨大的成本,为减排付出成本自然会影响到眼前的经济增长和国际竞争力。于是,围绕着气候变化与经济增长的外交攻防战不断展开。欧盟自视为应对气候变化的领导者,在气候变化问题上态度一直很积极。《联合国气候变化框架公约》及《京都议定书》的通过与欧盟有密切关系。欧盟希望对美国等国家保持环保产业、经济发展等方面的压力,因而在执行《联合国气候变化框架公约》及《京都议定书》上,采取了较为强硬的立场。但金融危机后,欧盟态度转趋消极,在资金和技术转让问题上尤其缺乏诚意:一方面,欧盟瞄上了美国和中国,坚决地要求两国向世界表示更大的决心;另一方面,欧盟提出2020年在1990年基础上减排20%,如果其他发达国家有类似的减排承诺,可以在1990年的基础上减排30%。

美国领导人曾经认为,执行《京都议定书》会损害其经济发展并降低其国民的生活水平,千方百计地减轻其温室气体的减排义务。美国奥巴马总统执政后，对中期和长期的减排目标都做出了一些承诺。其中期减排目标是“2020年比1990年减排14%”，长期目标是“2050年比1990年减排83%”。但欧盟仍对美国施加压力，欧盟环境委员会副主任约斯·德贝克表示：“欧盟的立场是发达国家必须到2020年，在1990年排放水平基础上将温室气体排放减少30%”。

日本政府在应对气候变化问题上虽然表现出一种“高姿态”，但是在确定具体的中期减排目标方面却步履蹒跚，迟迟不敢像欧盟那样设定一个大胆而且积极向前的减排目标。日本国内有一种观点认为，日本在节能减排技术以及节能减排的设施方面已经是世界一流，今后继续减排的余地已经很小，进一步减排所需费用成本会很高，所以，如果承诺大胆的减排目标会打击日本的经济，损害相关产业的利益。日本产业界和一些有影响力的能源大企业对确定减排目标采取消极的态度，这些动向又左右了日本经济产业省的政策。日本政府在2008年发表了长期目标，即2050年比2008年减排60%～80%，2009年发表了中期减排目标，即2020年比2005年减排15%。

在确定减排目标时，欧盟、美国、日本激烈争吵的另一个问题是减排的基准年度。欧盟提出的中期和长期的减排目标的基准年度都是1990年，美国和日本的中期减排目标的基准年度都是2005年。三方在设定减排的基准年度时，都想选择最有利于自己的基准年度，从而把减排的成本降至最低。

第二节　各国发展低碳经济的操作层面障碍

一、制度障碍

在发展低碳经济的理念、机制和政策方面，发达国家一直居于主导地位。为了开辟低碳产品市场空间,发达国家不仅建立了国内碳排放交易制度、引入碳定价机制、碳足迹、食物运送里程、二氧化碳可视化等制度,而且为了在全球范围内推动低碳经济的转型,他们必然要试图引导贸易规则的演化。随着越来越多的国家引入这些制度,其商业影响力将越来越不可忽视,并成为企业经营战略中可以利用的一种资源。这可能对世界低碳经济的发展,特别是发展中国家低碳经济的发展造成障碍。

(一)碳规则的挑战

目前,发达国家在制定低碳经济运行规则方面居于主导地位。发达国家在行业能耗标准、行业碳排放标准、有关低碳产品和技术认定等方面制定了一系列规则,通过碳关税、碳足迹、食物运送里程、二氧化碳可视化制度等有关技术规则和标准,试图引导国际贸易规则的演化。特别是一些发达国家试图通过这种方式变相设置绿色贸易壁垒,以应对气候变化为名,行贸易保护之实。碳关税及有关贸易规则和标准,将改变贸易产品的相对价格,影响国际贸易的条件。这在一定程度上已经成为某些发达国家削弱发展中国家制造业出口竞争力,遏制新兴国家崛起的武器。如美国能源部长朱棣文提出,不承诺对产品碳排放进行计量的国家,美国要对其征收碳关税。美国"瓦克斯曼－马基法案"中的"征收特别关税"条款实质上就是碳关税,它规定美国将可对未达到美国碳排放标准的外国产品征收高额惩罚性关税。他们认为,美国企业为减排付出了巨额的成本,其他国家如果没有实施温室气体强制减排措施,美国企业与之相比就会处于不公平的竞争环境中,因此,美国将采用征收特别关税的方式来抵消这一成本。将气候问题与贸易问题挂起钩来,以碳减排名义出现的这个新型贸易壁垒,构思确实非常精巧。美国提出碳关税条款,有国内政治的考量,通过为美国企业增加这一保护手段,以换取他们对法案的支持。它既占据了应对气候变化这一道义高地,又保护了美国制造业者，同时也为囊中羞涩的美国政府新辟了一块财源，一箭三雕，名利双收。《华盛顿邮报》就直言指出，这项法案目的是保护本地产业的竞争力，使其产品较进口产品具有较高的价格优势。碳关税问题牵一发而动全身，美国开始后，欧洲其他国家也纷纷效仿，这使已很严峻的贸易保护主义形势更为紧张。这对于发展中国家来说，一旦欧盟、美国等国家联手对其征收碳关税并实施有关低碳经济标准，将使发展中国家既承担减排的责任，又使出口企业遭遇困难和被动局面，贸易环境和贸易条件有可能进一步恶化。

（二）碳交易的挑战

《京都议定书》中规定了发展中国家与发达国家基于环保所做的清洁发展机制（CDM），这一机制使“碳排放权”成为稀缺，从而在全球催生了“碳交易市场”。据气候能源贸易咨询公司 Point Carbon 的统计显示，2009 年上半年碳排放市场交易量同比增加了 124%，交易金额同比增加 22%，实现了金融危机中的逆市狂飙。碳交易市场的兴起，实际上是创立了温室气体排放的产权，并同时创建了这种产权的定价机制。作为一种将温室气体排放的环境成本内在化的机制，这种制度必将长期得到坚持和更广泛的采用。这一机制把越来越多的国家卷了进来。虽然《联合国气候变化框架公约》和《京都议定书》规定发达国家的减排是强制性的、绝对量的，而发展中国家则是相对减排，并且不具有强制力。一些发展中国家以一种主动采取节能减排的政策行动呼应全球的减排努力，但随着国际碳价的最终形成，发展中国家几乎无法避免不受其影响。

在新兴的国际碳交易市场上，定价权掌握在发达国家手中。发展中国家没有定价权，议价能力较弱，信息与能力不对称。发展中国家提供的核证碳减排量，在当前的碳交易市场上价格很低，而被发达国家购买后，通过其金融机构，对发展中国家的低端碳交易产品进行包装，再开发为高价的金融产品、衍生产品及担保产品进行交易，从而像加工贸易那样赚取“剪刀差”利润。另一方面，发展中国家虽然目前是碳排放的卖方，但随着工业化和城市化进程的加快，碳排放会持续上升，一段时期之后，发展中国家将会变成碳排放的买方，那时的价格与今天相比将不可同日而语，发展中国家将会为此背上沉重的包袱。这对发展中国家意味着，在其尚未完成工业化，没有实现消除贫困人口的目标时，将被迫提前进入“买碳”行列。

二、能源障碍

能源是人类社会存在和发展的重要物质基础，能源的使用是人类文明出现的重要标志之一。工业革命以来，人类开发、利用自然资源的规模和强度不断提高，对自然资源的需求不断增长。道达尔公司对未来能源构成的预测是，石油到 2030 年仍是主要能源，天然气、煤炭和其他能源三足鼎立，化石燃料占能源比例从 2006 年的 81% 降到 75%，其比例仍然相当高。

目前，全球的能源储备特点是“富煤、少气、缺油”，这就决定了煤炭在全球长期的能源结构中将占据较大比重。煤炭是最便宜、最具竞争力的发电燃料，但煤炭又是最不清洁的化石能源，据测算，每燃烧 1 吨煤炭会产生 4 吨的二氧化碳气体，比石油和天然气每吨多 35% 和 75%。这种能源结构，给全球碳排放强度的下降带来了极大的困难。大规模地使用煤炭，给环境带来了巨大的负面影响，而发展清洁煤技术，不仅成本高昂，远景不确定性因素也非常多。如何在以煤炭资源为主的条件下实现向低碳经济转变，将是一个极大的考验。

一个不容回避的事实是，对发达国家来说，现阶段经济增长和收入增加不会导致能源消费的增加。但对发展中国家来说，随着经济增长和收入的增加，能源消费会持续增加，这给减排带来了很大的困难。向低碳经济转型将显著增强发展中国家，特别是那些生活在农村地区的20多亿贫困人口对于能源的获取。发展中国家在能源安全与气候变化方面将面临更加严峻的形势。

（一）发展中国家面临发展阶段的挑战

工业化、城市化是现代社会发展不可逾越的阶段。从世界经济发展的历史看，一个国家工业化和城市化的过程中，钢铁、汽车、造船、机械工业的发展以及大规模的城市化需要消耗大量的物质材料和能源，人均能源消费量和人均碳排放都会持续增加。只有完成工业化和城市化以后，人均排放才能增速放缓，最后保持稳定或略有下降。许多发展中国家目前正处于快速工业化、城市化过程中，大规模的基础设施建设刚刚开始或正在日渐完善，能源需求迅猛增长，温室气体排放仍然会持续增加。就工业化过程来看，这些国家由于支持经济增长的主要是第二产业，这就决定了能源消费的主要部门是工业，而工业生产技术水平落后，导致了这些国家经济的高碳特征。

就城市化进程而言，发展中国家正处于快速城市化的发展阶段，城市化进程的加快意味着巨大的城市基础设施和住宅需求，更大程度地普及汽车，这就使得这些国家能源总需求势必快速增加。同时，城市建设的高速发展，使大量原来作为碳汇的植被遭到破坏，原先能够作为碳中和的农田被转为非农用途的土地，都对碳减排带来了不利的影响。考虑到这些国家目前经济发展水平较低，快速工业化和城市化还要持续较长时间，未来能源消耗还要在长时期内保持增长势头，这必然带来能源消费和温室气体排放的持续增长。“高碳”特征突出的“发展排放”难以回避，将成为发展中国家发展低碳经济的一大制约。

（二）新能源无法在未来20年内取代传统化石能源

在低碳经济背景下，许多国家投入大量资金开发新能源，然而新能源尚无法在未来 20 年内取代传统的化石能源。对于发展中国家来说，新能源产业政策不够完善，各种新能源政策、不同地域的新能源政策间缺乏协调；发展新能源的技术较为落后，新能源产业的核心竞争力不强；新能源人才缺乏，缺乏自主的品牌和行业标准，产业竞争力不强；研发投入不够，与发达国家差距很大；新能源产业链不完善，产业价值链不完整，严重影响新能源产业的高质量发展。这些问题将影响这些国家新能源产业的持续健康发展。这就意味着发展中国家发展低碳经济的任务更为艰巨，将付出更大的代价。

三、技术障碍

发展低碳经济，新能源开发和提高能效是重点。在这一重点中，技术创新是重中之重，即研发低碳技术。低碳技术涉及电力、交通、建筑、冶金、化工、石化等传统部门，也涉及可再生能源及新能源、煤的清洁高效利用、油气资源和煤层的勘探开发、二氧化碳捕获与埋存等众多新领域。

《联合国气候变化框架公约》（以下简称《公约》）第 5 章规定，发达国家应采用各种手段来促进技术转让，使发展中国家获得切实有效的技术。《公约》第 7 章规定，发展中国家履行承诺和应对气候变化的工作是与发达国家提供资金和技术支持紧密联系的。此后历次召开的缔约方大会又对加强《公约》实施、促进技术向发展中国家的转让等问题提出了一些具体的行动，特别是国际社会达成的“巴厘岛路线图计划”提出了一系列计划，包括促进 CDM（清洁发展机制）等低碳技术的转让行动。“巴厘岛路线图计划”不仅仅是一个简单的协定，更是一个广泛的实施计划，它有专门的部分是关于技术转让的实施、监督等方面的。

尽管如此，发达国家向发展中国家提供技术转让的实际进展与预期相距甚远，“清洁发展机制”项目对发展中国家的技术转让也十分有限。

很多技术转让游离于《公约》之外，只是根据双边协定进行保守的技术转让。2000 年，IPCC 报告《技术转让的方法和技术问题》较为全面地总结了低碳技术转让中的各种障碍，主要有以下几个方面：

第一，发达国家转让意愿不足导致的市场障碍。发达国家向发展中国家转让哪些技术，迄今仍没有定论，这就使转让技术这一规则实施起来缺乏具体标准。另外，发展低碳经济的绝大多数核心技术掌握在发达国家手中，发达国家担心转让先进技术会影响其国内产业和产品的国际竞争力。十多年的气候谈判中，虽然在相关的公约和协议中都声称转让技术，但很多发达国家担心向发展中国家提供技术，会在市场上给自己增加竞争对手，因此，以各种借口拖延这项义务的履行。虽然缔约方会议已经就技术转让问题做出过大量决定，但真正实现发达国家向发展中国家转让先进技术以减排温室气体的案例，还没有在缔约方会议上展示过。发达国家的企业凭借其低碳技术优势，形成该市场的垄断性，导致转让价格高昂或附带许多发展中国家难以接受的条件，从而使发展中国家获取低碳技术的难度加大。而且，发达国家将凭借这些技术力量以“错位竞争”的态势在低碳领域应对发展中国家在传统经济领域突飞猛进的发展，给发展中国家带来了更大的压力。

第二，发展中国家政策支持力度不足，技术吸收能力薄弱。节能减排作为全球的公共产品应得到各国政府的政策支持，但许多发展中国家往往将政策重点放在发展国内经济方面，而忽视了对 CDM 等环境友好型项目的政策支持，而且发展中国家往往缺少稳定的政策环境，定义明晰、实施明确的政策，完善的政策体系，导致 CDM 技术开发与转让的利益相关方从中得到的激励不足，进而退出 CDM 项目。

一般来说，接受方技术水平越高越有利于双方达成共识，从而完成技术的转让，但发展中国家由于人才缺乏、产业结构分散、国家创新体系薄弱等，导致了发展中国家企业薄弱的技术吸收能力，从而影响技术转让的成败。从统计情况来看，CDM 项目主要集中在中国、印度、巴西、墨西哥等发展较快的发展中国家，这也说明了东道国本身技术水平差异对 CDM 技术转让的影响。

第三，CDM 项目的方法学与程序的复杂性和难度增加了交易成本。一方面，CDM 项目的规则很复杂，涉及很多的方法学，需要计算项目的基准线、额外性、项目边界、泄露等，这些数据获得有一定的难度，而且目前的方法学还有待于进一步补充完善，尤其是能效提高项目，与风电、水电、垃圾发电等能源项目相比，产生的减排量比较少，而且其方法存在开发和监测方面的困难，导致其减排量很难通过 EB 认证，严重阻碍了这类项目大量的开发和相关技术的转让。

第四，CDM 项目审批程序复杂，必须要发展中国家的相关部门审批和在联合国注册，经过多个机构审批，一个项目从申请到批准最顺利也需要 3 ~6 个月时间，复杂的审批程序可能会给最后的结果带来不确定性，不论是否注册成功，前期的设计、包装等费用至少需要投入 10 万美元。而且由于“额外性”的要求，大多 CDM 项目并不是副产品，而是要投资后才能出售减排额，这些投资在审批结果不确定的情况下很可能白白浪费，这也降低了投资者实施 CDM 项目的热情。

上述障碍直接影响着 CDM 技术转让的进程和效果，进而影响发展中国家在应对气候变化过程中的发展路径的选择。在这种情况下，发展中国家提高其自身科技能力是应对气候变化的根本途径。目前，发展中国家的科技投入强度与发达国家相比有很大差距；企业创新能力不足，与发达国家企业存在着很大的差距。这些都影响了发展中国家向低碳经济迈进的步伐。

四、资金障碍

资金援助和技术转让在气候谈判中是发展中国家最为关心的事项，资金来源问题一直是低碳技术国际合作中争论的焦点。

目前《联合国气候变化框架公约》与《京都议定书》框架下的国际资金机制主要包括全球环境基金、气候变化特别资金、最不发达国家基金和适应基金。从实际运行效果来看，这类基金在应对气候变化行动中发挥了重要作用，但相对于发展中国家引进 CDM 等低碳技术所形成的资金需求还有很大的缺口。在哥本哈根国际气候会议上，欧盟虽然对发展中国家的减排措施提出了资金承诺，但具体内容却很含糊。发展中国家代表对此颇为不满，代表“77 国集团”发言的苏丹代表明确指出欧盟的提案“微不足道”，欧盟在会谈中“没有展现诚意”。美国的立场也很消极。美国首席谈判代表斯特恩沿用美国的论调，声称减排目标“不均衡”，要求发展中国家做出减排承诺。美国国务卿希拉里提出可为发展中国家提供 1000 亿美元的援助，但前提是中国必须接受外部的核查。而根据《联合国气候变化框架公约》、“巴厘岛路线图”和《京都议定书》所规定的原则，发达国家要率先实现总量减排，而发展中国家采取减缓和适应气候变化措施取决于发达国家对其提供资金和技术转让承诺的有效履行，且发展中国家利用本国资源采取的自主行动无须接受国际监督。美国的这种提法看似合理，实则本末倒置。

碳金融市场的产生是解决低碳经济发展资金障碍的渠道之一。碳金融市场是温室气体排放权交易以及与之相关的各种金融活动和交易的总称，它本质上是一种金融活动，但与一般的金融活动相比，它更紧密地连接了金融资本与基于绿色技术的实体经济。自 2005 年《京都议定书》正式生效以来，该市场进入快速发展时期，交易平台和交易工具日趋多元化，交易规模逐年成倍增长。目前，在欧美等金融发达国家已经形成了如欧盟二氧化碳排放量交易体系(EU ETS)、欧洲气候交易所(ECX)、芝加哥气候交易所(CCX)等大型碳交易中心,甚至出现了排放权证券化的衍生金融工具。大量资本的介入,在推动碳金融市场快速发展的同时,也促进了新技术的开发与应用,对环境保护与气候控制都产生了积极的作用。但目前的国际碳金融市场依然存在一些问题,如市场分割的问题:目前国际碳交易绝大多数集中于国家或区域内部(如欧盟),统一的国际市场尚未形成。从事碳金融交易的市场多种多样,既有场外交易机制,也有众多的交易所;既有由政府管制产生的市场,也有参加者自愿形成的市场。这些市场大都以国家和地区为基础发展而来,而不同国家或地区在相关制度安排上存在很大的差异,导致不同市场之间难以进行直接的跨市场交易,形成了国际碳金融市场高度分割的现状。再如交易成本巨大的问题:在目前的国际碳金融市场中,基于项目的交易涉及跨国的项目报批和技术认证问题,为此,监管部门要求指定运营机构来负责项目的注册和实际排放量的核实,所涉及的费用较为高昂。此外,由于目前缺乏对中介机构的监管,有些中介机构在材料准备和核查中存在一定的道德风险,甚至提供虚假信息。所有这些,都无形中加大了市场的交易成本。碳金融领域这些问题的存在,给低碳经济的发展带来了一定的障碍。

第三节　中国发展低碳经济的障碍

一、制度障碍

(一)法律法规和标准的不完善

中国在发展低碳经济上的法律法规少而且尚未形成体系。关于能源利用和能源保护的《能源法》的问题一直没得到解决,对《煤炭法》《电力法》《节约能源法》《可再生能源法》等法律法规尚未进行相应的修订，进一步鼓励清洁、低碳能源开发和利用的相关法规法条也尚未进入系统化。《循环经济促进法》的制定也在酝酿中，尚未形成相关配套法规，对促进循环经济的发展存在一定的障碍。以《农业法》《森林法》《草原法》《土地管理法》等若干法律为基础的、各种行政法规相配合的、改善农林业生产力和增加农林业生态系统碳储量的法律法规体系形成缓慢，以及关于森林、农田、草原保护建设规划，严格控制在生态环境脆弱的地区开垦土地，禁止以任何借口毁坏天然林、草地和破坏耕地的法条修改也是停滞不前。同时，我国尚未开展“应对气候变化法”立法可行性研究。在相关法规修订中，在应对气候变化的有关条款制定上仍是空白。例如，可以在规划、项目批准、战略环评的技术导则中加入气候影响评价的相关规定，逐步建立应对气候变化的法规体系。2007 年 6 月，中国先后出台了《中国应对气候变化国家方案》《节能减排综合性工作方案》《应对气候变化中国科技专项行动》等多个法律文件和行动计划，表明中国推进节能减排和发展低碳经济的决心和勇气。《中国应对气候变化国家方案》(以下简称《国家方案》)中明确了到 2010 年中国应对气候变化的具体目标、基本原则、重点领域及其政策措施。方案指出，中国将按照科学发展观的要求，认真落实《国家方案》中提出的各项任务，努力建设资源节约型、环境友好型社会，提高减缓与适应气候变化的能力，为保护全球气候继续做出贡献。从目前的进度来看在实现《国家方案》的要求上没什么大问题，但是若以国际标准来看，中国的目标及政策仍显落后。仍然要坚持对法律法规的完善，给低碳经济的发展提供良好的法律环境。

在对耗能行业标准的制定上，主要耗能行业节能设计规范、建筑节能标准，建筑物采暖和制冷温度控制标准等有待完善；在修订风机、水泵、变压器、电动机等主要工业耗能设备上，家用电器、照明器具、办公设备以及机动车等的能效标准有待完善。在修订能效或排放标准时，可考虑采用日本“领跑者”（Top Runner）方法，即用上一期表现最优企业的能效/排放水平作为下一期的标准。

在分批实施“碳足迹”标识制度上，标识的使用范围太小，社会认知度不高，在对消费行为引导向低碳模式转变上力度不足，在促进企业加快低碳排放产品的研发和投放市场上促进力不足。

（二）能源和碳排放量的统计标准不合理

首先，已有的能源统计方法对碳排放的统计不完善。一是能源调查方法和核算方法，考虑范围较小、考虑因素不足使得能源统计的科学性有折扣；二是基层能源统计工作不规范，统计源头有待提高，能源统计数据的真实性不足。另外，在建设统计机构方面市级以下专业统计机构空白，对能源统计工作来说是个障碍。

其次，在建立并逐步完善碳足迹统计系统问题上需要尽快出台相关的指导意见。导致现行统计系统出现问题的原因有：第一，对重点企业高耗能、高排放产品和设备的碳排放量核查不足，没有一个具体的统计标准；第二，对其他企业或单位根据现有的国际标准自行或委托第三方计算温室气体排放上的监测不足，导致在制定明确的行业或产品碳排放标准和减排目标上标准不统一。同时，主管部门中对碳足迹计算方法的研究专家较少，研究的速度迟缓，使得对制定本地化的“碳足迹”计算和标识标准越发的延迟。在相应的监督和认证机构设置上，在计量工作所需经费和购置计量设备上，以及在人员的培训和资格认证上，都是一片空白。

（三）地方保护主义的障碍

地方保护主义实际上是中央政府和地方政府的利益出现矛盾时产生的一种不利于经济发展的特殊现象。低碳经济的提出是由上及下的执行模式，没有地方政府的配合支持，低碳经济在中国的发展就缺少了最起码的发展环境，失去政策上的优惠，低碳经济将无人问津，也就成了一纸空谈。

低碳经济发展的最大障碍就是跨区域兼并重组高能耗、高污染的企业存在地方保护主义。低碳经济的一个衡量标准就是要低能耗、低污染，就目前中国能源企业发展现状来说，实现这个目标的有效手段就是整合行业，提高效能。由于高能耗企业的资产构成较为复杂，不同省区内大型企业管理主体不同，难以实现相互间的重组整合，即使有共同的出资主体，但由于受地方利益等因素影响难以真正实现兼并重组。有些地方还存在地方保护，增加了小型高能耗企业整合重组的难度。如青海省大量煤炭资源控制在私营企业和个人手中，河南义马煤业集团公司在进入青海省开发资源过程中，为获取矿业权付出了很高的成本，且地方政府要求必须由当地企业控股经营，这给外省企业进入青海整合重组造成很大的障碍。目前，国家虽然明确了一个矿区由一个主体开发的原则，但还缺乏具体的整合重组政策措施，跨区域资源整合和跨区域大型高耗能企业集团的发展受到制约。

（四）宏观政策的支持不足

1. 城市建设

在低碳理念引入设计规范上，国家尚未实行相关的政策，引导力不足。在建筑物的建设中，对于利用太阳能、利用自然通风采光、选用节能型取暖和制冷系统上，目前房地产开发商和政府都未进行良好的设计；同时在保温材料的使用，以及家庭装饰装修上都未有标准来指导；尤其在家庭推广使用节能灯和节能电器方面，在不影响生活质量的同时有效降低日常生活中的碳排放量，但是目前尚未有合适的价格政策和补贴政策对家庭使用节能电器给予鼓励。

目前，中国的建筑能耗已经占全社会总能耗的约28%。根据已有的发展规划，到2020年中国城市建筑将达到200亿平方米，相当于欧盟15国的住房存量。财税政策是提高能效的重要手段，但目前仍比较缺乏。

对于工业项目，能效标准和固定资产投资项目的评估及审查相结合的方法也未见实施。对新建、改扩建的固定资产投资项目进行碳减排评估和审查就目前来说很宽松，对未进行减排审查或未能通过减排审查的项目的审批、核准也没有严格的执行，导致源头上碳排放量增大。

此外，还存在着许多制度性障碍。在目前的集中供热、供冷计量收费机制下，也就是在按照面积收费的机制下，用户没有节能的意愿。中国许多城市出台了分时电价政策，但是在许多建筑物中没有安装分时电价表，导致政策失效。对于强制性建筑节能标准的执行情况存在较大问题，根据2005年的调查结果，大城市中新建居住建筑实际按节能设计标准施工的：北方地区比例为50%，夏热冬冷地区比例为14%，夏热冬暖地区比例仅为11%左右。中国对新建建设项目要求进行节能评审的政策一直未得到有效实施。

2. 交通运输

在全球范围内是二氧化碳的最大排放源，增长速度最快。交通部门在中国能源消费和温室气体排放量方面同样重要，在今后几年将会显著增加。在开发替代的新技术和交通方式上，尚未有合适的宏观政策进行引导。采用严格的机动车标准（每千米排放二氧化碳）已经证明可以显著提高效率，但是目前的机动车标准在执行上，并未完全严格执行。技术变革并不是导致效率提高的唯一机制，行为的改变也可以带来可观的收益，如改变驾驶习惯、放慢驾驶速度和匀速行驶，合乘以及转向公共交通工具（那些能够买得起汽车的人）。其中一些措施只是相对简单的措施，如改变车速限制或提高公众意识，这些都是宏观政策尚未达到的层面。

3. 高能耗企业

在处理高能耗企业和煤炭企业的问题上，为贯彻落实国务院《关于进一步加大工作力度确保实现“十一五”节能减排目标的通知》（国发〔2010〕12 号）要求，抑制高耗能、高污染产业盲目发展，促进节能减排和结构调整，2010 年 5 月 12 日，国家发展改革委、电监会、国家能源局联合下发《关于清理对高耗能企业优惠电价等问题的通知》，全面清理对高耗能企业的用电价格优惠，到目前为止，取消对高耗能企业的价格优惠是因为宏观政策的滞后性以及地方保护主义的存在仍然未得到有效的落实。同时，从最近公布的千家高耗能企业耗能状况的数据看，国家前期的宏观政策效果并不明显：千家企业的能源消费量为 7.97 亿吨标准煤，比 2010 年同期增长 8.6%，能源消费量约占全国能源总量的 1/3，占工业能源消费量的 1/2。千家企业的能源消费量中，原煤占 36.1%，原油占21.3%，电力占 12.97%，焦炭占 8.91%，热力占 1.91%，天然气占 1.48%，其他能源占 17.33%。虽然在宏观政策上不断地整合能源行业，但是仍然呈现能源消耗的快速增长。因此在宏观政策的引导上仍然有待提高。

二、能源障碍

（一）能源结构的约束

据有关部门统计，我国煤炭资源总量为 5.6 万亿吨，其中已探明储量为 1 万亿吨，占世界总储量的 11%（石油占 2.4%，天然气占 1.2%）。到 2005 年，我国已开发的数量仅仅为储存量的 1/10 左右。同时到 2005 年，全国一次能源生产量为 12.3 亿吨标准煤，其中煤炭为 7.85 亿吨标准煤（折合 11 亿吨原煤），仍占 63.8%。新中国成立以来，煤炭在全国一次能源生产和消费中的比例长期占 70% 以上，2001 年全国开采量近 13 亿吨。专家预测，在 21 世纪前 30 年内，煤炭在我国一次能源构成中仍将占主体地位（见表 4－1）。

表 4－1　中国一次能源消费结构

年份	占能源消费总量的比重(%)			
	煤炭	石油	天然气	水电、风电、核电
1980	72.2	20.7	3.1	4.0
1985	75.8	17.1	2.2	4.9
1990	76.2	16.6	2.1	5.1
1995	74.6	17.5	1.8	6.1
2000	67.8	23.2	2.4	6.7
2001	66.7	22.9	2.6	7.9
2002	66.3	23.4	2.6	7.7
2003	68.4	22.2	2.6	6.8
2004	68.0	22.3	2.6	7.1
2005	69.1	21.0	2.8	7.1
2006	69.4	20.4	3.0	7.2

从中国主要的能源产品煤炭的情况来看,2000 年以来,煤炭的产量增加的斜率是比较陡峭的。发电量也呈现出跟煤炭一样的变化,其增加形式也是非常陡峭的。从石油的增长情况来看,国内生产的斜率是非常平缓的,但是进口的增长在这个时期明显加速,2008 年的进口是 2000 年的 2.64 倍。天然气的增长在这个时期也非常陡峭。

因此,中国在能源消耗源煤炭比重大,水电、核电、新能源所占比重小,石油、天然气短缺。中国是世界最大的煤炭生产国和消费国,煤炭在一次能源生产和消费的比重为 70% 左右,比国际水平的 27% 高 40 多个百分点。据估算,2000—2008 年,中国一次性能源总消费量累计 183.3 亿吨标准煤,其中煤炭累计消费量为 175.6 亿吨;总排放二氧化碳累计 450.4 亿吨碳当量,其中燃煤排放二氧化碳累计 308.2 亿吨碳当量。2001—2008 年,中国经济年均增长率为 10.2%,但根据世界银行数据库估计,2000—2008 年中国的二氧化碳排放量年均增长率为 12.28%,总量从 27 亿吨提高到 70 亿吨,其累计排放量为 415 亿吨。根据国家发展和改革委员会经济运行调节司的测算,2008 年中国煤炭消费量在 27.4 亿吨左右,增长 4.5%。如果按照每亿吨燃煤排放 115 万吨二氧化硫的强度来计算,2008 年中国排放二氧化硫为 3151 万吨,远远超过了环境自身净化能力。煤炭的大量消费,对大气、水体、生态环境的污染破坏十分严重。中国温室气体中 85% 的二氧化碳和大气污染中 80% 的二氧化硫、67% 的氮氧化合物来自煤炭的燃烧。二氧化碳造成地球温室效应,二氧化硫导致酸雨,氮氧化合物严重危害人类健康。因此,加快能源结构调整,减少化石能源消耗,增加可再生清洁能源比重,实现能源结构多元化,发电方式多样化,减少二氧化碳、二氧化硫、氮氧化合物及烟尘颗粒物的排放,对于中国发展低碳经济至关重要。

(二)能源利用效率的低下

在 1978 年,中国能源消耗的标准是 5.7 亿吨,但 2008 年已经达到了 28.5 亿吨,而且我们会发现 1981—2000 年能源消费的年均增长率是经济增长速度的一半,也就是 2000 年比 1981 年翻了一番,但是在 2008 年能源消费总量达到了 19.9 亿吨,八年时间能源消费翻了一番。从这个角度来讲,即使中国的能效在未来达到了德国和日本的水平,但是能源消费总量仍然会超过整个地球的承载力,同比计算预测 2050 年将达到 60 亿吨标准油。从排放的角度来讲,1978 年中国的碳排放量是 13.8 亿吨,2007 年达到了 61 亿吨。2007 年麻省理工学院的一篇研究成果表明,中国的能耗所产生的环境污染所带来的对人体健康的损害,电力行业所占的份额是第一位的,高达 26%,非金属矿质制品是第二位的,高达 12%,交通是第三位的,所占比达到了 10%,化工制品和金属冶炼业所产生的影响分别达到了 7% 和 4%。

与中国相比,欧盟能源利用效率远远高于中国,1993—2004 年中国能源消费强度的均值为2.41万吨当量煤/亿元,同期欧盟的能源消费强度均值为0.31万吨当量煤/亿元,二者相比中国是欧盟的7.77倍,这就是说获得同样单位的GDP,中国的能耗是欧盟的7.77倍。就能源消费弹性而言,1996—2004年欧盟的均值为0.36,而中国的为0.57,中国为欧盟的1.58倍,这就是说,中国的GDP每增长1个百分点所引起的能源消费增长是欧盟的1.58倍。

中国在第十一个五年规划中明确了节能减排的总体目标,即万元GDP能耗从2005年的1.22吨标准煤,要下降到1吨标准煤,降低20%左右,单位工业增加值用水量降低30%,主要污染物的排放总量降低10%,二氧化碳排放量由2005年的2549万吨,减少到2295万吨,工业固体废物综合利用率达到60%以上。从中国发展低碳经济的供给端来讲,促进可再生能源的发展,就需要降低经济发展对化石能源的依赖。在发展低碳经济的需求端,就是要建立两型社会,实现节能优先。在这个方面,我国分别制定了"应对气候变化的国家方案"和"应对气候变化的科技专项行动",并且在各个地方采取相应的方案和行动。根据国家发展改革委能源研究所的预测,2020年通过促进生活方式的变化,实现节能减排的贡献率为:通过控制民用建筑面积的增速,碳排放在这方面的贡献将会减少4.7%;通过控制私人汽车保有量和出行治理,在这个方面会降低6.5%;同时,引导交通运输的需求,降低钢铁产品的峰值,降低水泥峰值,减缓有色金属、造纸等措施能够降低碳排放,这几项总计能够达到38.7%。

在高耗能产品耗能的比较上,更突显我国能源利用效率的低下。虽然近年来,通过不断的技术改进与国际先进水平的差距有所缩减,但是经过总体的核算后在单项上小差距的累积导致在高耗能产品耗能上突显比较大的差距(见表4-2)。对于高耗能产品,生产技术的变革就成了提高效能的关键突破所在。

表 4－2　高耗能产品能耗的国际比较

	2000 年		2005 年		2007 年	
	中国	国际先进	中国	国际先进	中国	国际先进
火电供电煤耗[gce/(kW·h)]	392	316	370	314	356	312
钢可比能耗(kgce/t)	784	646	714	610	668	610
电解铝交流电耗(kW·h)	15 480	14 600	14 680	14 100	14 488	14 100
水泥综合能耗(kgce/t)	181	126	167	127	158	127
乙烯综合能耗(kgce/t)	1125	714	1073	629	984	629

（三）产业结构的限制

根据国际权威机构统计，中国现在已成为世界煤炭、钢铁、铁矿石、氧化铝、铜、水泥消耗最大的国家，是世界能源消耗的第二大国。在中国工业行业中，冶金、化工、建材等高耗能工业，产值不足工业产值的20%，但能源消耗却超过工业用能总量的60%。据国家发展和改革委员会能源研究所初步分析，2005—2010 年中国主要耗能工业部门的节能潜力为 1.05 亿吨标准煤，2010—2020 年为 2.5 亿吨标准煤，其中大部分节能潜力必须通过加快淘汰电力、钢铁、建材、电解铝、煤炭等行业的落后生产能力来实现。据测算，中国钢铁行业产能过剩近 2 亿吨，水泥行业产能过剩约 5 亿吨，电解铝、造船、煤化工、平板玻璃等行业均存在较突出的产能过剩问题，多晶硅、风能设备等新兴产业因投资过度，也开始出现新的产能过剩。

无论是根据国际专业机构的统计，还是根据我国现实产业发展的状况，随着经济增长，我国的产业结构在不断地演进和优化，同时也不难观察出产业结构的特点，就是我国第一产业在 GDP 中所占比重为 15% 左右，第二产业所占比重为 50%，第三产业所占比重为 30% 左右。在第二产业中，工业又占有绝对优势，其中的重工业又占了60%左右。由于产业结构的特征为“二三一”型，因此也就决定了我国的产业能源消耗呈现出以第二产业占据主导地位的特点。各行业历年的能源消费量参见表4－3(2007年的数据未公布)。

从表4－3中可以看出:我国第一产业能源消耗量从1980年的3471万吨标准煤增加到2006年的8395万吨标准煤，年均增长2.9%，在能源总消耗量中所占比重较小，保持在3%～6%。第二产业能源消耗量由1980年的41 966万吨标准煤增加到2006年的178 852万吨标准煤，年均增长4.2%，在能源总消耗量中所占比重到20世纪90年代一直保持在70%以上，2000年以后有所下降，但之后迅速上升到70%以上。可见，第二产业仍然是主要的能源消耗者，要想实现可持续发展战略，减少环境污染，必须逐步降低第二产业能源消耗量，提高能源利用效率。第三产业能源消耗量由1980年的5255万吨标准煤增加到2006年的33 635万吨标准煤，年均增长6.5%，虽然在2003年之后有小幅回落，但在能源总消耗量中所占比重呈逐步上升趋势，而且能源消耗的增长速度快于第二产业的能源消耗增长速度。

表4－3　中国能源消费的行业分布

年份	能源消耗量（万吨标准煤）	第一产业能耗量（万吨标准煤）	第二产业能耗量（万吨标准煤）	第三产业能耗量（万吨标准煤）	第一产业比重（%）	第二产业比重（%）	第三产业比重（%）
1980	60 275	3471	41 966	5255	5.8	69.6	8.6
1985	76 682	4045	52 370	6949	5.3	68.3	9.1
1990	98 703	4852	68 791	9261	4.9	69.6	9.4
1991	103 783	5099	72 691	10 000	4.9	70.0	9.6
1992	109 170	5020	77 671	10 843	4.6	71.1	9.9
1993	115 993	4781	82 541	12 941	4.1	71.1	11.2

续表

年份	能源消耗量（万吨标准煤）	第一产业能耗量（万吨标准煤）	第二产业能耗量（万吨标准煤）	第三产业能耗量（万吨标准煤）	第一产业比重（%）	第二产业比重（%）	第三产业比重（%）
1994	122 737	5105	89 204	13 015	4.2	72.8	10.6
1995	131 176	5505	97 526	12 400	4.2	74.3	9.5
1996	138 948	5717	101 771	13 746	4.1	73.2	9.9
1997	137 798	5905	101 259	14 640	4.3	73.5	10.6
1998	132 214	5790	96 021	16 010	4.4	72.6	12.1
1999	130 119	5832	92 178	17 557	4.5	70.8	13.5
2000	130 297	5787	91 067	18 531	4.4	69.9	14.2
2001	134 914	6233	93 800	19 456	4.6	69.5	14.4
2002	148 222	6514	103 791	20 888	4.4	70.0	14.1
2003	170 943	6603	121 399	23 673	3.9	71.1	13.8
2004	203 227	7680	146 503	27 763	3.8	72.1	13.7
2005	223 319	7972	161 468	30 487	3.6	72.3	13.7
2006	246 270	8395	178 852	33 635	3.4	72.6	13.7

（四）新能源开发的不及时

我国具有丰富的新能源和可再生能源资源：水能可开发资源为3.78亿千瓦，目前已开发利用的占总量的仅11%；生物质能资源，包括农作物秸秆、薪柴和各种有机废物，利用量约为2.6亿吨标准煤，在农村中属于尚待开发项目并未完全普及；我国太阳能年总辐射量超过60万焦耳/平方厘米，开发利用前景广阔，但目前已经建设并且投入使用的太阳能发电设备较少；风能资源总量为16亿千瓦，约10%可供开发利用；地热资源尚待继续勘探，目前已探明的地热储量约为4626亿吨标准煤，现利用的仅约十万分之一；我国海洋能源资源亦十分丰富，其中可开发的潮汐能就有2000万千瓦以上，就目前开发的情况看来潮汐发电仍然是比较落后的一项。

到1993年底,全国运行中的小水电站达6万多座,目前全国97%的乡、92%的村和87%的农户通了电。小水电作为一种有效的农村能源,在实现中国农村电气化进程中起着重要的作用,已有109个县实现了初级农村电气化,200个县正在开展第二批初级农村电气化建设。小水电站的建立一定程度上有了成就,但就整个中国来说,还是显得稚嫩,有待于快速发展提高。

国内太阳能热利用方面,主要有太阳能热水器、太阳灶、被动式太阳房和太阳能干燥器。据1993年不完全统计,全国已推广太阳能热水器230万平方米,被动式太阳房180万平方米,太阳能农作物温室34.2万公顷,太阳灶14万台,太阳能干燥器13 200平方米。经过10年的努力,我国太阳能热利用在这四个领域技术已基本过关,科技成果不同程度地转入小批量生产,有了一定数量推广应用的覆盖面,在缓解当地常规能源短缺、减轻生态和环境恶化等方面收到了实效。就运行效果看来虽然取得了一定的实效,但是后续的发展仍然有很大的不足。

我国的太阳能光伏发电应用始于20世纪70年代,但直到1982年以后才真正发展起来,在1983—1987年先后从美国、加拿大等国引进了7条太阳能电池生产线,使我国太阳能电池的生产能力从1984年以前的年产200千瓦跃到1988年的4.5兆瓦,但综合全国的需求量来看,显然这个数量的太阳能电池生产能力显得杯水车薪,仍然需要加强建设。在应用方面,我国目前太阳能电池主要用于通信系统和边远无电地区,年销售约1.1兆瓦。特别是我国迄今尚有28个无电县,上千个无电乡村,成千个无电岛屿,对解决这些边远偏僻地区供电,光伏发电已经并将更有效地发挥作用。目前西藏的9个无水力发电县中,已建成2个功率分别为10千瓦和4千瓦的光伏电站,其余7个已纳入国家计划正在兴建之中。在太阳能电池研究方面,实用型单晶硅电池效率达12% ~

13%，多晶硅电池为9%～10%，非晶硅电池为5%～6%。虽然高效硅电池及非晶电池的实验室水平与国外相差不大，但在向生产力转化方面却差得很多。有些新型且有潜力的太阳能电池的研究国内尚属空白。

我国风力发电总装机容量达到2.6万千瓦。1～20千瓦中、小型风力发电机组达到小批量生产阶段，目前正在研制50～200千瓦的中、大型风力发电机，有14个风电场正在建设当中。与此同时，低扬程大流量和高扬程小流量两种新型风力提水机已研制成功。此外，在全国风能资源调查、风力机性能测试技术基础理论研究、风能综合利用、国外风力机引进技术的消化吸收及风电场的试验运行方面均取得进展。可是相对于对电力需求较大的企业来说，目前风力发电所给予的帮助较小，仍然要加大建设力度。

其他新能源和可再生能源的开发利用，也有了一定的发展。我国现已利用的地热资源相当于400万吨标准煤。我国西藏的地热已开发利用，羊八井地热电站现装机总容量2.5万千瓦，年发电量达9700万千瓦时，为拉萨电网供电的50%，是我国目前最大的地热电站。氢能等极有应用前景的新能源技术开发尚处于实验室试验研究阶段。转化技术到实际应用中成了现代新能源开发的一个重要元素，因此，加快新能源转化为新的生产力是发展低碳经济的重要措施之一。

近20年来，我国新能源和可再生能源的开发利用有很大发展，已经成为现实能源系统中不可缺少的组成部分。目前，各类新能源和可再生能源，年提供3亿多吨标准煤（其中大部分是生物质能，在目前的商品能源统计数字中并未计入），这对促进国民经济发展，满足广大农村和边远地区人民生活的能源需求起到了重要作用。但相对于整个国民经济的发展，尤其是低碳经济下的要求，无污染的新能源将逐步起到替代作用，甚至是主导作用。因此，按目前发展新能源的速度，仍然显得落后，难以契合整个经济发展的要求,加速新能源的开发与应用迫在眉睫。

三、技术障碍

提高发展中国家的科技能力是在可持续发展框架下应对气候变化的根本途径。目前,发展中国家因缺少先进的、有利于减缓温室气体排放的技术,其经济发展和基础设施建设具有明显的高排放特征。如果没有发生重大的技术革命,发展中国家可能会面对一个所谓"锁定效应"的问题,即如果我们今天用常规的低效技术去装备基础设施系统,那么它将会持续几十年,即未来中国几十年排放的状况不可避免地在最近几年内就被锁定。以后我们要改变它,可供选择的空间非常小。因此,实现一个从传统发展路径向一个创新性的发展路径转变,低碳技术创新与技术转让是发展中国家实现节能减排、发展低碳经济的关键。

(一)科技创新能力不足

作为发展中国家,中国经济由"高碳"向"低碳"转变的最大制约是整体科技水平落后,技术研发能力有限。中国能否利用后发优势在工业化进程中实现低碳经济发展,很大程度上取决于自主创新能力。虽然中国已经成为仅次于美国的世界研发投入第二大国,科技研发投入占GDP的比例从2004年的1.23%,上升到2005年的1.34%,2006年的1.41%,再到2007年的1.49%,迅速攀升的投入显示出中国政府和企业在推动自主创新方面的努力,但仍然难以掩盖中国科技自主创新能力不足的现实。

第一,从科技投入强度看,目前中国的研发支出占GDP的比重尚不足1.5%,与"十一五"科技发展规划确定的2%的目标还有一定差距,与发达国家2%左右,世界500强企业5%~10%的水平相比,还有较大差距,而要赶超世界领先国家3%的水平更要付出巨大努力。按人均研发经费计算,中国人均研发经费支出只有日本的14%。从目前的研发现状和技术“含金量”来说，中国离创新大国还有很长一段路要走。

第二，从投入构成看，外资企业加大在华研发投资。跨国公司在华设立的研发中心已接近800家，索尼、东芝等许多日本一流大型企业都在中国设立了研发基地。在向国家专利局申请的专利当中，技术含量高（包括核心技术）的发明专利一半属于在华外资企业。也就是说，外资企业在华投入的研发经费再多，也不会提升中国企业的创新水平，而研发成果也不属于中国。

第三，从企业创新能力来看，目前中国大多数企业投入的研发资金用于新产品开发的只有24%，用于基础研究的费用不到10%，且对于新产品的研发也更注重短期项目，而对长期性、有市场前瞻性的基础研究则重视不够。中国企业的技术创新偏重于短期经济效益，申请专利的大多是实用型和外观设计方面的技术，而且军民科技研发“通用率”有待提高。这些都制约了中国科技水平的提高。另外，相当多的企业用于技术引进的经费支出远大于用于消化吸收的费用支出，平均比例达到6.5∶1。可以说，技术创新能力不足已经成了中国经济的软肋。中国是资源消耗大国，但是单位资源平均产出不足发达国家的1/10；中国是世界贸易第三大国，但出口产品中拥有自主品牌和知识产权的只占10%；中国是制造大国，但重要技术装备主要靠引进；中国高新技术产品出口不断增加，但是不仅关键零部件依赖进口，而且每年要为软件技术标准向外企支付高额的费用；中国是电子信息产业的大国，但是2004年中国电子百强企业的平均利润率只有4.07%，而微软是28%，英特尔是21.9%，三星是18.8%，诺基亚是14.7%。

由于目前技术创新存在很多不确定性，而且创新成果又非常容易被盗版、流失，使得技术创新所要求的环境、条件比其他投资要苛刻得多。因此，创造有利于技术创新的环境条件，最重要的就是通过实施一系列有效的政策,强化企业技术创新的动力机制。而环保法律、技术标准、安全卫生法规、市场准入门槛等都是政府推进技术进步的有效措施,只有营造了使成功的技术创新可以安全获得应有高回报的政策环境,企业才会把技术创新作为提高市场竞争力的主要途径,才有技术创新的持久动力。

(二)国际技术转让障碍

应对全球气候变化,亟须发挥技术创新和技术转让的关键性作用,这是国际社会的共识。多年来,为有效地应对气候变化,各国政府致力于通过科学研究和技术开发,不断提高应对气候变化的科技能力。然而,目前发展中国家缺乏先进的、有利于减缓温室气体排放的技术,其经济的发展具有明显的高排放特征。发展中国家能否利用后发优势在工业化进程中实现低碳经济发展,在很大程度上取决于资金和技术能力。研究表明,为了实现到2050年把大气温室气体浓度稳定在559 ppm的目标,约有70%的所需减排量都可以利用现有及接近商业化的技术在未来20年的时间里实现。

发达国家在低碳经济实践方面已经取得了重要成果。为了实现《京都议定书》规定的减排目标和应对气候变化的长期挑战,发达国家将通过“技术推动”和“市场拉动”两条途径推动能源技术进步和国际能源技术合作。这无论在政策层面还是技术层面,对中国的影响都是积极的。然而,一些公司出于垄断的考虑,限于市场上既有的障碍,阻碍了低碳技术的迅速扩散、转让,特别是跨国的障碍,比如知识产权、市场份额的问题等。很多发达国家担心向发展中国家提供技术,会在市场上给自己增加竞争对手。从技术提供方来说,企业缺乏全球公共视野,担心丧失其垄断地位、经济驱动力不足等;从技术接受方来说,人才缺乏、技术转让费高昂、产业结构分散、政策和法律不完善等都是国际技术转让的障碍。如果国际气候制度能够把一些市场障碍克服或者减弱,那我们可以收获

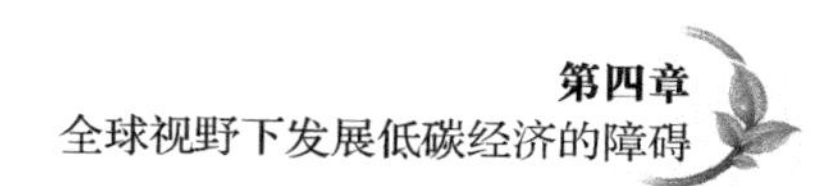

温室气体减排的红利。

虽然《联合国气候变化框架公约》规定发达国家有义务向发展中国家提供技术转让,然而实际进展与预期相去甚远。尽管当初设置清洁发展机制的一个重要目标是要促进发达国家向发展中国家转让低碳技术,但在实施中,更多的仅是资金的转让,也可以说是单纯的二氧化碳排放权的买卖,技术的输出转让很少。发展中国家的技术水平与发达国家存在距离,自己的研发能力有限,而发达国家又不积极行动转让先进技术,在这种情况下,中国不得不依靠商业渠道引进技术。尽管中国也在不断引进一些先进的能源技术,包括风能、太阳能和先进的核能技术,但基本上是在商业化条件下的转让,而且关于知识产权转让条件非常苛刻。而依靠中国自己的研发,完全形成产业化和大规模发展需要一定的时间。因此,未来国际气候制度的发展,非常有必要寻求通过制度化手段,解决好知识产权保护和技术转让的关系问题。知识产权是与技术转让紧密相连的问题。在气候变化重大技术转让问题上,知识产权不是核心问题,换个角度说,百分之百地解决了知识产权问题,气候变化的问题依然解决不了。因此,知识产权不应该成为不进行重大技术转让的借口。国际技术合作已经进入了一个新的时代,即如何从过去寻找免费的或者便宜的午餐,到逐步形成一些优惠的、双赢的合作。未来的技术转让机制必须使发展中国家能够获得买得起、用得上的先进技术,从而提高应对气候变化的能力。客观上看,先进技术的转让方也可以通过发展中国家的广泛市场获得经济效益。

(三)低碳技术应用障碍

气候变化和能源供给安全要求在能源生产、运输和使用方式上做出迅速的转变。然而,目前能够促成这种转变的大多数技术虽然已经可以得到,但它们还没有被适当采用。世界可持续发展商业委员会(WBCSD)

基于自身的经验，总结了10条应用能源效率技术存在的障碍，并给出了具体的政策建议（见表4－4）。

表4－4　能源效率技术与实践的应用障碍

障碍	存在原因	解决方案
低能源价格	①补贴 ②价格没有包括环境成本	①减少普遍存在的补贴 ②通过替代方案来补贴弱势群体 ③给碳定价
高前期成本和长回报期	许多消费者看重当前消费成本	①经济激励（如减税）以减少成本 ②鼓励金融机构参与
技术扩散慢	①缺乏技术利用的技能、知识和支持 ②分散和非一体化的工业结构	技术标准
根深蒂固的商业模式	能源公司缺乏减少消费者需求的激励	①把碳价在能源服务中内部化 ②财政奖励终端能源效率措施 ③促进节能服务公司发展 ④鼓励能源公司发展低碳能源
消费者和能源需求的多样性	没有一刀切的解决方案	促进自愿的部门倡议和谈判达成的协议
信息失灵	对于未来能源价格和能效选择缺乏信息	①更有效的技术标准 ②产品能源标签 ③标准强制执行 ④对能源智能计量的建议
分散激励（委托代理问题）	对能源效率做决策的人没有受益	提供清晰的信息和激励
投资和风险的不确定性	不确定性增加了投资溢价	①承担这些风险的经济激励 ②发展稳健的能源和碳市场
消费者行为	①能源效率投资较低的优先级 ②对于能源消费和成本缺乏意识和信息	①开发碳市场 ②对更新旧设备给予激励 ③增加关于能效方面的教育和意识
投资成本高于预期	没有包括所有交易成本	促进最佳实践分享和能源效率

资料来源：WBCSD（2009）

由于科技体制长期与市场脱钩，导致我国的科技成果转化率较低。按全国平均水平来说，目前，我国科技成果的市场转化率不到20%，最终形成产业的只有5%左右，不仅远远低于发达国家70%～80%的水平，也低于印度50%的科技成果市场转化率。根据1996—2004年的《全国科技成果统计年度报告》，资金问题、市场不成熟、技术成果本身质量不高等因素是制约我国应用技术成果转化、推广的主要障碍。

四、资金障碍

(一)国家投入资金不足

在发展低碳经济的口号提出的同时，国家加大了对各方面的投入资金数量，在资金占有率上无疑科技的研发和转化占有的份额最大，因此，以科技投入的资金数量来衡量国家投入资金是否充足有一定的代表性。

我国一直以来都是以科技兴国作为发展的基本国策，在低碳经济的大潮中，科技更是要发挥不可替代的作用，但是就目前的中国科技发展状况来说，在低碳经济这个契机下成了明显的短板，我国投入到科技的资金状况有两个特点：

第一，国家的投入资金量有所增长，但是具体的资金投入占GDP比例仍然不高，尤其是人均的科技投入经费更是捉襟见肘。

虽然中国已经成为仅次于美国的世界研发投入第二大国，但是研发支出占GDP的比重尚不足1.5%，与“十一五”科技发展规划确定的2%的目标有一定差距，与发达国家的水平相比还有较大差距。要赶超世界领先国家3%的水平更要付出巨大努力。按人均研发经费计算，中国人均研发经费支出只有日本的14%。从目前的研发现状和技术“含金量”来说，中国离创新大国还有很长一段路要走。

据国家统计局、科技部和财政部联合发布的科技经费投入统计公报，2003年中国科技经费投入继续保持快速增长。全社会科学研究与试验发展(R&D)经费总支出达到1539.6亿元,比上年增加252亿元,增长19.6%,与当年GDP的比例达到1.31%。国家财政科技拨款稳定增加,拨款额达975.5亿元,比上年增加159.3亿元,增长19.5%,占国家财政总支出的比重为3.96%。中央财政科技拨款比地方财政拨款多了300亿,增长幅度也较地方为大。全社会科学研究与试验发展经费总支出中,各类企业支出960.2亿元,国有独立核算的科研院所支出399亿元,高等学校支出162.3亿元。

科技投入及其管理模式研究组组长贾康在回答记者提问时说:"20世纪90年代以来,通过实施973计划、863计划、科技攻关计划、知识创新工程、自然科学基金资助项目等一系列科技计划以及其他政策措施,政府加大科技投入力度,有力地促进了科技发展和科教兴国战略的贯彻。"我国科技投入现状主要有几个特点:全社会科技投入总量增加;科技投入强度已经位居发展中国家前列,但仍低于世界可统计国家平均1.6%的总体水平,且与发达国家2.2%的总体水平还有相当差距;科研经费支出进入高速增长国家行列。2001年、2002年国内科研经费总支出大大高于同期主要发达国家5%左右的增长速度。科技投入筹资渠道更为多元化;政府科技投入总量有了较大的增长。

但是,从人均科技投入经费的比较来看,我国差距明显。美国以人均730美元高居榜首,反映出该国对科技投入的重视和经济实力的雄厚,瑞典、日本紧随其后,大大高于其他国家,这表明美国、日本两国能长期在国际经济竞争,特别是高技术竞争中占据绝对优势地位有着坚实的基础。我国的人均科技投入经费仅为58美元,不足美国的8%,也仅是韩国的15%,我国人口众多,人口基数的巨大对于人均经费增长来说显得杯水车薪,而其中最主要的原因还是我国对科技投入力度的不足以及经济基础的相对薄弱。

郎咸平教授就曾指出:“目前中国科技发展最大的弊病是投入总量太少”。他认为,目前中国科技领域投入的资金在项目分配上已经达到了国际水平,但最大的问题就是投入总量太小。而我国在科技上的投入占 GDP 比重为 1%,排名最高的瑞典则占到了 4%。投入上的差距制约了科技的发展。

中国科学院院士何祚庥在谈及科技投入问题时说:“由于科技投入还不够,国家科技创新能力已经受到严重损害,并将越来越严重地影响到我国的经济增长率。这几年来,虽然国家加大了科技投入,但国内科学研究与试验发展经费占国内生产总值的比重也才上升到 1%,离发达国家 3% 的比例相差很远,和我国科技发展的需要也很不相宜”。他认为,科技投入不足,对我国的经济增长率的阻碍作用将越来越大。

中国科学技术发展战略研究院房汉廷认为,我国目前的科技投入总量所能支撑的只是以跟踪、模仿为主导的科技战略,要实现中国科技的自主创新,科技投入必须有倍增性的增长,否则,就很难突破长期以来对外国技术的路径依赖。要提高我国的科技投入总量,提高科技投入的效率,必须转变科技投入结构,让更多的社会力量进入科技领域。

第二,我国的政府科技投入规模尚未形成稳定增长机制,尤其是在基础研究上的投资数量尚未达到稳定增长的状况。

由于各种原因,财政科技拨款占财政支出的比重没有提高,而且出现了下降趋势;政府主体的投入增长“滞后”于发展需要,地方财政科技支出比重低,中央财政科技支出比重下降。

在基础研究中,我国的投入水平远低于其他国家,与该比重最高的瑞士相比还不及后者的 1/5,即使与印度 1990 年的水平相比,也仅有其1/3,可见,我国的这一比重偏低是不争的事实。从其他国家的比较来看,各国的这一比重相差不大,除美国、日本外,其他发达国家的该比重都在 20%

以上。这种差异可能意味着其他发达国家比美国、日本更重视基础研究，但由于美日 R&D 经费投入基数十分巨大,即使基础研究相对比重略低，其绝对值仍然远高于其他国家。捷克、韩国、印度三国虽然经济发展程度较发达国家有一定差距,但在基础研究上的投入比重也很可观,显示了上述三国对基础研究的重视。我国应用研究经费的比重处于中下等水平，但实验发展经费的比重则排在第一位,比依靠“科技立国”发展起来的日本、韩国还要高,反映出我国对与生产活动联系密切的技术创新与开发的重视以及“技术要面向经济建设主战场”的战略方向。

除了对低碳经济的科技研发经费给予不足外,对相关的基础设施的建设上资金的投入数量也较少,导致发展低碳经济的客观环境出现不合适的地方。因此,在发展低碳经济上除了科技的投入量,也要加大对低碳经济环境塑建的投入,保证良好的发展环境也是对企业开发相关技术的有力吸引。

（二）企业投入资金不足

从企业投入看,在中国研发投入总量中,企业投入已占据 70% 以上份额,这接近于发达国家的水平,但总体研发费用和研发强度与发达国家相比有较大差距。目前中国 2.8 万多家大中型企业中拥有自己研发机构的只有 25% ,75% 的企业没有一个专职人员从事研发活动。再加之金融危机的影响,本来资金不足的企业越发的对投入到生产技术的投资敏感。企业的资金量达不到也造成了发展低碳经济的基础资金链遭到冲击,致使低碳经济发展的速度更加的缓慢。

五、其他障碍

（一）居民消费结构障碍

我国正处于社会转型时期,社会转型给居住、就业、生活、消费方式等方面都带来了深刻的变化,不仅涉及社会经济问题,也涉及资源和环境问题。首先,中国农村的变化表现为两个方面:一是城市化问题,即农村人口向城市人口的转化。城市居民和农村居民的用能需求在数量和质量上有很大差距。城市化使得大批农村居民来到城市,也就改变了他们的能源消费行为,大大增加了能源消费量。二是农村的生活方式向城市型发展,能源消费由以非商业能源消费为主向以商业能源消费为主进行过渡。农民收入增加会导致对商品需求量的增加,新增收入的大部分是用来增加生活消费支出,在某种程度上刺激了农村居民对冰箱、电脑等耐用消费品的消费,必然会增加对电力的需求。总之,农村的全面发展和现代化必将带来对能源的更高要求。其次,我国城镇居民生活消费结构发生了巨大的变化。从 20 世纪 80 年代到 90 年代中期,我国城镇居民经历了以家用电器普及为主的第一次消费结构升级,“冰箱、彩电、洗衣机”成为消费热点。到 90 年代中后期,消费水平再次升级,住房消费、汽车消费、通信及电子产品消费、文化教育消费、节假日消费及旅游消费成为新的消费热点。这种城乡结构和消费结构对我国发展低碳经济都产生了重要影响(见表 4 – 5)。

表 4 – 5　1992—2002 年城镇居民和农村居民生活消费对二氧化碳排放的直接和间接影响

居民消费对二氧化碳排放的影响	1992 年	1997 年	2002 年
城镇居民合计(亿吨碳)	1.172	2.038	2.818
直接影响(亿吨碳)	0.096	0.051	0.228
间接影响(亿吨碳)	1.076	1.987	2.530
农村居民合计(亿吨碳)	1.564	1.959	1.103
直接影响(亿吨碳)	0.486	0.18	0.132
间接影响(亿吨碳)	1.078	1.779	0.971
居民合计(亿吨碳)	2.736	3.997	3.921
居民生活二氧化碳排放量占一次能源消费碳排放比(%)	36.52	43.90	42.31

由表4－5可知,1992年我国居民生活所引致的直接和间接二氧化碳排放量为2.74亿吨,占一次能源消费产生二氧化碳排放量的36.52%。其中城镇居民生活所引致的直接和间接二氧化碳排放量为1.17亿吨,农村居民生活所引致的直接和间接二氧化碳排放量为1.56亿吨。城镇居民和农村居民生活所引致的间接二氧化碳排放量大致相当。

1997年,我国居民生活所引致的直接和间接二氧化碳排放量为4亿吨,占一次能源消费产生二氧化碳碳排放的43.9%。其中城镇居民生活所引致的直接和间接二氧化碳排放量为2.04亿吨,农村生活居民所引致的直接和间接二氧化碳排放量为1.96亿吨。城镇居民的间接二氧化碳排放量比农村居民多11.69%。

2002年,我国居民生活所引致的直接和间接二氧化碳排放量为3.92亿吨,占一次能源消费产生二氧化碳排放量的42.31%。其中城镇居民生活所引致的直接和间接二氧化碳排放量为2.82亿吨,农村居民生活所引致的直接和间接二氧化碳排放量为1.10亿吨。城镇居民的间接二氧化碳排放量是农村居民的2.61倍。

尽管我国农村居民人口多于城镇居民人口,但是1997—2002年我国城镇居民的间接二氧化碳排放量明显高于我国农村居民。1992—2002年城镇居民的间接二氧化碳排放量增加了135.13%,农村居民的间接二氧化碳排放量减少了9.93%。

我国的城市化发展和城乡二元化结构的出现,致使我国的碳排放量在局部虽取得成绩,但整体的二氧化碳排放量仍然出现上升趋势,因此,对居民消费正确引导,改革居民消费的结构势在必行,否则中国发展低碳经济会因缺少群众的支撑而变成一纸空谈。

(二)进出口贸易障碍

能源是经济发展的基本投入要素之一,任何一项生产和消费活动都离不开对能源的利用。在经济全球化时代,国际贸易已经成为经济发展的一个重要组成部分。经济越是开放,对外贸易的影响也就越大,对外贸易结构、生产过程的技术效率对对外贸易产生的能源和污染物排放的影响较大,而且进出口贸易对能源消费和污染物排放的影响不应该被忽视。

2002 年我国能源产品直接出口导致的二氧化碳排放量比 1997 年减少了 19.15%,但是商品出口造成的间接二氧化碳排放量比 1997 年增加了 16.38%。1997 年和 2002 年产品出口造成的直接和间接二氧化碳排放量分别为 2.82 亿吨和 3.13 亿吨,占一次能源利用碳排放的 30% 以上,如表 4-6 所示。这意味着我国一次能源消费碳排放的大约 1/3 是由满足世界其他国家生产和生活造成的。

表 4-6　1997 年和 2002 年中国产品出口对二氧化碳排放的影响

出口对二氧化碳排放的影响	1997 年	2002 年
直接影响(亿吨碳)	0.449	0.363
间接影响(亿吨碳)	2.375	2.764
合计(亿吨碳)	2.824	3.127
中国产品出口所导致的二氧化碳排放占一次能源利用碳排放比(%)	31.02	33.74

图 4-1 表示了 1997 年和 2002 年 17 部门商品出口的情况,由此看出:我国机械工业部门的出口最多,分别占 1997 年和 2002 年出口总额的 29.01% 和 38.12%;其次是纺织业,比例分别为 23.38% 和 17.76%;服务业出口也较多,比例分别为 13.45% 和 16.65%。同时可以得出,机械工业、能源开采业、纺织业、化学工业、服务业部门商品出口导致的二氧化碳的排放量的总和在 1997 年和 2002 年分别占商品出口导致二氧化碳排放的 74.3% 和 77.32%。

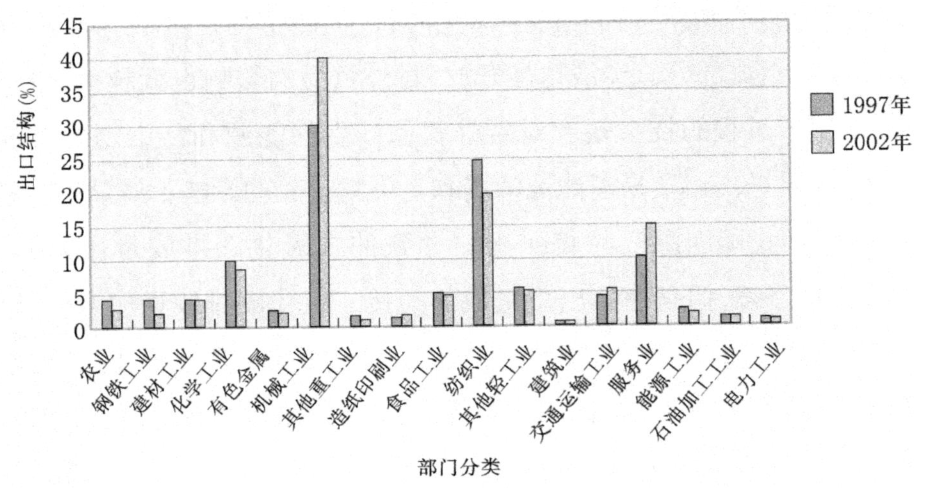

图 4－1　1997 年和 2002 年不同部门的商品出口情况

因此，进出口贸易的发展在促进我国经济迅速发展的同时也促使了我国的碳排放量的上涨。在充分利用好进出口贸易的同时，要开始调整我国进出口贸易商品的结构逐步由原来的高碳产品向低碳产品过渡，否则进出口贸易也将成为我国发展低碳经济的一大障碍。

参考文献

[1]杨明，张伟．也谈社会公共伦理——基于个体社会角色的一种思考．道德与文明，2008(3)．

[2]王国银．德性伦理研究．苏州大学博士学位论文，2006．

[3]马克思恩格斯选集(第 3 卷)．北京：人民出版社，1972．

[4][加]威廉·莱斯著．岳长龄译．自然的控制．重庆：重庆出版社，2007．

[5]熊焰．低碳之路——重新定义世界和我们的生活．北京：中国经济出版社，2010．

[6]中国人民大学气候变化与低碳经济研究所．低碳经济——中国用行动告诉哥本哈根．北京：石油工业出版社，2010．

[7]管清友．中国能源战略新思维．中国经济周刊，2010(1)．

[8]邵锋．国际气候谈判中的国家利益与中国的方略．国际问题研究,2005(4).

[9]郑思海,王宪明．CDM国际合作中的技术交流障碍与对策研究.特区经济,2010(2).

[10]龚群．社会伦理十讲．北京:中国人民大学出版社,2008.

[11]李元．“低碳经济时代”的挑战与未来思考模式的变革——哥本哈根会议的绿色使命．马克思主义研究,2010(1).

[12]谢振玫．中国发展低碳经济面临的困境与对策分析.吉林大学硕士学位论文,2011.

[13]贺汉魂,周镕基．从马克思经济学的人本意蕴看低碳经济发展．生产力研究,2011(1).

[14]Ruchi Alnand. International Environmental Justice: A North—South Dimension. Cornwall. Great Britainm:MPG Books Ltd. ,2002.

[15]中国发展低碳经济途径研究.国合会政策研究报告,2009.

[16]国家发改委工作报告及政府报告,2010.

[17]国家能源部网站.

[18]张燕生．中国发展低碳经济的政策和策略．搜狐财经,2009.

[19]王庆一．中国能源数据．2008.

[20]曹新．发展低碳经济:中国如何调整．金融时报,2010.

[21]中华人民共和国国家统计局.2006.中国统计年鉴．北京:中国统计出版社,2006.

[22]我国新能源和可再生能源开发利用现状．北方技术网,中国电子报.2003.

[23]庄贵阳．中国发展低碳经济的困难与障碍分析．江西社会科学,2009(7).

[24]国外政府科技投入及我国科技投入现状．科技日报网,2005.

[25]魏一鸣,刘兰翠,范英,等．中国能源报告(2008):碳排放研究．北京:科学出版社,2008.

第五章　全球视野下发展低碳经济的对策

第一节　发展低碳经济的全球性合作

从国际动向看,全球温室气体排放正由科学共识转变为实际行动,全球经济向低碳经济转型的大趋势逐渐明晰,全球的环境问题需要全球的共同努力。

一、《联合国气候变化框架公约》

最早的关于控制温室气体排放的文件可以追溯到1992年的《联合国气候变化框架公约》,它是世界上第一个提出全面控制二氧化碳等温室气体排放,以应对全球气候变暖给人类经济和社会带来不利影响的国际公约,也是国际社会在应对全球气候变化问题上进行国际合作的一个基本框架。

1992年,154个国家和地区的代表签订了第一份关于气候变化的国际性条约《联合国气候变化框架公约》。《联合国气候变化框架公约》于1994年3月生效,奠定了应对气候变化之中国际合作的法律基础,是具有权威性、普遍性、全面性的国际框架。

《联合国气候变化框架公约》由序言及26条正文组成。序言指出:感到忧虑的是,人类活动已大幅增加大气中温室气体的浓度,这将增强自然温室效应,平均而言将引起地球表面和大气进一步增温,并可能对自然生态系统和人类产生不利影响。因此,《联合国气候变化框架公约》的主要目标是减少温室气体的排放,尽可能地减少人为活动对气候系统造成的危害,大力缓减气候变化,增强生态系统对气候变化的适应性能力，以确保粮食生产和经济可持续发展。为了实现以上几个目标，《联合国气候变化框架公约》确立了五个基本原则：一是“共同但有区别的责任”原则，强调发达国家应必须率先采取应对气候变化的措施；二是要考虑发展中国家的具体需要和实际情况；三是各缔约方应当采取必要的措施以预测、防止以及减少引起气候变化的诸多因素；四是尊重各缔约方的可持续发展权利；五是加强国际之间的合作，应对气候变化的措施绝对不能成为国际贸易的壁垒。公约将参加国分为三类：一是工业化国家，这些国家答应要在 1990 年排放量的基础上进行削减，承担削减排放温室气体的义务，如果不能完成削减任务，可以从其他国家购买排放指标；二是发达国家，这些国家不承担具体削减任务，但承担为发展中国家提供资金、技术援助的义务；三是发展中国家，不承担削减义务，以免影响经济发展，可以接受发达国家的资金、技术援助，但不得出卖排放指标。当时公约参加国有 189 个，5 个国家以观察员身份出席，但由于公约中并没有规定参加国具体的责任和义务，所以公约并没有太大的效力。

《联合国气候变化框架公约》特别强调，发达国家应该严格履行规定的减排目标，并在 2012 年后继续率先减排；发展中国家应该根据自身情况采取相应的措施，特别是需要高度重视引进、消化、吸收先进的清洁技术，为应对气候变化等做应有的贡献，而其中的“清洁发展机制”（CDM）特别引人瞩目，如果发达国家帮助发展中国家每减少 1 吨二氧化碳的排放，其在国内就可以相应地多排放 1 吨二氧化碳，即可以多获得 1 吨二氧化碳的排放权。

二、《京都议定书》

1997 年 12 月，在日本京都召开了由联合国气候变化框架公约参加国出席的会议，会议制定了《京都议定书》。其目标是“将大气中的温室气体含量稳定在一个适当的水平，进而防止剧烈的气候改变对人类造成伤害”。它是《联合国气候变化框架公约》的补充条款。条约于2005年2月16日开始正式生效，到2009年2月，一共有183个国家通过了该条约（超过全球排放量的61%），引人注目的是美国没有签署该条约。

这是人类历史上首次以法规的形式限制温室气体排放。该议定书允许采取以下四种减排方式：第一种形式，两个发达国家之间可以进行排放额度买卖的“排放权交易”；第二种形式是以“净排放量”计算温室气体的排放量，即从本国实际排放量中扣除森林所吸收的二氧化碳的数量；第三种可以采用绿色开发机制，以促进发达国家和发展中国家来共同减排温室气体；第四种形式是可以采用“集团方式”，即将欧盟内部诸多国家视为一个整体，采取有些国家削减和有些国家增加的方法，从总体要求上来完成减排的任务。

《京都议定书》规定，在2008—2012年期间，主要工业化国家全部温室气体排放量比1990年减少5.2%。限排的温室气体包括二氧化碳、甲烷、一氧化二氮、氢氟碳化物、全氟碳化物和六氟化硫。《京都议定书》根据“共同但有区别的责任”的原则，把缔约方分为附件I国家（发达国家和转型国家）和非附件I国家（发展中国家）。附件I国家在第一阶段（2008—2012年）需要各自承担一定的减排承诺，即与1990年的排放水平相比，欧盟15国削减8%，美国削减7%，日本削减6%，加拿大削减6%，东欧各国削减5%～8%。新西兰、俄罗斯和乌克兰可将排放量稳定在1990年水平上。议定书同时允许爱尔兰、澳大利亚和挪威的排放量比1990年分别增加10%、8%和1%。此外，非附件I国家也应承担其应有的责任，部分发展中国家正处于人均排放量和总排放量激增的阶段，尽管现阶段对其所做出的某些比较明确的量化承诺较为困难，但也应该循序渐进地实现，必须做出与各节能减排活动相适应的努力。为了降低各附件Ⅰ国家的减排成本,同时把非附件Ⅰ国家也吸纳到减排的行动中来,《京都议定书》规定了三种补充性的市场机制:国际排放权交易机制、联合履行机制以及清洁发展机制。《京都议定书》需要占全球温室气体排放量55%以上的至少55个国家批准,才能成为具有法律约束力的国际公约。中国于1998年5月签署并于2002年8月核准了该协议书。欧盟及其成员国于2002年5月31日正式批准了《京都议定书》。2004年11月5日,俄罗斯总统普京在《京都议定书》上签字,使其正式成为俄罗斯的法律文本。到2009年2月,一共有183个国家通过了该条约(超过全球排放量的61%)。

《京都议定书》开创了把气候变化这一难以操作的全球性的环境问题转化为借助市场机制便可以操作的经济问题之先河。《京都议定书》规定了《联合国气候变化框架公约》附件Ⅰ国家(发达国家和经济转型国家)的量化减排指标。为了使"这些"或"各"国家能实现这一减排目标,《京都议定书》按照排放权交易的基本原理设立了国际排放权交易机制、联合履行机制和清洁发展机制这三种市场机制。低碳经济需要通过技术手段才能实现。技术是制约低碳经济的关键性因素,因此,应对气候变化要靠技术的进步,技术创新和技术转让是应对气候变化的基础和支撑。《京都议定书》的三种机制为各国尤其是发展中国家的低碳技术发展奠定了机制及资金的保障,从而开启了一种崭新的经济形态——低碳经济。

三、巴厘岛路线图

2007年12月3~15日,《联合国气候变化框架公约》缔约方第13次会议暨《京都议定书》缔约方第3次会议在印度尼西亚巴厘岛举行,共190多个国家的代表和科学家参加了此次会议。

会议旨在加强国家间的合作,采取共同行动来解决气候变化问题。

具体包括气候变化影响和脆弱性评估，帮助发展中国家加强适应气候变化能力建设，为发展中国家提供技术和资金，灾害和风险分析、管理以及减灾行动等。会议共通过了28项决议，其内容涉及适应气候变化基金、减少发展中国家因森林砍伐造成的温室气体排放、技术转让、能力建设、《京都议定书》下的灵活机制、国家通信、财务和行政问题以及执行公约的长期行动等。

此次会议的主要成果是制定了“巴厘岛路线图”。首先，路线图就关于《京都议定书》第一个承诺期结束后即2012年后新的国际合作协议的谈判做出了安排。为此，缔约国大会通过了一个《使公约全面、有效和持续执行的决议》，决议决定成立一个“长期合作行动特别工作组”，其任务是为2012年后新的实施公约的国际合作协议进行谈判。其次，此次会议确定了到2012年以后的气候变化国际合作活动的主要内容。这些内容包括适应气候变化、减缓气候变化、资金和技术等方面。决议规定，在减缓气候变化方面，发达国家缔约方根据各自国家的基本情况的不同，需要以可测量、可报告和可核实的方式做出可行的国家承诺或采取的各种行动，具体包括定量的限排和减排目标；发展中国家可以在可持续发展的前提下采取对国家合适的减缓措施，并且对这种行动须以可测量、可报告和可核实的方式提供技术、资金和能力建设等方面的支持。在适应气候变化方面，通过了使“适应气候变化基金”运转的决议，该决议制定了一些支持性的行动。

“巴厘岛路线图”明确了今后加强落实《联合国气候变化框架公约》的领域，为进一步落实该公约指明方向，为人类进一步应对气候变化指引了前进方向。该“联合国气候变化路线图”为2009年前应对气候变化谈判的关键议题确立了明确议程。主要议题包括以下几个方面的内容，如采取适应气候变化消极后果的行动，运用减少温室气体排放的方法，广泛使用气候友好型技术的方法以及对适应和缓解气候变化的措施进行资助等，此外，议程还确认了“共同但有区别的责任”原则。“巴厘岛路线图”核心就是进一步加强《联合国气候变化公约》和《京都议定书》的全面、有效和持续实施，重点解决减缓、适应、技术、资金问题，同时，要求发达国家在2020年前将温室气体减排25%～40%。“巴厘岛路线图”为全球进一步迈向低碳经济起到了积极的作用，是人类应对气候变化历史中的一座新里程碑。

四、《哥本哈根协议》

哥本哈根会议的召开是因为《京都议定书》中规定的减排协议于2012年期满，因此，2009年年底举行的哥本哈根会议主要是制定2012年到2017年全球各国的减排协议。哥本哈根世界气候大会全称是《联合国气候变化框架公约》缔约方第15次会议，于2009年12月7～19日在丹麦首都哥本哈根召开，12月7日开始，来自全球192个国家的环境部长等官员在哥本哈根召开联合国气候会议，共同商讨《京都议定书》一期承诺到期后的后续方案，就未来应对气候变化的全球行动签署新的协议。这是继《京都议定书》后又一具有划时代意义的全球气候协议书，将对地球今后的气候变化走向产生决定性的影响。这是一次被喻为“拯救人类的最后一次机会”的决议。依据2007年在印度尼西亚巴厘岛举行的第13次缔约方会议所通过的“巴厘岛路线图”的规定，2009年年末在哥本哈根召开的第15次会议将通过一份新的《哥本哈根协议》，以代替2012年到期的《京都议定书》。考虑到协议的实施操作环节所耗费的时间，如果《哥本哈根协议》不能在2009年的缔约方会议上达成共识并获得通过，那么在2012年《京都议定书》第一承诺期到期之后，全球将没有一个共同文件来约束温室气体的排放。这将导致人类遏制全球变暖的行动遭到重大挫折。但是，此次大会依然未能通过具有法律约束力的正式决议，在一些至关重要的议题上，大会未能取得实质性进展，此次会议达成以下几个方面的协议：首先，将继续《京都议定书》和《联合国气候变化框架公约》的双轨制，将全球应对气候变化的中期目标设定为将工业化以来温度上升的幅度控制在2℃以内，并将在2016年考虑重新审查是否有必要将升温幅度限制在1.5℃，发达国家承诺到2050年至少减排80%，但是就短期目标减排承诺将在以后再决定。其次，发达国家共同承诺将在2010—2012年给发展中国家总共提供300亿美元的资金支持，用来支持其减排和适应方面的能力建设等。并且到2020年，发达国家承诺将通过多种力量共同提供每年1000亿美元的支持。最后，受到支持的减排行动将受到国际的“三可”(可测量、可报告和可核实)，发达国家的减排行动将在全国进行检测，并且按照公约缔约方会议将采取的指导准则每年报告一次。

《哥本哈根协议》是继《京都议定书》后又一具有划时代意义的全球气候协议书。经过众多发展中国家的努力和争取，《哥本哈根协议》维护了《联合国气候变化框架公约》及其《京都议定书》确立的“共同但有区别的责任”原则，明确规定了缔约方要在《京都议定书》基础上继续减排，提出建立“哥本哈根绿色气候基金”，支持发展中国家的适应和缓减行动，同时决定设立一个“技术机制”，以加速技术的发展和转让，就发达国家实行强制减排和发展中国家采取自主减缓行动做出了安排，并就全球长期目标、资金、技术支持和透明度等焦点问题达成了广泛共识。正如联合国秘书长潘基文所说的，《哥本哈根协议》“标志着在能够限制和减少温室气体排放、支持最脆弱国家适应气候变化，并有助于开创环境可持续增长，新时代的第一项真正的全球协议的谈判中所迈出的重要一步”。

五、G8峰会

2009年7月8日的G8峰会提出一些目标：到2050年，发达国家温室气体排放总量应在1990年或其后某一年的基础上减少80%以上，并且到2050年使全球温室气体排放量至少减少50%。为实现这个目标，全球经济就必须转型到低碳经济。这将意味着到2050年的未来40年里，低碳经济将是国家竞争力和企业竞争力的重要体现。国际社会对全球气候变化问题的日益关注，世界各国对于建设低碳经济以应对全球变暖的共识也不断得到加强。

第二节　发展低碳经济的全球性举措

气候问题是全球性公共问题，需要从全球角度来探索发展低碳经济的模式和政策。目前，为解决这一全球性公共问题，全球层面利用经济手段实现低碳经济发展的具体措施包括以下几个方面。

一、碳交易

（一）《京都议定书》与碳交易

联合国政府间气候专门委员会通过艰难谈判，于1992年5月9日通过了《联合国气候变化框架公约》，而《京都议定书》在1997年12月在日本京都通过并成为《联合国政府间气候变化框架公约》的第一个附加协议。《京都议定书》把市场机制作为解决以二氧化碳为代表的温室气体减排问题的新路径，也可以理解为把二氧化碳排放权看作一种商品，进行二氧化碳排放权的交易，简称碳交易。碳交易的基本内容是签订合同的一方通过支付另一方获得温室气体减排额度，而买方可以将已经购得的减排额用于减缓温室效应从而帮助其实现减排的目标。在6种被要求减排的温室气体中，二氧化碳被列为最大宗，所以这种碳交易以每吨二氧化碳当量为计算单位，其交易市场称为碳市场。

(二)碳交易和发展低碳经济的关系

低碳经济是一种新型的以低能耗、低污染、低排放为基础的经济模式,是人类社会在经历了农业文明、工业文明后的又一次重大进步。它的实质是提高能源利用率、开发清洁能源技术和优化产业结构,从根本上改变人类生存发展的理念。碳交易是为了促进全球温室气体减排,减少全球二氧化碳排放量所采用的市场机制,这种机制被认为是引领低碳经济发展的必经之路。

低碳经济的最终目的是通过实体经济的技术革新和技术优化来减少对化石燃料的依赖性,从而降低温室气体的排放水平。但是纵观历史,如果没有良好的市场机制的介入,仅仅依靠企业和个人的自愿和强制行为是无法达到预期的节能减排目标。碳市场从资本的侧面入手,划分了环境容量,对温室气体排放权进行定义,延伸出碳资产这一新型的资本类型。

(三)全球碳交易减排框架执行摘要

报告经首相委任发布,旨在检验限额交易体系的作用及其发展过程中所面临的主要挑战。报告的主要目的是检验现行交易系统的优势和不足,为未来几年的全球碳交易发展制定详尽的战略规划。本报告的目标分为以下四个方面的主要内容:一是全面评估限额交易体系作为气候变化缓减工具的优点和局限。二是为限额交易体系制定长远框架,以最新科学为基础,认可现行的国际气候变化框架,确保在成本效益好的情况下快速地减少温室气体排放。三是制定路线图,以便扩大和联合发达国家的限额交易体系,并为发展中国家建立过渡机制。四是评估全球碳交易系统的政府管理要求,为能力建设的需求提供建议。

(四)碳交易的法律依据

为达到《联合国气候变化框架公约》全球温室气体减量的最终目

标，法律架构约定了三种减排机制，即清洁发展机制、联合履行机制以及排放交易机制。这三种机制都允许《联合国气候变化框架公约》缔约方国与国之间进行减排单位的转让或者获得，但具体的规则与作用有所不同。《京都议定书》在第十二条规定的“清洁发展机制”针对附件 I 国家（开发中的国家）与非附件 I 中的国家之间在清洁发展机制登记处的减排单位进行转让。它的意思是使非附件 I 国家在可持续发展的前提下进行减排，并非从中获益；同时也要尽力协助附件 I 国家通过清洁发展机制获得“排放减量权证”，用来降低并履行《联合国气候变化框架公约》承诺的成本。

《京都议定书》在第六条中规范地陈述“联合履行”机制，系附件 I 国家之间在“监督委员会”监督下，进行减排单位核实与转让或获得，其使用的减排单位为“排放减量单位”。“联合履行”详细规定于第 16/Cp. 7 号决定“执行《京都议定书》第六条的指南”。

《京都议定书》在第十七条中规范地叙述关于“排放交易”机制，则是在附件 I 国家的国家登记处之间，进行一系列包括“排放减量单位”、“分配数量单位”、“ 排放减量权证”、“清除单位”等减排单位核证的转让或获得。“排放交易”详细规定于第 18/Cp. 7 号决定“《京都议定书》第十七条的排放量贸易的方式、规则和指南”。

（五）碳交易的两种形态

根据交易的三种机制，碳交易被划分为两种形态。一是指配额型交易，是指总量管制下所产生的减排单位的交易，如欧盟的欧盟排放权交易制的“欧盟排放配额”交易，主要是在《京都议定书》中规定的排减国家之间超额减排量的交易，通常是现货交易。二是指项目型交易，包括因进行减排项目所产生的减排单位的交易，如清洁发展机制下的“排放减量权证”、在联合履行机制下的“排放减量单位”，主要是通过国与国合作的排减计划产生的减排量交易,通常以期货方式预先买卖。

(六)碳交易的发展

根据《联合国气候变化框架公约》网站公布的数据,截止到2007年6月11日,全球共有696个CDM项目成功获得在UNFCCC执行理事会注册的机会,预期可产生的年均减排量可达到1.5亿吨二氧化碳当量。印度、巴西、中国和墨西哥是全球CDM项目注册数量最多的4个国家,占据了全球CDM项目总数的75%。从项目的年均减排量来看,中国每年可以产生6477万吨二氧化碳当量,占全球碳排放减量总额的44%。

2005年《京都议定书》正式生效后,在全球碳交易市场上出现了爆炸式的增长。2007年碳交易量从2006年的16亿吨跃升到27亿吨,上升了68.75%。成交额的增长更为迅猛。2007年全球碳交易市场价值达400亿欧元,比2006年的220亿欧元上升了81.8%,2008年上半年全球碳交易市场总值甚至与2007年全年持平。

经过多年的发展,碳交易市场日趋成熟,参与国的地理范围不断扩展,市场结构向多层次深化,财务复杂程度也不可同日而语。如果把眼光放得更加长远一些,碳交易成为世界最大宗商品势不可挡,而碳交易标的标价货币绑定权以及由此衍生出来的货币职能,将对打破单边美元霸权促使国际货币格局多元化产生影响。

二、全球碳交易市场

2005年《京都议定书》生效以来,全球碳交易市场发展逐渐进入轨道。《京都议定书》的突出贡献是引进三个灵活的市场机制以解决公共环境问题,用联合履行和国际排放交易的双重机制打通发达国家之间的碳交易市场,并用清洁发展机制链接发达国家和发展中国家的碳交易管道。

(一)碳交易活动的"三个角度"

从经济流动性的角度来看,碳交易支付可以通过以下一种或者几种形式来实现:现金、等价物、债券、可转换债券、认股权证或实物交易,如提供减排技术。

从实体经济的角度看,碳交易是实体经济中的排放企业将其碳排放权根据各个实体的减排成本不同因而进行交易。由于不同企业的排放量,减排成本不同,一些持有较多排放权的企业可以将多余的指标出售给排放权不足的企业。碳排放权可以像一般的商品在有排放权的企业间进行交易,这样一来,碳交易把原本一直游离在资产负债表外的气候变化因素也纳入了企业的资产负债表,改变了企业的收支结构。

以虚拟经济的角度来看,金融机构为了防范气候变化的不确定性带来的风险或者为了获得更多利润,开发了一些基于碳排放权的保险产品、衍生产品及结构性产品,于是碳排放权逐渐成为一种金融工具,其价格越来越依赖于金融市场,这意味着金融资产介入碳排放权市场,这就使碳排放权不再是简简单单的商品。

(二)碳市场的交易机制

国际碳交易市场是一个由人为规定而形成的市场。碳市场最重要强制性规则之一的《京都议定书》规定了《联合国气候变化框架公约》附件Ⅰ国家(发达国家和经济转型国家)的量化减排指标,即在2008—2012年间其温室气体排放量在1990年的水平上平均削减5.2%。

碳市场的供给方包括:项目开发商、减排成本较低的排放实体、国际金融组织、碳基金、各大银行等金融机构、咨询机构、技术开发转让商等。需求方有履约买家,包括减排成本较高的排放实体;自愿买家,包括出于企业的社会责任或准备履约进行碳交易的企业、政府、非政府组织、个人。金融机构进入碳市场后,也担当了中介的角色,包括经纪商、交易所和交易平台、银行、保险公司、对冲基金等一系列金融机构。

目前,碳市场的运行机制有如下两种形式:一是基于配额的交易,是在有关机构控制和约束下，管理者在总量管制与配额交易制度下，向参与者制定、分配或者拍卖排放配额，通过市场化的交易手段将环境绩效(以实际设定的限额水平定义)和灵活性结合起来，使得参与者以尽可能低的成本达到遵约要求；二是基于项目的交易，是通过项目的合作，买方向卖方提供资金支持，获得温室气体减排额度权利。由于发达国家的企业要在本国减排花费的成本很高，而发展中国家平均减排成本低，因此，发达国家提供资金、技术及设备帮助发展中国家或经济转型国家的企业减排，产生的减排额度必须卖给帮助者，这些额度可以在市场上进一步进行交易。

(三)世界碳交易市场

近年来，全球碳交易市场蓬勃发展。2007 年碳交易量为 29.84 亿吨，2008 年碳交易量达到 48.11 亿吨，较 2007 年增加了 61%；2007 年碳交易额达到 630 亿美元，2008 年碳交易额达到 1263.45 亿美元，比 2007 年增长了 100%，较 2005 年增加了 11 倍。到 2009 年 3 月，世界上的碳交易所共有 4 个，有欧盟的欧盟排放权交易制、英国的英国排放权交易制、美国的芝加哥气候交易所、澳洲的澳洲国家信托。

当前，在国际碳交易市场中，市场参与主体逐渐多元化，包括各国政府、国际组织、公共部门、私营部门以及企业和个人。在目前的国际碳交易发展格局中，强制市场为主，自愿市场为辅，配额市场为主，项目交易为辅。

(四)国际碳交易市场体系

目前，全球尚未真正形成统一性的国际碳交易市场，但整个国际碳交易市场体系正在逐步完善。

一是交易平台。自从《京都议定书》颁布之后，一些国家、企业以及国际组织为其最终实施开始了一系列的准备工作，并建立了一系列的碳

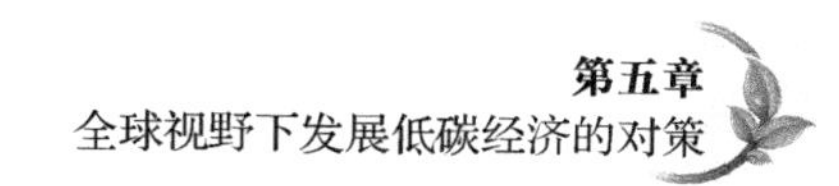

交易平台。

二是市场结构。按照交易原理划分,国际碳交易市场可分为基于配额的市场和基于项目的市场。其中基于配额的市场的原理为限量—交易,即由管理者制定总的排放配额,并在参与者之间进行分配,参与者根据自身的需要来进行排放配额的买卖。《京都议定书》设定的 IET、欧盟排放交易体系和一些自愿交易机制均属于这类市场。基于项目的市场的原理为基准—交易。在这类交易下,低于基准排放水平的项目或碳吸收项目,在经过认证后可获得减排单位。受排放配额限制的国家或企业,可以通过购买这种减排单位来调整其所面临的排放约束。这类交易主要涉及具体项目的开发。

三是市场参与者。国际碳交易市场的参与者分为供给者、最终使用者和中介三大类,涉及受排放约束的企业或国家、减排项目的开发者、咨询机构以及金融机构等。排放权的最终使用者是那些面临排放约束的企业或国家,包括受《京都议定书》约束的发达国家,欧盟排放体制约束下的企业以及自愿交易机制的参与者等。这些最终使用者会根据自己的需要,来购买排放权配额或者减排单位,以确保达到监管要求,避免遭到任何处罚。

四是交易工具。在目前的各个碳交易市场中,排放权以及与排放权相关的远期、期权是最主要的交易工具。首先是排放权产品。排放权是原生交易产品,或者称为基础产品。根据《京都议定书》建立的 IET 市场,主要从事 AAUs 及其远期和期权交易;EU ETS 主要交易 EUAs 及其远期和期权交易;原始和二级 CDM 市场交易的主要是 CERs 相关产品;JI 市场交易 ERs 相关产品;自愿市场则交易自行规定的配额和 VERs 相关产品。所有这些产品,在减排量上都是相同的,都是以吨二氧化碳当量为单位,但基本上都还不能进行跨市场交易。其次是衍生产品。除了以上这些基本产品外，近年来，随着金融机构越来越多地介入，各种金融衍生产品也有了相当迅速的发展。这些衍生工具为碳排放权的供求双方提供了新的风险管理和套利手段。目前，主要的碳金融衍生产品包括碳排放权交付保证、套利交易工具、保险、担保以及与碳排放权挂钩的债券等。

（五）碳市场的发展前景

根据世界银行的数据，碳市场成交额的增长速度惊人，2008 年成交总额为 1263.45 亿美元，2012 年全球碳市场达到 1500 亿美元，有望超过石油市场成为第一大市场。

三、征收碳税

（一）碳税的特征

一是碳税的实质就是为保护全球温度趋于稳定，对以二氧化碳为代表的温室气体的生产过程和消费征税，使其负外部成本内部化。二是碳税是一种间接税，与直接税收征收最末端的收入相比具有很大差异。间接税是在生产或消费过程中征收的。碳税具有固定的税率，不改变分配结构，对经济发展副作用相对较小。三是碳税是一种调节税，随着更多国家完成工业化及可供给廉价燃料的减少，碳或含碳燃料的价格将持续增长。作为一种调节税，碳税能够发挥激励作用，促进节能，促进风能、太阳能和地热能等可再生能源的使用，从而使其更加具有竞争力，同时逐步淘汰落后的高耗能产业和技术，避免社会经济滑向不可持续模式的深渊。四是碳税实施效果差异性比较大，在不同国家和地区的不同经济社会发展阶段实施碳税，其实施效果具有较大差异，即使在一个国家的不同发展阶段征收碳税，效果也不一样。例如在中国现阶段，燃油的需求价格弹性比较高，及时开征燃油税及碳税，有利于促进能源消费结构转变，提高社会整体经济福利水平，将收到比现阶段美国（燃油的需求价格弹性小）征收这类税更好的效果，如果等到中国的小汽车等大宗燃油消费物品普及后再实施同样的税收政策，则会带来比较大的社会福利和效率的损失。五是碳税影响广泛而深远，征收碳税涉及社会经济和人民生活诸多方面，影响远比一般特许权税（如烟草专卖税）更加广泛深远，各国在推出碳税时都十分谨慎。实施国不仅要考虑到经济效率、环境效果，还要考虑到社会效益、国际竞争力等问题。往往根据各个社会的不同情况，主要根据商品的收入弹性、收入替代效应，谨慎选择征税品种和税率。不仅如此，对碳税的不同运用会深远影响到各国的能源结构和经济发展路径。一些国家如德国和西班牙，对碳含量高的化石燃料征收的碳税税率低于碳含量低的燃料。这意味着在这些国家，燃煤的补贴甚至更高，从而削弱了碳税的节能减排效果，起到了反向调节作用，刺激其能源结构进一步依赖于煤炭这样的化石燃料。

（二）碳税的分类

如果按照调节对象分类，碳税可以分为国内税、国际税以及协调的国家税。国内税是指只在一国之内实施；国际税是指有统一的国际税收体系和标准的税收；协调的国家税是指在一个宽松的国际框架下由各主权国自主决定的税收体系。

按照实施碳税的目的分类，碳税或基于激励目的或基于财政筹资的目的。激励包括节能的激励和环境保护、温室气体减排的激励，即通过提高燃料或排放的价格来削减能源及其他来源的温室气体排放；为清洁能源或其他目的汲取资金；内部化温室气体排放的成本，创造更加有效的市场财政筹集的目的主要是因为碳税能形成稳定的税收来源。如欧盟正在讨论实施统一碳税，以弥补 2005 年 1 月实施的碳排放贸易体系的不足。

四、碳基金

随着碳交易市场规模的扩大，碳排放权的“金融性”日益凸显，在项目市场的基础上,进一步衍生出的更多有投资价值和流动性的金融资产,成为继石油等大宗商品之后新的价值符号。发展碳金融有利于减缓气候变化风险,促进清洁能源发展,推动世界经济发展向低碳化转型,降低减排成本和拓展金融创新。

全球的碳投资载体分为三类,即碳基金、项目机构和政府购买计划。碳基金是一种通过前端支付、股权投资或者提前购买协议,专门为减排项目融资的投资工具。后两者接近于广义的碳基金概念,在此统称为"碳基金"。从21世纪初第一支基金诞生,直到2005年《京都议定书》生效,碳基金的数量开始迅猛增长。到2007年,全球碳基金的数量已达到58支,比2005年增长70.6%;资金规模达到70亿欧元,比2005年整整翻了1番。根据Financial Soultions的数据,2008年碳基金的数量已经达到80支,资金规模达到128.7亿美元,另外5支筹备中的资金规模为54.9亿美元。

世界银行已经与各国政府联手推出多支基金。世界银行碳金融单位代表参与方管理着12个碳基金和机构:原型碳基金、生物质碳基金、社会发展碳基金、意大利碳基金、荷兰CDM机构、荷兰欧洲碳机构、丹麦碳基金、西班牙碳基金、联合国伞形碳机构、欧洲碳基金、森林碳汇合作机构和碳合作机构。所有这些基金都是由OECD国家的政府和公司提供的,在《京都议定书》清洁发展机制和联合履约框架下,用于购买发展中国家和经济转型国家的基于项目的温室气体减排量。

碳基金在国际碳市场中扮演着重要的角色,为24%的CERs和31%的ERUs提供了融资,预计将减少排放7亿吨。最具有代表性的世界银行原型碳基金,其收购CERs的价格仅为3~5美元。荷兰的CERUPT招标计划规定的CERs的最高价格分别为:可再生能源(生物质能除外)5.5欧元;由清洁且可持续使用的生物质产生的能源(垃圾除外)4.4欧元;能源效率的提高4.4欧元;其他(包括化石燃料转换和甲烷回收)3.3欧元。而南非的投资者愿意为购买每单位CERs支付13美元(9.55欧元)。

参考文献

[1]宋维明,刘东生,陈建成等. 低碳经济与林业发展论. 北京:中国林业出版社,2010.

[2]史新峰. 气候变化与低碳经济. 北京:中国水利水电出版社,2010.

[3]中国人民大学气候变化与低碳经济研究所. 低碳经济——中国用行动告诉哥本哈根. 北京:石油工业出版社,2010.

[4]中国节能投资公司.2009中国节能减排产业发展报告——迎接低碳经济新时代. 北京:中国水利水电出版社,2009.

[5]熊焰. 低碳之路:重新定义世界和我们的生活. 北京:中国经济出版社,2010.

[6]樊纲. 走向低碳发展:中国与世界——中国经济学家的建议. 北京:中国经济出版社,2010.

[7]张坤民,潘家华,崔大鹏. 低碳发展论(上下册). 北京:中国环境科学出版社,2009.

[8]国家发展和改革委员会能源研究所课题组. 中国2050年低碳发展之路:能源需求暨碳排放情景分析. 北京:科学出版社,2009.

[9]蔡林海. 低碳经济:绿色革命与全球创新竞争大格局. 北京:经济科学出版社,2009.

[10]何强,孟宪芳. 全球治理视域中的全球气候变化问题. 科学·经济·社会,2010,8(1).

第六章　发展低碳经济的对策

第一节　国家层面发展低碳经济的政策法案

一、国家层面发展低碳经济的政策法案案例

（一）欧盟国家

欧盟是发展低碳经济的先锋，它的战略是首先明确制定中长期的具有约束力的减排目标，随之通过立法以及制定相应的政策来确保目标的实现。事实证明，它的战略是比较成功的，欧盟在发展低碳经济方面走在了世界的前列。下面我们看一下它的几个盟国的相关案例。

1. 英国

在立法方面，英国在 1997 年以应对气候变化为最优先的课题，开始制定《气候变化法案》。该法案在世界上首次将温室气体的减排以法的形式义务化。该法案提出了到 2020 年温室气体的排放量比 1990 年削减 26% ~32% 的中期目标，并且提出了到 2050 年使排放量削减 80% 的长期目标。

2007 年，英国推出全球第一部《气候变化法案》。英国在 2008 年 3 月根据《气候变化法案》成立英国气候变化委员会。该委员会主要有三个职责。第一个是就英国如何向低碳经济转型，以及向低碳经济转型的具体政策和相关的技术等问题提供建议。第二个是负责英国与“碳预算”相关的工作。这些预算根据《气候变化法案》，明确规定了英国从 2008 年 12 月开始每五年排放的二氧化碳最高额度以及其他温室气体的排放量。第三个是对照所制定的预算监督减排情况，向国会提交英国

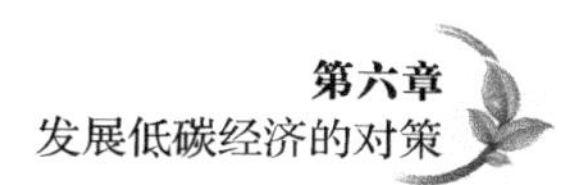

的减排进展报告。2009 年英国又成为世界上第一个立法约束“碳预算”的国家。苏格兰议会于 2009 年 7 月通过了《气候变化法(苏格兰)》,从立法层面制订了一整套控制碳排放、应对气候变化的方案。

英国低碳经济的政策思路是将政府引导与商业激励相结合,鼓励市场运用最新的低碳技术,为企业和投资商提供一个明确稳定的政策框架,这是英国气候政策的一大特色。

第一,实施气候变化税(CCL)制度。气候变化税(能源使用税)制度是英国气候变化总体战略的核心部分。气候变化税于 2001 年 4 月 1 日开始实施,它规定所有向非民用的工业、商业和公共部门提供能源产品的供应商都必须缴纳一种“能源使用税”。“气候变化税”的计税依据是煤炭、油气及电能等高碳能源的使用量,如果使用生物能源、清洁能源或可再生能源则可获得税收减免。该税的征收目的主要是用来减少雇主所承担的社会保险金和用于提高能源效率及可更新能源的开发、使用。该税种一年大约筹措 11 亿~12 亿英镑。其中 8.76 亿英镑以减免社会保险税的方式返还给企业,1 亿英镑作为节能投资的补贴,0.66 亿英镑拨给碳基金。据测算,至 2010 年英国每年可减少 250 多万吨的碳排放(相当于 360 万吨煤炭燃烧的排放量)。政府将气候变化税的收入主要通过三个途径返还给企业:一是调低所有被征收气候变化税的企业为雇员交纳的国民保险金;二是通过“强化投资补贴”项目鼓励企业投资节能和环保的技术或设备;三是成立碳基金。

第二,设立碳基金。碳基金是一个由英国政府投资、按企业模式运作的独立公司,成立于 2001 年。其资金主要来源于气候变化税,从 2004—2005 年度起,又增加了两个新的来源,即垃圾填埋税和来自英国贸易与工业部的少量资金。碳基金用于促进研究开发、加速技术商业化和投资孵化器三方面。碳基金已帮助众多英国企业累计减排 1700 万吨,节省能源支出超过10亿英镑。碳基金主要在三个重点领域开展活动:(1)迅速产生减排效果的活动;(2)低碳技术开发;(3)帮助企业和公共部门提高应对气候变化的能力。碳基金作为一个独立公司,介于企业与政府之间,实行独特的管理运营模式。一方面,公司每年从政府获得资金,代替政府进行公共资金的管理和运作;另一方面,碳基金力图通过严格的商业管理制度保障公共资金得到最有效的使用。碳基金的这种独特地位,有利于协调政府、企业、科研机构和媒体等各方面的力量,共同关注和培育低碳经济。

第三,推出气候变化协议(CCA)制度。英国政府考虑到气候变化税的征收可能给能源密集型产业造成重大负担,又推出了气候变化协议制度。如果能源密集型产业和政府签订气候变化协议,并达到规定的能源效率(温室气体减排)目标,政府可以减少征收其应支付气候变化税的80%。如果企业不能实现约定的目标,英国政府亦允许这些企业参与英国排放贸易机制。

第四,启动温室气体排放贸易机制。英国是最早实施温室气体排放贸易机制的国家。该机制有4种方式,即直接参与、协议参与、项目参与及开设账户。为了保证减排的真实性,所有承诺减排目标的参与者必须按相关条例严格检测和报告企业每年的排放状况,并经过有职业资格的第三方独立认证机构的核实。为方便交易,英国还开发了一套有关温室气体排放贸易的电子注册系统和实时交易平台。所有参与者至少注册一个账户,记录其基本情况及其配额、配额转移、配额供需等信息。为与欧盟气候政策相协调,英国排放贸易机制于2006年12月31日结束。

第五,在可再生能源利用上,英国出台了一系列可再生能源补贴政策。2008年颁布《能源法案》对可再生能源进行补贴。2010年4月1日起英国推行新的“可再生能源电力强制收购补助计划”。将对象锁定为

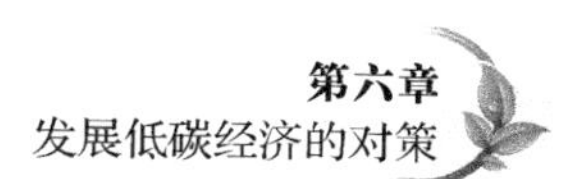

规模小于5MW(百万瓦)的小型太阳能发电系统家庭用户,补贴金额为每年返还900英镑,补贴年限为10~25年。英国政府还公布了"可再生能源供暖补贴"政策,它是全球首例以类似补贴电价的形式,鼓励可再生能源采暖的措施。该政策规定从2011年4月起,每户采用可再生能源供暖的家庭平均能获得1000英镑的补贴。

2. 德国

1972年德国制定了《废弃物处理法》,1986年将其修改为《废弃物限制及废弃物处理法》。1996年制定了《循环经济与废弃物管理法》,2002年出台了《节省能源法案》,2004年又出台了《国家可持续发展战略报告》,其中专门制定了"燃料战略——替代燃料和创新驱动方式",以减少化石能源消耗,达到温室气体减排的目的。德国政府通过了《可再生能源法》,以保证可再生能源的地位,并通过制定《可再生能源供暖法》促进可再生能源用于供暖。制定了《热电联产法》,积极推广热电联产技术;制定了二氧化碳分离、运输和埋藏的法律框架,形成了环保方面比较完善的法律体系。除此,德国还制定了一系列具体的政策来发展低碳经济。

第一,通过税收制度的改革,提高能源使用效率,减少碳排放。征收生态税是德国提高能源使用效率、改善生态环境和实施可持续发展计划的重要政策之一。德国生态税自1999年4月起分阶段实行,主要征税对象为油、气、电等产品。随后,德国把征收能源税作为生态税改革计划的一部分,对特定的能源进行征税。税收收入用于降低社会保险费。德国联邦经济部与复兴信贷银行已建立节能专项基金,用于促进中小企业提高能源效率。

第二,制定"高技术战略",以促进技术创新。2006年8月,德国推出了《德国高技术战略》,希冀通过提高能源利用效率、推动可再生能源技术的不断创新,在未来的全球技术市场居于领先。"高技术战略"启动以来,德国科学界和经济界共筹集了30多亿欧元的私人资本用于企业技术研发。2007年,德国联邦教育与研究部又在"高技术战略"框架下制定了《气候保护高技术战略》,提出要在未来10年内投入10亿欧元用于研发气候保护技术。该战略确定了未来研究的四个重点领域,即气候预测和气候保护的基础研究、气候变化后果、适应气候变化的方法以及与气候保护措施相适应的政策机制研究。

第三,提高能源使用效率,节约资源。德国联邦经济部与复兴信贷银行建立节能专项基金,用于促进中小企业提高能源效率。2002年德国《热电联产法》生效,规定了以热电联产技术生产出来的电能获得的具体补贴额度。此外,德国政府计划每年拨款7亿欧元用于现有民用建筑的节能改造。目前,在德国销售的大部分家用电器及照明设备已被分为A~G 7个耗能等级,以便于居民在购买电器时有意识地选择节能电器,以节约能源,保护环境。

第四,大力发展可再生能源。为了发展可再生能源,德国以《可再生能源法》为基础,制定了一系列政策。《可再生能源法》规定对可再生能源发电进行补贴,平衡了可再生能源生产成本高的劣势,使可再生能源得到了快速发展。1991年德国出台了《可再生能源发电并网法》,规定了可再生能源发电的并网办法和足以为发电企业带来利润的收购价格,主要解决可再生能源发电没有独立的电力传输网络,难以通过电网输送给用户的问题。德国还制定了沼气优先原则,促使天然气管道运营商优先输送沼气,并参考天然气制定沼气的市场价格,从而确定补贴额。此外,德国还制定了《可再生能源供暖法》,促进将可再生能源用于供暖。目前,德国可再生能源的发电比重近13%,可再生能源使用占初级能源使用的4.7%。

第五，减少二氧化碳排放。德国政府认为，尽管可再生能源发展迅速，但褐煤和石煤发电站在中期和长期内还将继续发挥作用，因此必须发展效率更高、应用清洁煤技术（CCS）的发电站。清洁煤技术可将二氧化碳气体分离并储存起来，能够实现二氧化碳的减排目标。为此，德国政府向欧盟递交建议书，促进在欧盟层面上制定 CCS 法律框架；在国内，德国政府以德国环境法规来保障发展 CCS 技术的措施；根据 2007 年 11 月公布的欧盟指令，德国制定了关于二氧化碳分离、运输和埋藏的法律框架；建设示范低碳发电站等。

采取措施减少交通工具的二氧化碳排放。针对机动车，德国政府计划通过修改机动车税规定来推动其减少二氧化碳的排放，即排量低的汽车可以享受较低税额，而大排量车则要缴纳较高税款。德国还规定新车要标注能源效率信息，并努力根据欧盟指令完善标注方法，同时将二氧化碳排量纳入标注范围。对于载重汽车，德国规定从 2005 年开始在联邦高速公路和几条重要的联邦公路上对 12 吨以上的卡车征收载重汽车费。这一举措对于提高货运效率，增加低排量汽车的比重起到了积极的推动作用。德国政府在空运方面积极主张将其列入欧洲二氧化碳排量交易系统中，以展开二氧化碳减排的竞争。同时，德国政府也支持“欧洲航空一体化”建议，希望通过一体化将航空领域产生的二氧化碳减少 10%。德国法兰克福和慕尼黑机场还将从 2008 年开始进行为期三年的航段实验，根据二氧化碳排放量对在上述机场着陆的航空公司进行奖罚。

建立排放权交易机制。2002 年德国联邦环保局设立了专门的排放权交易处，并起草相关法律，目前已形成了排放权交易的比较完善的法律体系和管理制度。德国在排放权交易制度实施前，对所有企业的机器设备进行调查研究，把研究结果作为发放排放权的基础。发放排放权许可后，如企业排放超过定量，就必须通过交易部门购买排放量，否则就要缴纳罚款。

3. 丹麦

丹麦在发展低碳经济方面,也是建立了一套比较完备的法律体系,并采取了一系列相应的政策来促进低碳经济的发展。近30年来,丹麦经济增长了45% ,二氧化碳排放量却减少了13%,能源消耗只增长了7%,创造了“减排和经济繁荣并不矛盾”的“丹麦模式”(Danish example)。

第一,促进能源消费结构从“依赖型”向“自力型”转变。第一次世界石油危机之前,丹麦的能源消费主要由石油、天然气、煤和可再生能源等构成,其中石油消费占90%。丹麦90%以上的能源消费依赖进口。1973年,第四次中东战争爆发。为了惩罚以色列的支持者,欧佩克组织(OPEC)中的阿拉伯成员国宣布停止向美国和荷兰出口石油,并把原油价格提高了3~4倍,世界第一次石油危机爆发。1979年,石油危机再次爆发。丹麦在这两次石油危机中都受到了波及,损失巨大,开始尝试改变过去依赖于传统能源的模式,努力实现从“依赖型”向“自力型”转变。丹麦政府把发展低碳经济置于国家战略的高度,制定了适合本国国情的能源发展战略。一是提高能源自给率。早在20世纪80年代,丹麦政府着力开发本国北海油气资源。能源自给率1990年为50%左右,1997年达到100%。此后能源供大于求的势头有增无减,2005年自给率更是高达156%。二是实施了能源多元化战略。丹麦根据自身的资源情况,大力发展以风能和生物质能源为主的可再生能源。近年来,丹麦能源结构不断优化。1980—2005年,丹麦的石油和煤消费量均减少了约36%,天然气消费比重达到20%,可再生能源比重超过15%,风电发电量约占全部电力消耗的20%。丹麦是欧盟目前唯一的能源净出口国和最低单位GDP能源消耗国。在利用风能方面,丹麦处于世界领先水平。经过20多年的发展,丹麦成为世界上风能发电大国和发电风轮生

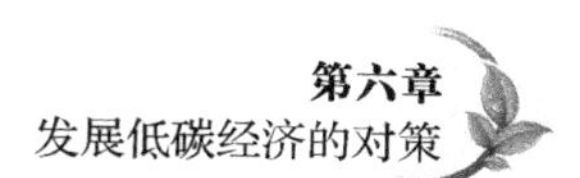

产大国。丹麦的风电设备占世界市场的40%以上,居于世界第一位。风能发电的总装机容量超过了风车之国荷兰以及英国,世界上几乎一半的风机来自丹麦。2008年,丹麦向全球输出包括设备和服务在内的风电技术高达57亿欧元,占其国家出口总额的7.12%。风能行业成为丹麦仅次于医药行业的第二大出口产业。在丹麦,为了打破垄断,实行了输配电分开制度。市场有多家发电企业和配电企业,他们都是具有竞争性的市场主体。在市场上,发电企业通过竞价,将电以最低价格卖给配电企业。而配电企业之间也是竞争关系,用户可以从提供最低电价的配电企业处购买电。这种输配电分开的模式,不仅为风电并网提供了可能,而且为风电的发展排除了后顾之忧。

第二,实施激励性的财税金融政策。丹麦政府开征碳税,对化石能源的税收非常高。政府运用税收价格机制,确保稀缺资源得到合理使用,用绿色能源替代传统的以化石燃料为主体的能源。在丹麦,为每度电所支付的电费中包含的税额高达57%。如果不采取节能方式,用户会付出更高昂的代价。丹麦还运用税收优惠和财政补贴的方式推动可再生能源的发展。丹麦环境部早在1979年就要求风电强制上网,要求电力公司支付部分并网成本。从20世纪80年代初期到90年代中期,风机发电所得的收入都不必缴税。丹麦政府对“绿色”用电和近海风电实施定价优惠,对生物质能发电采取财政补贴。在电价政策方面,丹麦采用固定的风电电价,以保证风能投资者的利益。如果利用风能发电,进入电网的价格是固定的优惠价格,在卖给消费者之前,国家对所有的电能增加一个溢价,消费者就可以从电费单上看到火电和风电的差价。对可再生能源不但不征税,还会有补贴,这在很大程度上提高了投资者对新能源投资的积极性。为了鼓励丹麦人自建风车,政府大量补贴风能的发展。

第三,激励能源技术创新。丹麦是一个资源较为贫乏的国家,也是受气候变化影响较大的国家。丹麦政府和民众具有强烈的忧患意识,把技术创新作为丹麦发展的根本动力。丹麦政府不断增加对能源研发的资助,推动能源技术的创新,以保持在能源领域的竞争力。丹麦能源研究咨询委员会2006年4月公布了一项《丹麦能源研究、技术开发和展示战略》,提出要高度重视能源技术研发和展示,要组织大型公司和研究机构合作,研究目标要更多地集中于促进经济增长和发挥市场潜力。近年来,能源科技已成为丹麦政府的重点公共研发投入领域。丹麦政府制定了《能源科技研发和示范规划》,推动能源方面的投资增长,以推动能源技术的发展。

第四,建立低碳生活方式。在能源终端利用上,丹麦政府从消费者和企业入手,以节能的方式来减少能源的消费量。在建筑方面,丹麦有严格的建筑标准,推广节能建筑。丹麦建筑节能的主要措施有:要求开发商提供节能建筑标识,按照能耗高低将建筑分类分级管理,便于用户选择;确立节能检测方法,对门窗和墙壁的保温效能进行监管,以确保节能效果;对既有建筑节能改造提供补助,例如窗户改换、外墙保暖可以得到政府财政补贴。此举大大降低了建筑能耗,丹麦的建筑供热面积与1972年相比增长了50% ,而相应的能源消耗却减少了20%,相当于单位面积的建筑能耗降低了70%。在家庭用电方面,丹麦采用“私人投资与家庭合作投资”的模式来推广风能的使用。因地制宜,就近安装,就近输电,家庭以合作社的形式与私人投资商签订供电合同。有15万个家庭是风机合作社的成员,私人投资者安装了丹麦86%的风机。由于风机合作社的股份大都被当地投资者持有,这就提高了公众对风能推广的认可度,也激发了居民的投资热情。在交通方面,丹麦倡导低碳交通。丹麦的汽车税是全球最高的,轿车在生产过程中就加了180%的税收,

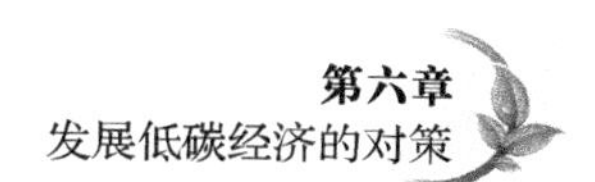

环保费一年要缴纳600欧元,汽油每升为114欧元,柴油每升112欧元,天然气每立方米112欧元,每度电大约为214元人民币。因此,丹麦成为自行车王国也就不足为奇了。在丹麦所有出行工具中,按照优先顺序选择,依次为自行车、公共交通和私家车。丹麦政府为自行车设置了专门的车道。在哥本哈根市内,所有交通灯变化的频率是按照自行车的平均速度设置的。如果驾车行驶在哥本哈根的大街上,总是会被一个又一个的红灯所阻挡。如果骑上一辆自行车匀速蹬踏,倒是可以一路绿灯畅通无阻。

(二)美国

美国在低碳经济领域的政策行为可以分为两个时期,即共和党布什政府时期和民主党奥巴马政府时期。尽管布什政府坚持不批准《京都议定书》,也称不承担相关义务,但布什政府在应对气候变化方面也并非无所作为。2002年,布什政府提出到2012年使美国的温室气体排放原单位量(每单位GDP的排放量)削减18%的目标。为此,布什政府签署了两个能源法案:《2005年能源政策法》和《2007年能源独立安全保障法》。在《2007年能源独立安全保障法》中,提出了随着燃料效率的提高和可替代燃料生产的增加,在今后10年要使美国的汽油消费量削减20%,进而由此削减温室气体的排放,以便实现到2012年使美国的温室气体的排放原单位量削减18%的目标。2008年4月,布什政府又提出了中期目标:到2025年使美国温室气体的排放总量增加为零,此后削减温室气体的排放量。

奥巴马在2008年大选期间,曾猛烈抨击布什政府在应对气候变化方面的"消极政策"。奥巴马在当选总统之后,相继发表了一系列有关应对气候变化的政策。2009年3月,由美国民主党主导的美国众议院能源委员会向国会提出了"2009年美国绿色能源与安全保障法"。该法案构成了美国向低碳经济转型的法律框架。法案由绿色能源、能源效率、温室气体减排、向低碳经济转型等四个部分组成。法案明确规定,美国的电力公司、石油企业和大型制造业企业必须设定减排目标,进行排放量交易。美国应以 2005 年为基准年度到 2012 年使温室气体减排 3%,到 2020 年减排 20%,到 2030 年减排 42%,到 2050 年减排 83%。绿色能源方面,包括可再生能源、二氧化碳回收与储藏、低碳交通和智能电网等四个内容。法案要求从 2012 年开始风能、生物能、太阳能和地热等可再生能源所产生的电力要在电力公司的发电量中占到 6% 的比例,然后逐年上升,到 2025 年时达到 25%。在二氧化碳回收与储藏领域,把促进二氧化碳回收与储藏技术的发展作为重要的战略目标,法案规定政府应该制定鼓励政策和明确的标准以促进二氧化碳回收与储藏技术广泛应用。在低碳交通领域,法案要求联邦政府制定一个低碳交通运输燃料标准,以便促进先进的生物质燃料和其他清洁交通运输燃料的发展。法案批准向城市、州或公营公司提供拨款或贷款担保,以扶持电动汽车的大规模示范项目。并且批准扶持汽车厂商对其生产制造设备进行改组以便能够生产电动汽车。在智能电网领域,法案规定采取措施促进智能电网的推广和使用,例如推广使用智能电网和扩大需求,推广应用软件减少企事业单位的高峰用电,同时要促进新型家用电器适应智能电网性能。法案允许各州能源办公室建立州能源与环境发展基金,以便共同赞助联邦政府扶持清洁能源和能效项目。

绿色能源法的能源效率部分包括建筑的能源效率、电器能效、交通运输的能源效率、公共事业的能源效率和行业能效等五个方面的内容。在建筑的能源效率方面,法案提出由环境保护署制定建筑物能效评估办法。法案规定向采用先进建筑物能效规范的州提供援助,并批准对现有商业建筑和住宅的节能改造提供援助,以便提高现有建筑的能源效率。

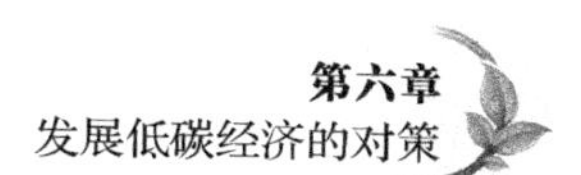

在电器能效方面,法案要求能源部加速制定电器能效标准,加强成本效益检测以便制定最低标准,并且要求完善披露程序。法案要求制定关于照明能效标准的协议和其他电器的附加协议,并使之上升为法律条文。此外,法案还规定向大量销售"最佳节能"电器的零售商提供财政补贴。在交通运输的能源效率方面,法案要求总统和联邦政府的相关机构与加利福尼亚州合作,最大限度地协调制定联邦燃料经济标准、环境保护署颁布的减排标准和加州重型汽车标准。法案还指示环境保护署针对机车、船舶和非道路污染等其他可移动性污染制定减排标准。同时,还要求各州制定目标,减少交通运输部门所导致的温室效应。在公共事业的能源效率方面,法案将制定一项能源效率标准,把配电公司和天然气输送分配公司纳入到提高美国能源效率的行列中来。根据这个方案,每个输送分配公司都必须证明其用户达到了相对于常规水平的累计电力或天然气节余的规定水平。在行业能效方面,法案要求能源部制定行业能效标准,同时还制定了奖励方案,鼓励创新,提高热电联产工艺的效率。

在应对气候变化方面,有缓解全球变暖效应方案、追加减排、碳抵消和碳市场的保障与监管四个方面的内容。在缓解全球变暖效应方面,法案根据以市场为导向的原则制定一个减排方案,以每年二氧化碳排放量在25 000吨以上的电力事业单位、石油公司、大型企业等企事业单位为对象(上述这些企事业单位的排放量占到美国整体排放量的85%),实施排放权交易制度,从而促进这些企事业单位大幅度削减温室气体的排放。该方案规定将逐步减少每年发放的排放交易配额。在追加减排方面,法案指示环境保护署签署协议,防止滥砍滥伐,以便实现追加的减排目标。在碳抵消方面,法案规定,上述企事业单位在排放量超过配额的情况下可以较低的成本从其他渠道获得"抵消"减排。每年允许的抵消总量不得超过20亿吨,国内和国际抵消将平均分配。在碳市场的保障和监管上，法案规定对碳配额和碳抵消市场进行严格的监督和管理，保障市场的透明度和流动性。

另外，美国联邦政府和州政府也在调整能源结构、推动技术进步，减缓气候变化方面采取了积极行动，具体包括以下几个方面：

第一，实施能源多元化战略。美国力图通过不同能源品种之间的替代，实现能源品种的多元化。美国政府还在2007年的国际可再生能源大会上宣布，美国将大力发展可再生能源，到2013年，可再生电力在美国电力消费量中的比重达到75%。奥巴马政府计划用三年时间将风能、太阳能和地热发电能力提高一倍。政府将大量投资绿色能源——风能及有着广阔前景的新型沙漠太阳能电池板、核能等。美国政府规定可再生能源相关设备费用的20%～30%可以用来抵税，可再生能源相关企业和个人还可享受10%～40%额度不等的减税额度。

第二，注重节能、提高能源利用效率。美国政府在2001年的财政预算中，对新建的节能住宅、高效建筑设备等都实行减免税收政策。2003年出台的《能源部能源战略计划》把“提高能源利用率”上升到“能源安全战略”的高度，通过实施减免税、鼓励使用节能设备和购买节能建筑，进一步提高美国的能源利用效率。凡在规定标准基础上节能30%以上的新建建筑，可以减免税1000美元；节能50%以上的新建筑，可以减免税2000美元。在个人消费方面，私人住宅更换室内温度调控器、换窗户、维修室内制冷制热设备的泄漏等，也可获得全部开销10%的税收减免。美国各州政府还根据当地的实际情况，分别制定了地方节能产品税收优惠政策。如加州节能型洗碗机、洗衣机、水加热设备，减税额度在50～200美元；安装地热采暖系统和太阳能水加热系统，减税最多可达1500美元。奥巴马总统上任以来，极力推动新能源产业、绿色经济的发展。2010年年初开始，美国联邦政府便不断公布多项节能优惠政策，鼓励民众节能。美国联邦国税局规定，截至2010年12月30日，购买节能的生物质炉、暖气、通风设备、空调、热水器等，最多可享受30%、最高至1500美元的减税；截至2016年12月31日，购买燃料电池并且使用于日常住所（不包括度假屋）的家庭，参与抵税金额为产品总价的30%，但不得超过每0.5千瓦容量获得最多500美元抵税的上限；截至2016年12月31日，如购买及安装地热设施、太阳能板、太阳能热水器、小型风能设备四类产品，可享受年终抵税。抵税金额为每个家庭购买节能设备总价的30%，抵税金额不设上限。奥巴马政府提出了经济振兴计划，包括大规模改造联邦政府办公楼，包括对白宫进行节能改造；推动全国各地的学校设施升级，通过节能技术建设成21世纪的学校；对全国公共建筑进行节能改造，更换原有的采暖系统，代之以节能和环保型新设备等都围绕着节约能源展开。

第三，在低碳技术研发方面由政府投入了大量的资金。近年来美国重点投资研究的能源技术主要包括：氢能经济的研究计划，力图通过开发氢能经济体系降低对国外石油的依赖；Future Gen 计划，可提高煤炭的利用效率；第四代核裂变反应堆，为进一步发展核能做技术准备；重返国际热核聚变堆的合作研究；关注天然气水合物的研究，力图早日使天然气水合物成为可用的能源资源。此外，为了能更加环保，更加高效地利用储量丰富的煤炭资源，美国投入大量资金，用于将先进清洁煤技术从研发阶段向示范阶段和市场化阶段推进。美国制定了“煤研究计划”，支持能源部国家能源技术实验室进行清洁煤技术研发，并通过税收优惠等政策措施，对经过示范验证可行的先进技术进行大规模商业化推广。

（三）日本

日本早在1979年就颁布实施了《节约能源法》。1991—2001年，先后制定了《关于促进利用再生资源的法律》、《合理用能及再生资源利用法》、

《地球变暖对策推进法》、《废弃物处理法》、《化学物质排出管理促进法》、《2010 年能源供应和需求的长期展望》等法案。2004 年,日本环境省设立了全球环境研究基金,形成了"面向 2050 年的日本低碳社会情景"研究计划。2006 年,经济产业省编制了《新国家能源战略》,提出从发展节能技术、降低石油依存度、实施能源消费多样化等六个方面推行新能源战略,提出 2030 年前将日本的整体能源使用效率提高 30% 以上的整体目标。2008 年,日本批准了《环境能源技术创新计划》和《低碳社会行动计划》,通过了《地球变暖对策推进法修正案》。同年提出著名的"福田蓝图",这是日本低碳战略形成的正式标志。它包括应对低碳发展的技术创新、制度变革及生活方式的转变,其中提出了日本温室气体减排的长期目标:到 2050 年日本的温室气体排放量比目前减少 60% ~80% 。2009 年,日本开始实施新的《节能法》。该法规定凡是能源消费量在 1500 千升以上的企事业单位都将成为二氧化碳排放量管制的对象。

此外,日本政府在调整能源结构、发展可再生能源等方面采取了许多有力措施来推动低碳经济的发展。具体以下几个方面:

第一,推行碳足迹制度和碳抵消制度。日本政府提出采取有效的行政手段参与碳足迹制度的设计和运作,确保制度的可靠性和透明度。在消费领域推进"二氧化碳可视化"进程,以便消费者了解商品和服务中温室气体的排放量,从而选择低碳化的商品、食品和服务,以促进低碳社会的建设。日本经济产业省设立了"碳足迹制度实用化及普及推进研究会",2009 年在市场进行相关的试验,让消费者可以在商店里接触到贴有"碳足迹"标识的商品。同时,日本还设立了"日本碳足迹制度国际标准化对应委员会",积极参与国际标准化组织的有关碳足迹制度的国际标准化制定的工作。碳抵消制度方面,日本环境省已经在 2008 年 2 月制定公布了"日本碳抵消指南",并且在 2009 年开始选择地方城市实施示范项目,进行相关规则和认证体系的建设。日本经济产业省在2008年设立了“日本碳抵消制度实用化与普及推进研究会”,积极制定碳抵消中的二氧化碳算定方法等规则,同时,明确商品和服务的二氧化碳排放量的表示与碳抵消之间的关系。这一领域的具体政策主要有绿色积分制度、企业二氧化碳排放的可视化制度和家庭二氧化碳排放的可视化制度。“绿色积分”制度是对国民购买节能商品和节能服务时给予其积分,国民用这种积分可以交换商品和服务。企业二氧化碳排放量的可视化就是要把二氧化碳排放量和企业为减少温室气体排放采取的对策以及实施情况作为企业评价和机构投资者及个人投资家投资购买企业股票时的一项判断依据。家庭二氧化碳排放量的可视化就是在销售家电等电器商品时,必须明确表示该电器商品的二氧化碳排放量,同时,还要促进家庭中正在使用的电器的二氧化碳排放量的可视化,以便用二氧化碳排放量和金额来表示更换购买新的电器时的效果。

第二,大力推进可再生能源发展,进一步提高能源效率。2007 年,日本政府提出了提高太阳能发电、风能发电、生物质发电的份额,鼓励生物质燃料、天然气合成油、煤液化合成油等新型燃料的应用,推动电动汽车、氢燃料电池车的开发。2008 年 7 月,日本内阁会议通过了“低碳社会行动计划”,阐述了在未来三五年内将家用太阳能发电系统的成本减少一半等多项有关减排的措施,其重要内容都与开发新能源有关。在日本,太阳能发电是非常普及的。同时,为了在家庭方面也能够普及太阳能发电,1994 年日本实施了家用太阳能发电设备的补贴政策,该政策于 2005 年终止。金融危机爆发后,为了制造新经济增长点,力争主导世界环境话语权,日本政府决定于 2009 年恢复家用太阳能补贴政策,对安装太阳能设备的用户发放 70 000 日元/千瓦的补贴,使安装家用太阳能发电设备的费用在今后 3 ~5 年内减半。此外,从 2009 年开始,日本政府向购买清洁柴油车的企业和个人支付补助金，希望推动这种环保车辆的普及，并逐渐增强日本清洁柴油车生产企业的国际竞争力。日本政府采取了综合性的措施与长远计划，改革工业结构，对可以大规模削减温室气体的捕捉及封存技术予以大力支持，提出从2009年开始进行大规模试验，并在2020年前投入使用。持续投资化石能源的减排技术装备，形成了国际领先的烟气脱硫环保产业。

第三，加大科研经费投入，全力支持低碳技术的研发。2009年1月，欧盟的研究总局发表了“2008年科学技术竞争力统计报告”。该报告对2000—2006年期间的欧盟、美国与日本的科学技术竞争力进行了分析比较。报告指出，欧盟的研发费用没有明显的增长，维持在1.84%的水平上；美国由2000年的2.7%下降到了2006年的2.5%；日本则由2000年的3%上升到了3.4%。日本在能源与环境等低碳技术领域进行创新研究的成果也居发达国家之首。根据日本科技预算重点战略，2008年日本政府科技预算为35 708亿日元，比2007年增加595亿日元，增幅为1.7%。根据日本内阁府2008年9月发布的数字，在科学技术相关预算中，仅单独列项的环境能源技术开发费用就达近100亿日元，其中创新性太阳能发电技术的预算为35亿日元。由此可见，日本有许多能源和环境技术走在世界前列，是和对科研的大力投入分不开的。

第四，建立碳排放交易制度。2008年，日本根据“构建低碳社会行动纲领”，开始进行排放量交易的试验——“日本排放量交易国内统合市场的试验”。该试验主要由“试行排放量交易机制”和“国内证书交易”两个部分构成。“试行排放量交易机制”是指企业自主设定减排目标，并为达成该目标进行减排。为了达成减排目标，可以进行减排额和减排证书的交易。“国内证书交易”是指对大企业提供资金和技术帮助中小企业进行的减排认证制度。中小企业实现的减排量可以作为二氧

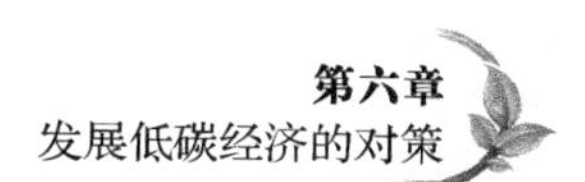

化碳减排证书用于大企业自主行动计划的减排目标的达成。日本经济产业省公布的信息显示，到2008年12月共有501家企业（其中目标设定参加者446家，交易参加者50家）报名申请参加“排放量交易国内统合市场的试验”。

二、国家层面发展低碳经济对我国的启示

研究西方发达国家发展低碳经济的成功经验，对探索中国低碳经济发展的道路，可以提供诸多启示。主要包括以下几个方面。

（一）要把发展“低碳经济”放在国家战略的高度

“低碳经济”的发展，实际上关系着各个国家未来的核心利益。可以说，各国围绕“低碳经济”展开的新一轮博弈，是一场国与国之间的政治经济方面的较量，是各国对世界经济主导权的重新争夺。西方发达国家在低碳经济发展的战略规划中，政府的主导作用是有目共睹的。从发达国家的经验来看，它们都是把低碳经济置于非常重要的地位，成立了一个强有力的政府部门牵头主管能源，制定了适合本国国情的能源发展战略。对于中国来说，随着中国的崛起，既给自身能源安全和环境保护带来了前所未有的挑战，也给世界带来了巨大的能源挑战和气候变化挑战。与其他发达国家相比，中国已经打破了世界各国经济增长的纪录，处于一个快速发展的战略机遇期。与此同时，中国经济的快速发展也给自身带来了巨大的挑战，主要是能源需求规模加大和化石燃料的过快增长导致生态环境恶化。国际社会也要求中国承诺更多的温室气体减排义务。因此，我国有必要创造新的治理模式，实现能源与环境的合理利用和改善。从现实情况来看，中国还处于正在发展的阶段，无论是经济实力还是技术水平都不能和美国、日本等发达国家相比，因此，低碳经济既是大势所趋，也还需要一个长远规划。这就要求政府充分发挥宏观调控的功能，将低碳经济发展纳入国家战略，立足长远，统筹规划，将

建设“资源节约型、环境友好型、低碳发展型”社会作为国家战略理念和战略目标，制定国家战略层面的发展低碳经济战略规划，出台发展低碳经济的指导意见，包括尽快出台低碳经济发展的工作思路、基本原则、保障机制等。把产业结构调整、区域布局、技术进步和基础设施建设等方面纳入战略规划之中，分步骤有计划地实施，正确引导企业、市场和社会向有利于环境保护的低碳经济发展模式转化。

（二）完善和健全我国的能源法律体系

从发达国家的经验来看，健全的法律体系可以为建设低碳社会提供有力的保障。因此，我国政府要尽快制定有利于低碳经济发展的法律法规，完善低碳经济法律体系，逐步将低碳经济发展工作纳入法制化轨道，使低碳经济发展有法可依、有章可循。我国目前还处在低碳经济的起步阶段，虽然近年来也制定了一些法律法规，如《煤炭法》、《电力法》、《循环经济促进法》、《可再生能源法》、《环境保护法》等，但总体而言我国发展低碳经济的法律体系还不够完善，没有构成完备的能源法律体系。在强制性标准等技术法规以及有关的配套措施等方面缺乏相关的法律规定。因此，今后我国政府应大力加强低碳经济的立法工作，在节能减排，能源规划、相关部门法令实施等发展低碳经济方面制定更多更为详细的法规和条例，建立健全能源法律体系，为发展低碳经济提供法律保障。

（三）制定有利于低碳经济发展的财税金融政策

财税金融政策是各国推动低碳经济发展普遍采用的政策，包括税收、补贴、价格、贷款政策以及直接的技术研发投入等。低碳经济在一些发达国家所取得的成效离不开政府的财税金融激励措施。强有力的财税金融措施，使得低碳经济在较短的时间内得到了迅速发展并取得了明显的社会经济成效。吸取这些国家的经验，中国发展低碳经济也应该制定一些

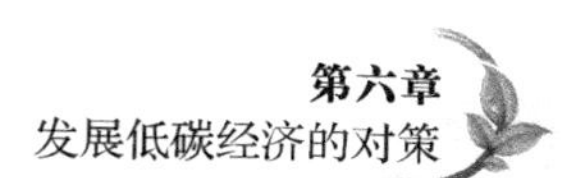

得力的财政金融政策。2007 年以来,国家环保总局与金融界联手推出了“绿色信贷”、“绿色保险”和“绿色证券”三项环保政策,使“绿色金融”的制度框架初见雏形。但是,我国在推动低碳经济发展方面还没有制定出系统完善的财政金融政策体系。当前,国内经济发展方式正在谋求深层次转变,财政金融政策必须适时调整创新,积极应对国际、国内经济和金融环境的发展变化,为低碳经济的发展提供保障和支持。我国应该建立低碳经济发展的预算投入政策。在经常性预算中,安排相应的财政支出预算,并立法规定其支出额度和增长幅度,建立财政预算支持低碳经济发展的长效机制。要加大低碳经济发展的财政补贴或补助政策,包括对重点节能工程等节能环保工程的财政补贴,对于企业从事低碳技术研究开发投资和建设进行补贴,尤其是风能、太阳能、生物能等可再生能源的开发利用,对消费者进行财政补贴,鼓励消费者使用和消费节能环保产品。积极稳妥地推进煤、油、气、电等资源性产品的价格改革,运用价格杠杆引导企业节能减排。加大对低碳产业的扶持力度,促进低碳产业的发展。开征碳税和推行碳排放交易是比较有效的政策手段。碳税是一个混合型税种,它的税率由该能源的含碳量和发热量决定,对减少碳排放,促进低碳经济发展有明显的作用。碳排放交易机制对促进各地区、各单位之间利益均衡,提高减排效率有重要作用。2008 年 8 月,全国首家环境权益交易机构北京环境交易所正式挂牌,它将为开展环保和排放的技术交易、二氧化硫排污权交易、碳排放交易提供平台。

(四)大力发展低碳技术

减排量背后蕴藏的实际上是未来的技术选择。在各国政府的大力推动下,世界对包括清洁煤技术、可再生能源的开发利用技术、提高能效技术的投资正在以前所未有的速度增长,抢占未来低碳技术制高点对世界各国经济可持续发展具有重要的战略意义。我国作为一个发展中国家，技术研发能力有限，低碳技术很不成熟。在低碳技术领域，发达国家的综合能效达45%，中国仅为35%。中国在整体煤气化联合循环发电技术、高性价比太阳能光伏电池技术、混合动力汽车等相关技术方面都与国外还有较大差距。科技水平的落后已成为我国经济由“高碳”向“低碳”转变的最大制约，而企业由于受研发能力、研发实力、研发动力等因素的制约，对研发技术的投入十分有限。发达国家政府、产业界、学术界构成的国家创新系统调动国家和民间的资源，全方位立体地开展低碳技术创新攻关的战略值得我们学习和借鉴。我国应该构建起国家级的低碳技术研究机构，加强长期投入。整合国内现有的技术资源，协调开展基础性和公共性技术研发，并加强与企业的交流与合作，发挥政府和企业、基础研究与产业发展之间的纽带作用。同时，政府还可以发挥国家协商与合作机制，促进发达国家对中国的技术转让，增强低碳技术的国际引进、消化和二次创新。

第二节　企业发展低碳经济的案例

一、企业层面发展低碳经济的成功经验

（一）英国BP石油公司

英国BP石油公司是世界第四大上下游一体化经营的跨国石油公司，在开发低碳能源方面进行了有益的探索。可以划分为三个阶段：在当今技术和现有燃料基础上取得进步、研究将柴油混合动力应用于汽车、以农业废弃物或城市有机固体废物为原料来研究生产生物燃料。BP石油公司提出的理念是，要实现企业的可持续发展，就必须在尊重环境的前提和方式下进行生产和经营活动。BP大力发展低碳经济的举措主要表现在以下两个方面：

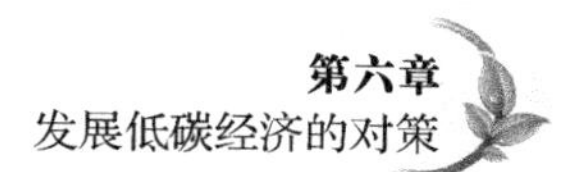

首先,探索低碳燃料。汽车为人们提供了交通便利,但是以传统燃料为动力的汽车是造成日益严重的环境污染问题的一个重要因素。一些城市由过去的煤烟型污染转成以机动车排放污染为主。BP 石油公司是全球主要的燃料生产和销售商之一,它提出,要想从根本上解决交通带来的环境问题,实现"可持续交通",必须解决排放问题,而解决排放问题的重点,就是低碳燃料的研究和使用。一方面,在当前拥有的技术和燃料的基础上进行研究,以取得进步。如 BP 石油公司研究将柴油混合动力应用于汽车。据预测,五年之后,此种动力系统所排放的温室气体,比当今燃料汽车低 35% 以上。BP 石油公司还将氢能源作为研究对象并加以应用。2006 年,BP 与商业合作伙伴共同建成了我国的第一座加氢站,该加氢站主要为新型燃料汽车提供燃料。与传统汽车相比,氢燃料车能量转化效率为内燃机的 2 ~ 3 倍,它的生成物是水,不产生一氧化碳和二氧化碳,也不会排放硫和微粒粉尘。因此,氢燃料车是真正意义上的零排放、零污染汽车。另一方面,研发先进生物燃料。这种新型的生物燃料将以农业废弃物或城市有机固体废物为原料,将其运用在汽车能源领域,比传统的矿物燃料(汽油和柴油等)更高效更清洁,有利于减缓气候变化,同时也不会影响粮食产业发展。

其次,开展清洁能源研究。为了进一步开展清洁能源的研究和探索,BP 石油公司积极与各大院校及科研机构进行合作,以实现能源领域新的技术创新。如 BP 石油公司与中国科学院、清华大学共同建立了清洁能源面向未来合作项目,于 2002 年启动。项目宗旨是为中国以及其他国家和地区开发及验证新型清洁能源技术。按照协议,BP 石油公司承诺在合作期间,为新型清洁能源技术提供 1000 万美元的研究经费。2008 年,BP 石油公司又与中国科学院签订了新的协议,将合作扩展到了能源创新实验室以及其他相关项目方面。

（二）沃尔玛

作为全球最大的零售商，沃尔玛一直将可持续发展作为企业的发展战略。在赚取利润、做大做强企业的同时，做对社会负责任企业的观念贯穿到企业运营的各个环节，希望实现零售企业、供应商、消费者和自然生态的四赢。陈耀昌总裁将其称为“360 度可持续发展”。

沃尔玛的首要课题是打造一条从供应商、配送中心到卖场终端的绿色供应链。关注产品生命周期中的每一个环节，提高在所有环节中对资源和能源的利用效率，同时减少在原料采购、生产制造、包装运输、产品使用和最后回收等各个环节的碳排放，实现既环保，又经济的目的。沃尔玛向供应商提出低碳减排目标，希望与供应商一起合作减少排放量，降低成本，全力打造低碳供应链。沃尔玛推出的“碳揭露计划”要公布 6.8 万家供货商的温室气体排放量。目前，沃尔玛已与 30 家供货商试行该计划，包括 DVD、牙膏、香皂、牛奶、啤酒、吸尘器、汽水等项目。沃尔玛还尝试建立碳足迹验证机制，2009 年对与其合作的 10 万家供应商提出要求，必须在五年内建立碳足迹检验机制，并根据供应商执行、贯彻的程度，对商品进行分级，或贴上不同颜色的标签予以区别。如果供应商不能满足环保标准，沃尔玛会协助其进行整改。一段时期之后，如果这家供应商依然没有改善，沃尔玛将会取消与这一供应商的合作。

除此之外，沃尔玛还将环保和省钱结合起来，贯彻“绿色就是金钱”的理念。比如，最开始使用的运输水果的纸皮包装箱是彩色印刷的，但是现在变成了普通的素色印刷。沃尔玛这样做的目的是，一方面减少了对环境的危害，另一方面又可以节约开支。从彩印换成普通印刷，每个纸箱可以节省 8 毛钱。这给沃尔玛节省了大笔费用，把节省的这部分钱让利给顾客，既维护了“平价”的形象，又使顾客受益。沃尔玛为了鼓励供应商压缩包装成本，推出了环保包装竞赛、环保包装展览、供应商环保

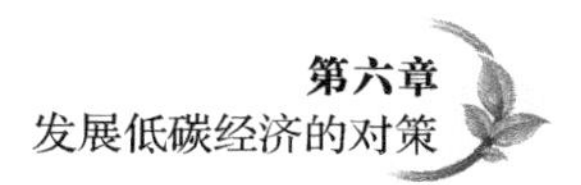

积分卡等活动，对供应商包装实行网络跟踪。

沃尔玛也从自身想办法节能节水节材，实现环保。在超市运营过程中，电费和水费是最大的支出之一。超市运用节能灯光系统，节约了大量的电费支出。普通照明采用的是LED节能灯，而且在卖场加装了电子感应系统，如果感应系统监测到在一段时间内无流动人群，便会自动将这一区域的灯光关掉三分之一，进行智能化节电，有效地减少了照明能耗。超市还采用阳光墙、屋顶自然光采集、太阳能热水器系统、节能冷冻柜、余热回收装置等，其中超市内的冷冻系统加装余热回收装置，可以将超市内部制冷和冰柜制冷散发的余热回收利用，为超市提供热水，不再使用电能来为超市提供热水。节水方面，通过在盥洗室、餐厅和维修间安装节水设备等硬件建设和系统开发，并对员工进行用水教育等措施，减少各商店的水资源消耗。与2005年开业的普通店相比，环保节能店能效提高了40.16%，用水减少了54.17%。

（三）浦项制铁

浦项制铁是世界上最具竞争力的钢铁企业之一，它是目前在世界三大股市——纽约、伦敦、东京上市的唯一一个韩国企业。浦项制铁提出，要做绿色增长领先企业。在低碳经济发展的国际大趋势下，浦项制铁带头行动，积极制订各项方针、计划，大力研发新一代低碳钢铁生产突破性技术和环保型高端钢材产品，同时还高度重视新能源技术开发，以寻找新的利润增长点，引领国际钢铁业低碳发展的新潮流。

浦项制铁于1995年首次制定环境方针，它是首个发行环境报告书的韩国企业。2001年浦项制铁启动了环境培训计划，以增强员工的环境保护意识和能力。同年还制定了环境保护管理指数（POSEPI）指标库，每年对环境工作进行评估和管理。2004年浦项制铁将环境方针修订为可持续方针，并通过可持续报告书的发行，对内对外公布企业的环境信息，对内外公开的事业中起到带头作用。

浦项制铁把应对气候变化作为开创新事业的机会，不断加大低碳钢铁工艺技术的研发力度，以此来提升企业的未来价值，确保新的利润增长点。为此，浦项制铁与其所属研究院以及大学形成了稳定的产、学、研关系。其中，浦项产业科学研究院执行环境技术及清洁技术的开发和咨询，浦项制铁经营研究所负责环境经营咨询工作，浦项工科大学执行基础技术研究工作。

浦项制铁将创新炼铁技术作为低碳发展的突破口，在降低能耗和减少二氧化碳排放上做文章，制定了三条技术路线，一是发展低碳炼铁FINEX技术，二是发展全氢高炉炼铁技术，三是发展碳捕获与分离技术、利用废气热能发电技术。FINEX技术生产出来的铁水质量已达到高炉炼铁的水平，其作业率和燃料消耗与高炉炼铁水平接近。FINEX工艺还集成了二氧化碳分离系统，便于未来采用碳捕获与储存技术（CCS）。浦项制铁全氢高炉冶炼技术是在高炉内使用一部分氢气替代焦煤对烧结矿进行还原，从而能够大幅度减少钢铁生产过程中二氧化碳的排放。碳捕获与分离技术是指利用氨水吸收及分离高炉煤气中二氧化碳的技术。此项技术利用钢厂产生的中低温废热作为吸收二氧化碳所需的热能，能够降低成本。浦项制铁还开发出了烟气余热回收技术，并用于发电，提高了经济效益。

浦项制铁高度重视高附加值、环保型新产品的研发。其高附加值产品占比为60%以上、特别是世界顶级产品所占比例达到了17.8%。业已形成优质汽车用钢、高级API钢材、高级别电工钢、热成形钢、TMCP钢、400系列不锈钢、帘线钢和无铬热镀锌钢板等8大战略性产品的研发体系。其中，重点发展超轻型高强度汽车用钢、高级别电工钢等高附加值产品。就拿超轻型高强度汽车用钢来说，能够在减轻车体总重量的

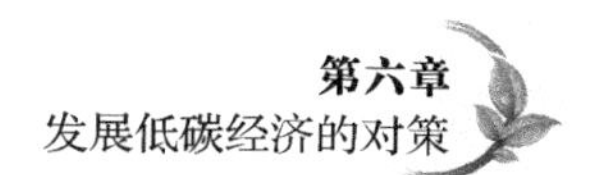

同时保持强度，由这种钢生产出来的汽车，总重量减轻10%将使二氧化碳排放量减少5% ~8%。

浦项制铁在副产品的回收和控制方面也是下了很大的功夫。炼钢企业的副产品一般有炉渣、粉尘、污泥和其他副产品。浦项制铁回收副产品的98.4%，只有1.6%被安全地通过焚烧或填埋进行处理。高炉渣和钢渣被回收作为水泥材料或聚合物替代品。2010年，浦项钢厂安装了钢渣快速稳定设施，可以增强钢渣处理能力，不仅提高了企业经济效益，而且有助于保持一个干净的工作环境。浦项钢厂实施了炼钢区域精细灰尘减排项目，在主要道路安装水喷雾器、在交通运输设备上安装水净化设备、安装附加除尘器、安装2号筒仓锁定煤尘、将半成品材料存放在室内、将交通运输设备设计为密封结构，减少和防止细微粉尘的挥洒。

浦项制铁也十分重视可再生能源开发项目。它是全球最早涉足该领域的钢铁企业之一，通过新再生能源技术开发实现事业多元化。浦项制铁正在积极推进包括太阳能、风力、小水力发电的燃料电池、废弃物燃料化事业、下水道污泥及生活废弃物的燃料化事业。目前浦项制铁的合成天然气、氢燃料电池、智能电网等可再生能源项目都已经获得突破，不仅获得了极佳的环保效益，也获得了可观的经济效益。

浦项制铁的绿色增长战略也把子公司、供应商和合作伙伴包括了进来。2010年推出了“实行浦项‘大家庭’全球环境经营，引领低碳绿色增长”的愿景，开始建立环境经营体系。浦项制铁本部的所有公司为海外分公司和子公司及供应商提供环境教育和咨询，并执行其环境经营系统的内部和外部审计。此外，还成立环境信息系统，加强在环境领域的交流，共享成功案例、环境发展趋势和监管信息。对于其下属企业，出版了《浦项制铁“大家庭”环境经营手册》，以引导其实现绿色增长。对于供应商和外包合作伙伴，浦项推出绿色PCP认证系统，以鼓励他们建立自己的环境经营系统。对于合作伙伴，向他们提供绿色的技术，加强环境合作伙伴关系。

二、企业层面发展低碳经济对我国的启示

发展低碳经济，需要企业发挥主体作用。全球范围内的低碳经济转型已经开始，企业要做好准备，积极投身于这一大潮中，将低碳经济纳入战略规划。虽然向低碳经济转型具有很大的困难，但是，做好低碳经济规划在未来将关乎企业的输赢甚至生死存亡。另一方面，企业发展低碳经济，也是企业的社会责任所在。企业在创造利润、对股东承担法律责任的同时，要承担履行社会责任、改善社会环境、促进社会福利行动的责任。企业社会责任已经成为21世纪企业价值的重要衡量指标之一。

目前，国际上的低碳政策主要都是针对企业制定的。一方面通过气候变化税费向企业施加压力；另一方面也考虑到企业的不同特点，制定了针对特定技术以及特定部门的税收减免政策，同时为企业留出一定的空间执行政策。政策引导和利益驱动，外部压力与自身需求将会成为企业提高能源效率和主动减排的内在动力。对于企业来说，应该尽快实现从传统发展方式向低碳发展的转变。低碳发展对企业的影响是明显的，企业在竞争中的输赢结果就在于企业对低碳的态度和作为。

（一）要抓住低碳经济发展的战略机遇

企业应对气候变化，发展低碳经济既有压力和风险，同时又是实现生产运营方式和产品服务市场战略转型的重大机遇，也是企业顺应未来低碳产业经济发展趋势获取巨大商业利润的重大机遇。例如，碳排放交易市场上完成目标的企业可以出售剩余排放权获得收入；企业创新型节能设备可以通过申请专利，占有更大的市场份额；等等。2009年，我国商品销售总额达7万亿元人民币，但能达到世界环境标志产品标准的产品还不足1万亿元。在发达国家，消费者对绿色产品的认同率很高，大

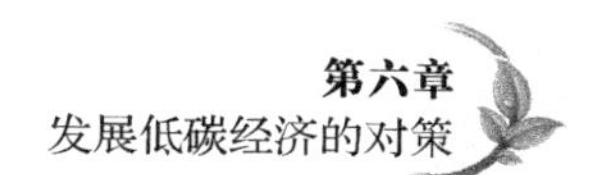

多数人在选购商品时,会优先考虑绿色产品,虽然绿色商品的售价,比普通商品高出30%~200%。英国14家最大的绿色公司,平均税前利润达31%,远高于非绿色企业的水平。

中国的企业要想在此次转型契机中获得先机,赢得低碳竞争力,与世界企业同台竞技,就必须现在开始重新审视自己的定位和发展战略。因此,企业要战略性地将气候变化和发展低碳经济问题纳入运营管理的决策之中,降低相关的气候风险、法规风险和市场风险,努力优化现有产品的碳效率,包括基础设施、供应链和成品;设计能够满足大幅度减排要求的新型低碳解决方案,这可能需要打破现有产业布局,创立新的产业价值链。提高企业的资源环境利用效率,得到消费者和市场的认可。案例中的企业,都认识到气候变化可能为企业带来新的机遇,随即推出了含有“低碳”、“绿色环保”等概念的企业战略。每一家企业都拥有应对气候变化的战略,各企业应对战略中的特点可以归纳为:生产流程创新战略、新产品开发及事业重组战略、开展企业社会责任活动等战略。对于我国企业来说,应对气候变化与低碳经济转型,需要对当前形势和未来趋势进行战略思考和长远布局,在恰当的时机采取恰当的行动。在制定和实施战略规划时,通过分析气候变化和低碳经济转型对于企业自身和企业所处行业产生的影响,尤其是应对气候变化的国内政策法规的变动对企业经营环境产生的变革,以及国外政策体系对企业海外资产运作和进出口贸易的影响,充分考虑现实条件约束,循序渐进,分步实施,以提升自身的核心竞争力。更为重要的是,企业要从现有的技术竞争优势出发,实施渐进性或部分激进性的气候变化应对战略。

(二)资源节约与技术创新并举

对于企业来说,发展低碳经济,一方面要在生产中尽可能采用相对排放较少的可再生能源,将节约意识带入企业的日常运营细节中,尽可能减少二氧化碳的排放;另一方面要重视低碳经济领域的技术创新,开展低碳产品的设计和营销。

从长远来看,现今工业化所依赖的产业均使用传统的化石能源,而化石能源的稀缺性和不可再生性决定了能源价格的长期上涨趋势。因此,发展低能耗的经济增长方式,推进低碳经济发展的意义不仅在于生态环境,也在于国家安全的考虑。企业要站在国家战略的高度,寻找低碳经济战略投资机会,依据低碳经济包括的低碳能源、低碳技术和低碳产业体系等方面,根据中国能源科技发展中长期目标,在低碳经济转型中,要深入梳理好清洁能源领域中的风能、太阳能和核能投资机会路线。向低碳经济转型较为成功的企业,包括我们列举的几个案例,都是从本企业的产品特点和技术优势出发,尽可能地使用新能源。从统计数据看,我国的确可以称得上是"超级制造大国"。然而,在高产销量的背后,我国绝大多数企业的现状却是"大而不强",对能源的消耗浪费,超量污染排放已经达到了一个前所未有的程度。许多"高投入、高消耗、高排放、难循环、低效率"的粗放型产业,大量高耗能、高排放的"两高"企业,已进入高成本经营时代。尤其以对外贸易为主的企业,面临被强势外企裹挟、吞并的危险。在盈亏生死考验中,在激烈的竞争环境中,在他国"绿色条款"的限制下,一批国内企业已经败下阵来。因此,我国的企业要通过把握本企业和本行业的发展特征和发展趋势,树立节约意识,尽可能地采用相对排放较少的可再生能源,拓宽企业的生存空间。

企业要实现低碳经济转型,还必须通过技术创新发展低碳技术。从案例来看,企业在技术上实现突破,才有可能获得低碳生产所需的技术,进而开展低碳产品的生态设计和营销。因此,面对发展低碳经济的技术创新前景,企业必须重视低碳技术创新,尽早实现技术升级;跟踪国际企业应对气候变化的情势,制定低碳产业与产品的技术标准,超前做出企

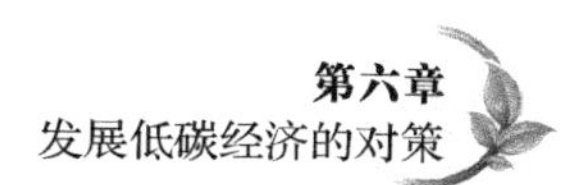

业的低碳战略部署;在企业中推行低碳标识,规模化应用低碳技术,将企业社会低碳责任与产品质量、信誉结合起来,实现企业长远的经济效益、社会效益和生态效益目标。

第三节　社区和家庭在发展低碳经济方面的案例

一、社区和家庭发展低碳经济的成功案例

(一)英国贝丁顿小区

贝丁顿社区,全称为“贝丁顿零化石能源发展”生态社区,位于英国伦敦西南萨顿市。它是首个世界自然基金会和英国生态区域发展集团倡导建设的“零能耗”社区。它是英国最大的环保生态社区,也是世界低碳建筑领域的标杆式先驱,被称为“未来之家”。该小区设计者当初的设计理念是,建造一个低燃料能源消耗的社区,仅使用可再生能源来满足居民生活所需,目的是向人们展示一种在城市环境中如何实现可持续发展的理念及解决方案。

小区拥有包括公寓、复式住宅和独立洋房在内的82套住房和1400多平方米的工作场地,曾获得英国皇家建筑师协会“可持续建设最佳范例”奖,并被选作2000年伦敦“可居的城市”展览中的范例。该小区采用零耗能开发系统,综合运用多种环境策略,减少能源的使用和碳的排放。

贝丁顿社区最受瞩目的是绿色科技住宅。据统计,人类每年所消耗的能量中,建筑能耗最大。因此,房地产业已然是节能减排的重点领域。节能必然成为衡量未来建筑品质的必要指标。小区建筑使用的都是可再生的节能材料。这些建筑材料无须采购,在半径为56千米的区域内就近选择材料,通常都是自然的或回收利用的物品,这样做也可以降低在搬运过程中产生的能量消耗和碳排放。例如,窗框是用从附近找来的

废旧木材做的；项目中 95% 的结构用钢材都是再生钢材，也是从附近区域的拆毁建筑场地回收来的；就连太阳能板的材料都有一部分来自木屑颗粒。为了减少建筑能耗，建筑物的楼顶、外墙都采用了 300 毫米厚的超级绝热外层，窗户选用内充氩气的三层玻璃窗；窗框采用木材以减少热传导。

为了减少建筑能耗，设计者采用了一种零采暖模式：社区的所有住宅都朝南，以紧凑的连排形式排列。基本上朝南的是居住单元，办公室被放置在由朝南的单体中所形成的阴影中。每家都有一个玻璃阳光房，它是室内外的缓冲空间。冬天，阳光房吸收了大量的太阳热量来提高室内温度。夏天则将阳光房打开，变成敞开式阳台，以便通风散热。建筑物的楼顶、外墙和楼板选用了 30 厘米厚的绝热材料，以达到冬暖夏凉的目的。窗户选用内充氩气的三层玻璃，木材制成的窗框也可以减少传热。

社区楼顶有五颜六色的烟囱状装置，被称作“风帽”，是贝丁顿小区独特的标志。它是一种自然通风装置，能随风旋转，从而将室外的新鲜空气通过管道引入室内。进来的空气被出去的空气加热，能回收 70% 的余热，因此室内温度不会因为空气的流动而有所下降。社区内的小型热电厂使用废旧木头和速生林等物质做燃料，它在发电过程中散发出的热能被用来制造热水，供每家每户使用。每户家中都安置着一个热水筒，除了供应生活所用的热水外，还可以在室温较低时自动释放热量。社区的屋顶被绿化，以减少热辐射。采取这些措施后，居民家中就不需要再安装暖气，减少了一大块能源消耗。

贝丁顿社区采取措施节约水资源的使用。每家厨房里都安装了醒目的水表，以鼓励节水，每家还安装了节水的淋浴喷头、水龙头、小容量浴缸等节水装置；在屋顶和花园建有集水设施，把雨水传送到房子下面的储水器里，经过自动净化过滤器的过滤，就可以直接用于花园浇水、卫

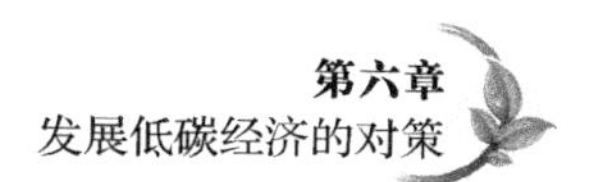

生间冲洗，以及用作公园水景；小区还有一个污水生物过滤系统，社区废水经小规模污水处理系统就地处理，成为可循环利用的中水；停车场采用多孔渗水材料，减少地表水流失。采取这些措施后，减少了居民1/3的自来水消耗。

垃圾管理方面，社区内分设有垃圾分类回收点，包括金属、玻璃、纺织品、纸张、鞋子等。社区每个家庭的厨房灶台上安装有垃圾分类装置，垃圾先在厨房里开始分类。社区将可焚烧的垃圾集中起来，运用先进的生活垃圾焚烧装置进行处理，不仅解决了小区内的垃圾处理问题，而且还能为小区居民提供热能。一个使用废弃物作燃料的加热和发电装置，为这里的办公室和家庭供暖及提供电力支持。该社区由于采用了世界上最先进的太阳能技术，屋顶上铺满了太阳能板，加上垃圾焚烧所产生的热能，使小区居民的用电大多数情况下可以做到自给自足。

贝丁顿社区推行绿色交通计划。首先减少居民出行的需要，社区内的办公区为部分居民提供在社区内工作的机会。公寓、商住和办公空间联合开发的模式，使得社区居民可以从家中徒步前往工作场所。社区还为居民提供多种生活便利，以减少居民驾车外出。如屋顶被设计为退台式，每上一层都往里设一个退缩位，为下一层公寓营造露台，居民可以在上面种植蔬菜和农作物；为社区内的商店组织当地货源，提供新鲜的蔬菜、水果等食品；社区内还设置有商店、咖啡馆和带有儿童看护设施的保健中心，满足居民多样化的生活需要。其次是鼓励人们步行或利用自行车出行。小区周边建有完善的人行道和便于老人、残疾人通行的专用设施，宽敞的自行车库及自行车道，遵循“步行者优先”的政策。再次，提倡合用或租赁汽车。为满足远途出行需要，社区鼓励居民合乘一辆车上班。当地政府也在公路上划出专门的特快车道，专供载有两人以上的小汽车行驶。同时，社区内设有汽车租赁俱乐部，目的是降低社区的私家车拥有量。小区鼓励居民在短途出行时使用电动车,社区设置有为电动车辆充电的免费充电站,其电力来源于所有家庭装配的太阳能光电板。

贝丁顿社区是一个被全世界各国用以教育人们低碳生活的模板。贝丁顿社区证明了减少对能源和自然资源的消耗,与提高居民的生活质量并不矛盾。

(二)德国沃邦区

沃邦区位于德国弗莱堡市郊,被誉为德国可持续社区的标杆。那里向人们展示的是一个新时代,低能耗、对环境更友好、对自然更贴近、生活更健康的生活模式,显示出了城市可持续发展的潜力。

沃邦小区的建筑全部属于低碳的节能建筑。可分为三个层次:居于顶端的是自身生产的能源大于本身消耗的建筑,即"增能建筑",房顶安装有发电的太阳能光伏板,其发电量超过自家的用电需求。多余的电卖给电网,并从那里获得相应的收入。居于第二层次的是耗能很少的房屋和建筑,与普通建筑相比,节能建筑的能耗可减少 50% ~60% 。居于第三层次的是被动式房屋,自身产生的能源与消耗的能源大体相等。

沃邦小区的建筑不仅保暖、隔音,而且环保。这得益于新型环保建筑材料的应用以及环保建筑技术的突破。比如隔音保暖建材是用混合材料制成的,一尺或一尺多厚的板材,只有上下各 10 厘米是硬质的,或最上面一层是水泥的,最下面一层是木质的,中间全是稻草、锯末或谷物的壳。再比如房子外面的楼梯或台阶,与主建筑之间约有 1 厘米的距离。连接二者的是一些绝缘材料,起到了隔音的效果。另外,在冬天,台阶上的冷气也不会传递到建筑的外墙,从而达到保暖的目的。

沃邦社区大力推广太阳能及社区能源循环系统,有超过 65% 的住户用电来自区域供电系统。沃邦社区还使用了独立的热电联产设备提供电力和热能。热电联产将普通电厂本来废弃的热量加以利用,为小区提供相对廉价的取暖用热，这样可大大提高热效率。热电联产设备使用80%木屑及20%天然气，通过好的隔热及有效的暖气供应大约可减少60%的二氧化碳排放。沃邦社区十分注重对雨水收集和利用。社区铺设雨水渠，雨水通过户外铺设的水渠被引入位于区中心位置的两个小水沟中然后在那进行渗漏，有助于保护下游及增加“现有的”地下水量。此外，许多居民购买雨水储藏或二次用水设备，将处理过的雨水和过滤了的废水用来洗衣服、冲厕所或浇花园。

沃邦小区倡导方便快捷的绿色出行方式。小区明文规定，行人优先、自行车优先和公共交通优先。小区内建设了连接市中心的有轨电车，改造了自行车道，居民上下班大多是坐公交车或骑自行车。沃邦小区的居民，人人都有自行车，这样的短途出行更为方便快捷。社区内限制私人汽车的使用，除了卸货和拉货之外，小区是禁止汽车通行的。平时私车被统一存放在小区内的两个公用车库里。小区主街道的底层配备各种商业设施，居民们可以步行去买他们需要的生活日用品，减少驾车外出。

“沃邦论坛”是沃邦小区颇具特色的设置。它结合民众参与和共同治理的精神，让市民能够进入决策过程。原则上，只要市政府与弗班论坛双方都同意某项政策，那么这项政策就可以实施了，由此带来的决策风险也就由所有居民共同来承担。由“沃邦论坛”所策动的民众积极参与的各项活动，推动了“沃邦可持续模式”计划。决定建筑物形式、开放空间比例与细部设计、“无车社区”、“零容忍停车政策”都是弗班居民自行讨论出来的政策。

（三）哥本哈根人的低碳生活

在丹麦的哥本哈根，“低碳生活”体现在生活的方方面面。2008 年，英国 *MonoCle* 杂志选出世界 20 个最佳城市，哥本哈根以生活素质高和重视环保等因素名列榜首。哥本哈根的市政建设以低碳为荣，坚持可持续发展模式。推出50项措施建设低碳城市，包括推广节能建筑、推行风能和生物质能发电、实行热电联产、发展城市绿色交通、鼓励市民回收利用垃圾等方面。

哥本哈根推广节能建筑，制定了严格的建筑标准。开发商必须提供节能建筑标识，将建筑按照能耗高低实施分类分级管理，用户在选择时可以以此为依据。简化节能检测方法，对房屋保温层和门窗密封程度都有严格规定：墙壁厚达三层，中间层是特殊绝缘材料，夏天隔热，冬天保暖；对窗户的密封性也有严格的要求，以确保节能效果，等等。通过这些措施的推行，大大降低了建筑能耗。

哥本哈根大力推行风能和生物能发电。国家对化石能源的税收非常高。每消费一度电，所包含的税额高达57%。如果不采取节能方式，用户会付出高额的费用。而对“绿色”用电和近海风电则实施优惠定价政策，对生物质能发电给予财政补贴。对可再生能源则不但不征税，还给予补贴，提高了投资者对新能源投资的积极性。

在能源终端利用上，哥本哈根人以节能的方式来减少能源的消费量。节能的观念早已渗透到社会的各个角落，市民积极提倡并实践低碳生活。要求家家户户都使用节能灯；充电器不用时拔下插头；用多少热水就烧多少；尽量用手洗衣服，衣服让其自然晾干，少用洗衣机甩干；用发条闹钟代替电子钟；坚持到户外锻炼，尽量少使用跑步机；少开空调，冬天多穿衣服，夏天少穿西装；等等。低碳生活体现在方方面面。

哥本哈根倡导低碳交通。哥本哈根市对各种交通工具的重视程度依次为：自行车、公共交通、私人轿车。哥本哈根通过低碳城市空间规划塑造紧凑的城市形态，提出了城市发展“手指形态规划”，形成高效利用公共交通体系的城市发展走廊，降低对机动车的交通需求，从而降低交

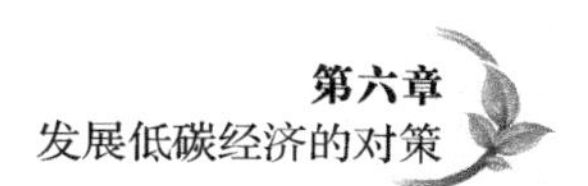

通领域的碳排放。哥本哈根市有长三百多公里,与机动车道等宽的自行车道;市内所有交通灯变化的频率按照自行车的平均速度来设置,骑车族可以畅行无阻、“一路绿灯”;中途设有自行车充气站、修理站和停泊站;多点设置免费自行车停放点,车子的车把处置有一幅哥本哈根交通旅游图,不用担心会迷路。这些举措,使得哥本哈根人在短途出行时选择自行车会更为方便快捷。这也使得哥本哈根“自行车之城”的称号实至名归。

哥本哈根在规划时将公共交通系统的建设与土地开发相结合。指导思想是:公交系统要方便有效地服务于沿线地区,沿线土地开发可以为公共交通提供充足的客源。哥本哈根在进行轨道交通系统规划时候,一直和沿线土地开发紧密地结合起来。这就使得居民出行时使用轨道交通非常方便,数据显示,城铁是哥本哈根市民使用最频繁的轨道交通,地铁居第二位。

在大力提倡骑自行车出行和发展绿色公共交通之外,丹麦还通过对汽车消费课以重税的方式来控制汽车总量和碳排放总量。汽车购置税非常高,消费者要付出比在其他欧盟国家高出两倍的价格,才能买到一辆新车。除此之外,在汽车使用过程中还要交多种税费。停车费也很高,停车位又很少。使得开车要比乘公交车和骑自行车费钱费时费力,因此有许多家庭放弃拥有私家车。

二、社区和家庭发展低碳经济对我国的启示

低碳经济时代,要实现宏大的节能降耗战略,不仅是政府、企业的责任,也是每个社区和家庭的责任。社区和家庭要转向低碳生活方式,戒除掉那些浪费能源、增排污染的消费模式和生活方式,充分发掘消费生活领域节能减排的巨大潜力。借鉴国外低碳城市社区建设经验,物质空间建设与非物质的“低碳”理念宣传教育是建设低碳社区的两大重点。

（一）低碳理念的宣传教育

联合国环境规划署（UNEP）在其发布的一份名为《改变生活方式：气候中和联合国指南》中指出：人们只需要采用气候友好的生活方式，在衣食住行中注意一些行为，就可以在不需要做出特别大的牺牲的情况下，轻松实现碳减排。

近几年低碳经济才引起社会关注，许多人对低碳经济的内涵不够理解，应加大宣传教育力度。只有民众深刻了解低碳生态社区的内涵以及建设低碳生态社区的重要性，改变了传统经济发展方式下的行为习惯，养成节俭和适度消费的观念，提高了环保意识，才会自觉地从自身做起，积极地参与到低碳生态社区的建设当中。国外生态社区建设的最重要一个特点就是非常重视对民众的宣传教育和强调公众的参与，开展对民众的环境保护教育，并让广大居民参与到社区的规划、建设以及管理的许多方面，许多生态社区建设更是市民自发进行的。因此，我国应加强对低碳生活的宣传教育，培育和提高公民的低碳发展意识，指导公众参与实践，引导全社会积极参与节能减排。

（二）统筹规划低碳社区建设

在低碳社区的建设上，要吸取国外的经验，在建筑、能源、交通等方面统筹考虑，进行合理规划。

首先，加强节能建筑建设。低碳建筑需要在最大限度地节约资源、利用低碳环保材料的同时，提供健康、高效的生活和工作空间。应扩大低碳建筑理念的普及推广，鼓励节能环保型新技术、新材料、新工艺、新设备的应用。当代技术的不断更新，如更具绝缘和节能特性的供热系统的推出，使得现有的住宅建筑热效率利用率更高，极大地降低了对环境造成的不利影响。

其次，开发利用新能源。合理开发，利用新能源是低碳社区的一大特色。低碳社区都提倡将碳排放降到最低的建设理念和零能源消耗原则，其最大的特点就在于最大限度地利用自然资源，减少环境破坏与污染，实现零化石能源使用的目标，实现能源需求与废物处理基本循环利用的居住模式。可再生能源的开发以及对生物质能的积极利用，使得能源供应更多地脱离了传统化石燃料。英国贝丁顿社区充分利用了太阳能和生物能、德国沃邦社区充分利用太阳能。同时，小型热电联产、太阳能、风能装置具有分散式能源的特点，综合供暖、供电，更具能源效率，而且没有污染性。

最后，倡导绿色交通。以低能耗、低污染为基础的绿色交通，倡导在出行中尽量减少二氧化碳的排放。汽车尾气排放是环境污染的主要来源之一，在以上列举的几个案例中，都倡导绿色交通，贝丁顿社区汽车俱乐部让居民们共享轿车、建立便利的公共交通设施，社区每一间朝阳温室还装有太阳能电池板，为生态村的电车和滑行车提供电力；沃邦开展了“无车社区”和“零容忍停车政策”活动；哥本哈根市则对自行车的重视程度居于各种交通工具之首。借鉴这些社区绿色交通的概念，我国在低碳社区的建设中也要大力宣传绿色交通理念，积极倡导低碳出行。鼓励社区居民采用地铁、公交车、共享轿车、自行车和步行等绿色交通出行方式，是建设低碳社区的一条成功经验。

参考文献

[1]陈岩，王亚杰．发展低碳经济的国际经验及启示．经济纵横，2010(4).

[2]董小君．低碳经济的丹麦模式及其启示．国家行政学院学报，2010(3).

[3]典型企业的低碳转型之路．中国高新区，2010(4).

[4]吴维库，李贞恩．韩国企业低碳绿色战略案例．企业管理，2010(5).

[5]张承东．低碳时代的企业竞争力．2010(3).

[6]夏斐编译．英国低碳生态住宅区实践．电力需求侧管理，2010(3).

[7]顾倩．基于低碳理念的生态社区规划研究．浙江大学硕士学位论文．2009.
[8]陈海嵩．日本新能源开发政策及立法探析[J]．淮海工学院学报(社科版),2009(4).
[9]朱四海．低碳经济发展模式与中国的选择[J]．发展研究,2009(5).
[10]黄海．发达国家发展低碳经济的政策导向及启示[J]．环境经济,2009(11).
[11]王文军．低碳经济:国外的经验启示与中国的发展．西北农林科技大学学报(社会科学版),2009(11).
[12]崔霞．发展低碳经济,法律规制要先行．资源开发与市场,2011(1).
[13]黄琼华．浅谈低碳经济下的发展策略．中国高新技术企业，2011(1).
[14]刘志林,戴亦欣,董长贵,齐晔．低碳城市理念与国际经验．城市发展研究，2009 (6).
[15]郭印,王敏洁．国际低碳经济发展经验及对中国的启示．改革与战略，2009 (10).
[16]徐冬青．发达国家发展低碳经济的做法与经验借鉴．世界经济与政治论坛,2009(6).
[17]李飞,庄贵阳,付加锋,宋玉祥。低碳经济转型:政策、趋势与启示．经济问题探索,2010(2).
[18]杨杨,杜剑．低碳经济背景下欧盟碳税制度对我国的启示．煤炭技术，2010 (3).
[19]纪玉山、纪明．低碳经济的发展趋势及中国的对策研究[J]．社会科学辑刊,2010,(2).
[20]田玉忠,尤强林．政府在推进和发展低碳经济中的责任．贵州社会科学，2010(7).

第七章　内蒙古低碳经济的发展路径研究

第一节　内蒙古经济发展的特征

经过三十多年的改革开放和经济建设，内蒙古经济发展迅速。2002年以来，内蒙古经济发展速度已连续8年位居全国第一，2010年，全区生产总值完成7761.8亿元，2001—2010年平均增长22.67%（见表7－1）；经济总量在全国由第24位升至第15位，在西部12省区的位次由第6位上升到第2位。其中，第一产业增加值1095.28亿元，2001—2010年平均增长12.31%；第二产业增加值6367.69亿元，2001—2010年平均增长27.37%；第三产业增加值4209.02亿元，2001—2010年平均增长21.53%。第一产业对经济增长的贡献率为8.58%，第二产业对经济增长的贡献率达64.90%，第三产业对经济增长的贡献率为26.52%。内蒙古全区生产总值中第一、第二、第三产业比例由2001年的23.2∶40.5∶36.3调整为2010年的9.4∶54.5∶36.1（见表7－2）。按常住人口计算，2010年全年人均生产总值47 712.00元（按年平均汇率折算达7016.50美元），2001—2010年平均增长23.36%（见表7－3）。

2010年，内蒙古自治区地方财政总收入完成1738.1亿元，比2001年增加1620.8亿元，2001—2010年平均增长33.0%；全区地方财政支出2273.5亿元，比2001年增加1937.52亿元，2001—2010年平均增长24.3%。城镇居民人均可支配收入和农牧民人均纯收入分别达到17 698元和5530元，比2001年分别增加12 162元和3557元，比2001年增长2.2倍和1.8倍。城镇居民家庭恩格尔系数为30.1%，比2001年下降了3.8个百分点。农村居民家庭恩格尔系数为38.8%，比2001年下降了7.7个百分点，牧区居民家庭恩格尔系数为32.0%，比2001年下降了1.5个百分点。

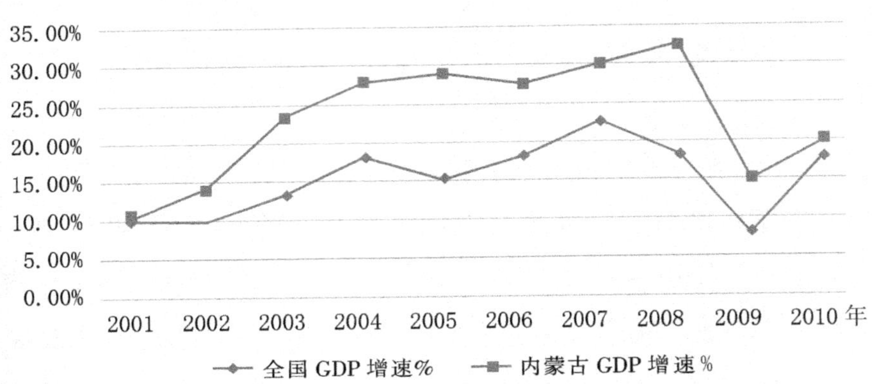

图7－1 内蒙古与全国GDP增速对比

注：数据来源于《内蒙古统计年鉴》2002—2011年

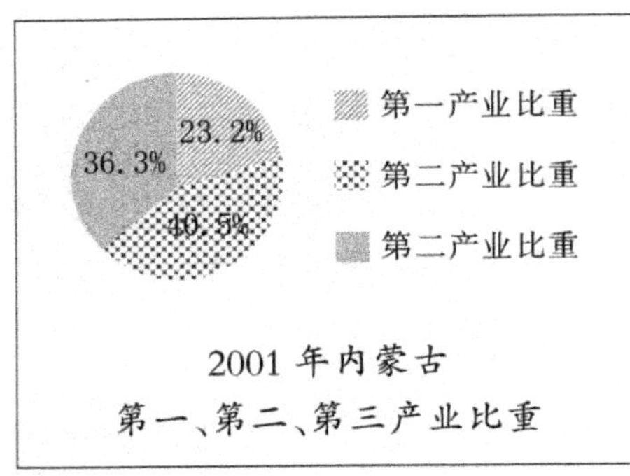

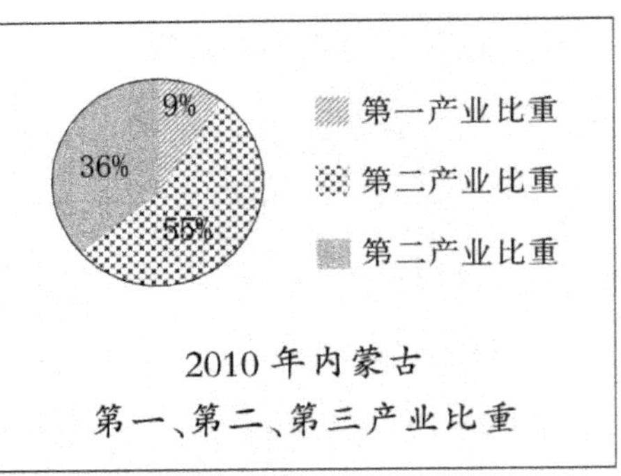

图7－2 2001年与2010年内蒙古地区三次产业占GDP比重对比

注：数据来源于《内蒙古统计年鉴》2002—2011年

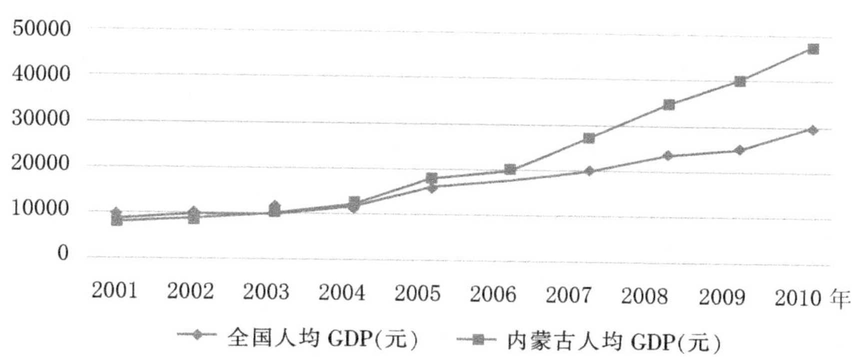

图 7－3　内蒙古与全国人均 GDP 对比

注:数据来源于《内蒙古统计年鉴》2002—2011

以上数据说明,内蒙古近年来经济得到持续快速增长,并且这种增长主要来自于工业增长的贡献,是高耗能的资源依托型行业的迅速崛起带动了内蒙古经济的快速增长。同时,产生了大量的二氧化碳、二氧化硫以及各种固体废弃物等污染物。近年来,随着一批资源型企业和其他加工工业的迅猛发展,内蒙古生态环境污染日益严重,沙漠化速度加快,严重阻碍了内蒙古经济发展的后劲。

内蒙古自治区的工业具有“六高”的经济运行特点,表现为“高增长、高效益、高投入、高消耗、高排放和高污染”。

一、高增长与高效益

内蒙古工业增加值在全国排名由 2001 年第 24 位上升到 2010 年的第 14 位,比 2009 年增长 26. 1% ,增幅居全国第 2 位,10 年平均增长 30% ,高于全国平均增长 23. 7% 的 6. 3 个百分点(见图 7 －4)。2010 年,全区规模以上工业企业主营业务收入 13 387. 83 亿元, 比上年增长 62. 2% ;实现利润总额 1688. 44 亿元,比上年增长 70. 9% ,工业经济效益进一步提高。全年规模以上工业企业产品销售率 97. 5% ,比上年提高 0. 1 个百分点。规模以上工业亏损企业亏损额为 55. 4 亿元,同比下降

23.1%。

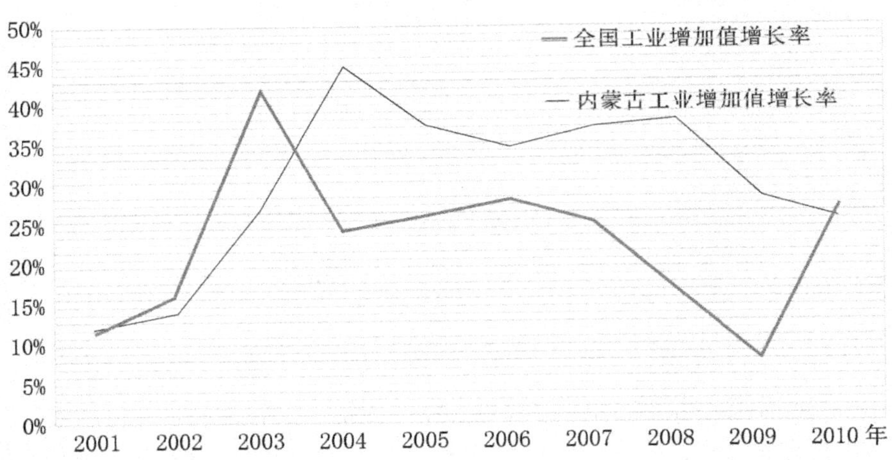

图7-4 内蒙古工业增加值发展速度与全国的比较

注:数据来源于《内蒙古统计年鉴》2002—2011

二、高投资拉动

受全国对能源、重化工业等基础性工业产品需求增加的影响,“十一五”时期内蒙古固定资产投资增长速度为27.24%,第二产业固定资产投资平均增速为30.25%,全国同期平均水平仅分别为24.8%和26.1%,说明内蒙古经济强劲增长的动力主要来自于对固定资产尤其是工业投资领域的投资。

三、高资源消耗

2010年内蒙古的生产总值占全国的2.9%,但是能源消耗占全国的5.8%,消耗的煤炭占全国的8.0%。这表明内蒙古在转变经济增长方式方面相对滞后,经济高速增长由资源的高消耗来支撑(见图7-5)。

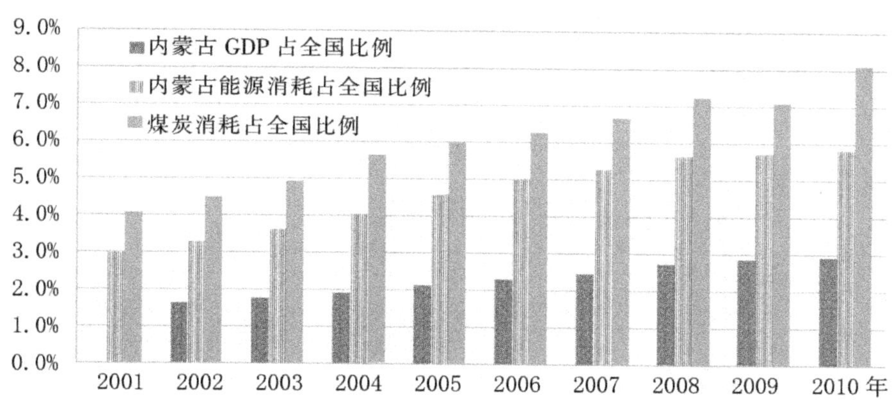

图 7-5　内蒙古 GDP 占全国比重与能源消耗占全国比重的比较

注：数据来源于《内蒙古统计年鉴》2002—2011 年

四、高排放和高污染

2010 年内蒙古排放工业废水 39 535.7 万吨，二氧化硫 119.3 万吨，工业废气排放量 27 488.34 亿立方米，粉尘 16.04 万吨和工业固体废物排量 4.53 万吨，分别占全国总量的 1.66%、7.0%、5.29%、3.58% 和 0.91%（见图 7-6）。2010 年，全区工业固体废物综合利用率为 56.3%，比全国平均水平低 10.74 个百分点。工业废水排放达标率只有 90.2%，比同期全国平均水平低 5.12 个百分点，达标排放率远远低于全国平均水平。这表明内蒙古工业企业的生产组织结构基本采用传统的线性结构组织模式，偏重基础性工业产品，生产工艺比较落后，资源综合利用水平低。

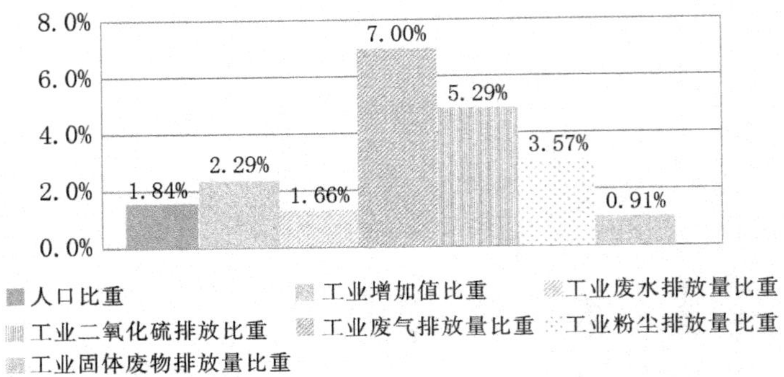

图7－6　2010年内蒙古的人口、工业增加值与各类排放占全国的比重

注:数据来源于《内蒙古统计年鉴》2011年

第二节　内蒙古碳排放现状

一、内蒙古总的碳排放量现状

20世纪90年代以来,温室气体增加、全球变暖引起世界广泛关注。欧盟确立预防气候变暖目标,要求在2050年以前将温室气体排放量在1990年的水平上降低15%。2005年,《京都议定书》要求签约国家2008—2012年二氧化碳等温室气体排放在1990年的基础上减少5.2%。2007年,中国成立了以温家宝总理为组长的节能减排小组。目前,内蒙古正处在工业化的重要阶段,随着经济的增长,能源的消耗,内蒙古将面临巨大的减排压力。日本学者茅阳一的Kaya公式揭示出,碳排放的推动力主要是四个因素,即碳排放量＝人口×人均GDP×单位GDP的能源用量×单位能源用量的碳排放量。

公式右侧第一项是人口,不言而喻,人多,碳排放就多,2010年,内蒙古全区总人口为2472万人(见表7－1)。

表 7－1　内蒙古全区总人口

单位:万人

年份	总人口
2000	2372.4
2001	2377.5
2002	2378.6
2003	2379.6
2004	2384.4
2005	2386.4
2006	2392.4
2007	2405.1
2008	2413.7
2009	2422.07
2010	2472

注:数据来源于《内蒙古统计年鉴》2001—2011 年

公式第二项是人均 GDP,它是宏观经济指标,反映生活水平,人们当然希望它能持续提高。内蒙古人均 GDP 的起点低,近年来增长迅速,其碳排放量相应仍将不可避免地增长(见表 7－2)。

表 7－2　内蒙古人均 GDP

单位:元

年份	人均 GDP
2000	6502
2001	7216
2002	8162
2003	10 039
2004	12 767
2005	16 331
2006	20 264
2007	25 393
2008	32 214
2009	40 215
2010	47 217

注:数据来源于《内蒙古统计年鉴》2001—2011 年

公式第三项是单位 GDP 的能源用量,称“能源强度”。产业不同,如农业、工业、服务业,其能源强度不同;工业中重化工的能源强度则远高于一般制造业;同一行业中技术水平低则能源强度高。2010 年内蒙古的工业增加值占 GDP 的比重为 48.1%,工业总产值为 16 020 亿元,其中,重工业的比重为 71%,能源消耗高的能源、煤炭和化工行业是内蒙古的支柱产业,这三个行业占工业的比重较大。提高能源效率和节约能源,就是降低能源强度,这是减排的有效方向之一(见表 7-3)。

表 7-3 内蒙古单位 GDP 能耗

单位:吨标准煤/万元

年份	单位 GDP 能耗
2000	2.31
2001	2.30
2002	2.35
2003	2.42
2004	2.51
2005	2.48
2006	2.41
2007	2.31
2008	2.16
2009	2.01
2010	1.92

注:数据来源于《内蒙古统计年鉴》2001—2011 年

公式第四项,单位能源用量的碳排放量,称“碳强度”。能源种类不同,碳强度差异很大。化石能源中,煤的碳强度最高,石油次之,天然气较低。可再生能源中,生物质能有一定的碳强度,而水能、风能、太阳能、地热能、潮汐能等都是零碳能源。核电站在运行过程中也不排放碳(见表 7-4)。内蒙古的能源主要是煤,占能源总量的 94.16%,风能和太阳能不足 1%(见表 7-5)。

表 7-4　各种能源的碳排放系数

能源种类	碳排放系数（吨/吨标准煤）	能源种类	碳排放系数（吨/吨标准煤）
原煤	0.7559	燃料油	0.6185
洗精煤	0.7559	其他石油制品	0.5857
焦炭	0.8550	液化石油气	0.5042
其他焦化产品	0.6449	天然气	0.4483
原油	0.5857	焦炉煤气	0.3548
汽油	0.5538	炼厂干气	0.4602
煤油	0.5714	其他煤气	0.3548
柴油	0.5921	水电、核电	0.0

注：数据来源于《中国能源报告（2008）：碳排放研究》

表 7-5　内蒙古能源消费总量及构成

年份	能源消费总量（万吨标准煤）	能源消费构成							
		原煤		原油		天然气		水电	
		绝对量（万吨标准煤）	比重（%）	绝对量（万吨标准煤）	比重（%）	绝对量（万吨标准煤）	比重（%）	绝对量（万吨标准煤）	比重（%）
2000	3937.54	3667.425	93.14	180.3393	4.58	0		5.512556	0.14
2001	4453.48	4156.878	93.34	190.1636	4.27	1.781392	0.04	7.125568	0.16
2002	5190.12	4851.205	93.47	180.0972	3.47	2.59506	0.05	8.304192	0.16
2003	6612.77	6320.486	95.58	183.835	2.78	27.11236	0.41	9.919155	0.15
2004	8601.81	8318.81	96.71	98.06063	1.14	4.300905	0.05	13.7629	0.16
2005	10764.9	9936.003	92.3	188.3858	1.75	83.96622	0.78	18.30033	0.17
2006	12805.52	11521.13	89.97	198.4856	1.55	190.8022	1.49	16.64718	0.13
2007	14649.39	13257.7	90.5	203.6265	1.39	353.0503	2.41	48.34299	0.33
2008	16268.22	14675.56	90.21	270.0525	1.66	406.7055	2.5	1.626822	0.01
2009	17473.68	15242.29	87.23	274.3368	1.57	588.8630	3.37	47.17894	0.27
2010	18882.66	17779.86	94.16	200.1562	1.06	570.2563	3.02	20.77093	0.11

注：数据来源于《内蒙古统计年鉴》2001—2011 年

根据以上的数据，测算出内蒙古的碳排放量如表 7－6 所示，由该表可知，内蒙古的碳排放量逐年增长，且增长率在波动中也呈逐年提高。

表 7－6　内蒙古碳排放量

年份	碳排放量（吨）	增长率（%）
2000	26 042 770. 7	
2001	28 834 418. 4	0. 107 195
2002	33 172 075. 7	0. 150 433
2003	42 815 318. 8	0. 290 704
2004	56 384 281. 2	0. 316 918
2005	68 761 812. 6	0. 219 521
2006	81 299 183. 4	0. 18 233
2007	99 182 700. 6	0. 219 972
2008	118 040 339	0. 19 013
2009	133 850 661	0. 13 394
2010	163 932 173	0. 22 474

注：数据是根据表 7－1 至表 7－5 计算所得

自 2000 年以来，内蒙古快速增长的经济态势使得能源消耗急剧增加，碳排放量一路攀升，从 2000 年的 2 604. 28 万吨增加至 2010 年的 16 393. 22 万吨，在短短的 11 年时间增加了 13 788. 94 万吨，年增长率 20. 36%。在世界和国家的低碳经济增长的潮流中，分析内蒙古地区碳排放量的影响因素，进而从源头减少碳排放量迫在眉睫。

二、内蒙古碳排放的因素分解

（一）模型构建及数据来源

1. 模型构建

因素分解研究是在国际能源与环境政策制定中被广泛接受并使用的方法，自 20 世纪 80 年代以来，成了国际研究的热点问题，它的实质就是将二氧化碳排放的计算公式表示成为几个相关因素的乘积,并根据不同确定权重的方法来进行因素的分解。对于二氧化碳排放的恒等式很多,大多是对拉式指数分解法和迪式指数分解法的改进,但这些方法在对总量变化的分解中存在未解释的剩余项的缺点,Ang 在迪式指数分解法的基础上,指出了对数平均迪式指数分解法(LMDI),有效解决了分解中剩余项的问题,在易用性、适用性、解释性等方面有良好的特性。自2002 年起内蒙古经济增长速度连续 8 年居于全国首位,但经济增长主要依靠"高能耗、高污染"的重工业的带动,经济发展必然会对环境带来巨大损害,依据内蒙古的实际特点,利用 LMDI 分解方法将关注重点放在经济规模、产业结构、能源强度及产业排放系数对内蒙古碳排放的影响。本书将用下述恒等式对内蒙古碳排放轨迹进行分析:

$$C = \sum_i (Q \cdot \frac{Q_i}{Q} \cdot \frac{E_i}{Q_i} \cdot \frac{C_i}{E_i})$$

其中,C—— 二氧化碳排放量;

Q—— 生产总值;

E—— 能源消费量;

i—— 产业。

令 $S_i = \frac{Q_i}{Q}, I_i = \frac{E_i}{Q_i}, U_i = \frac{C_i}{E_i}$,则内蒙古二氧化碳碳排放恒等式为:

$$C = \sum_i (Q \cdot S_i \cdot I_i \cdot U_i)$$

利用 LMDI 方法对上述模型因素分级,则

$$C_{t0t} = C_t - C_0 = C_{Qi} + C_{Si} + C_{Ii} + C_{Ui}$$

$$C_{Qi} = \sum_i \frac{C_i^T - C_i^0}{lnC_i^T - lnC_i^0} \cdot ln\frac{Q^T}{Q^0} \quad \text{(公式 1)}$$

$$C_{Si} = \sum_i \frac{C_i^T - C_i^0}{lnC_i^T - lnC_i^0} \cdot ln\frac{S_i^T}{S_i^0} \quad \text{(公式 2)}$$

$$C_{Ii} = \sum_i \frac{C_i^T - C_i^0}{lnC_i^T - lnC_i^0} \cdot ln \frac{I_i^T}{I_i^0} \qquad (公式3)$$

$$C_{Ui} = \sum_i \frac{C_i^T - C_i^0}{lnC_i^T - lnC_i^0} \cdot ln \frac{U_i^T}{U_i^0} \qquad (公式4)$$

2. 数据来源

内蒙古地区目前没有二氧化碳排放数据，本书依据日本学者茅阳一的 Kaya 公式测算出近年来内蒙古的碳排放量，再根据《内蒙古统计年鉴》中综合能源平衡表，计算出农、林、牧、渔、水利业、工业、建筑业、交通运输和邮电通信业、批发和零售贸易餐饮业以及其他行业的能源消耗百分比，进而根据能耗百分比，计算出各行业的碳排放量（见表7－7），计算公式如下：碳排放量＝人口×人均 GDP×单位 GDP 的能源用量×单位能源用量的碳排放量。

表7－7　内蒙古分行业碳排放量

单位：万吨

年　份	总计	农、林、牧、渔、水利业	工业	建筑业	交通运输和邮电通信业	批发和零售贸易餐饮业	其他
1999	2286.94	110.92	1794.39	50.46	132.16	97.88	101.13
2000	2394.31	119.81	1918.87	53.63	140.72	86.51	74.77
2001	2652.23	151.06	2130.80	51.80	150.90	90.06	77.61
2002	3156.37	101.83	2798.34	37.82	107.53	61.28	49.57
2003	4077.44	130.16	3634.23	49.45	125.61	76.89	61.11
2004	5397.20	165.82	4845.08	64.86	156.46	84.42	80.57
2005	6157.92	228.03	4950.42	75.50	490.08	220.22	193.67
2006	7305.07	246.17	5900.23	87.47	572.97	262.92	235.30
2007	8959.87	270.11	7290.56	102.44	695.51	317.25	284.00
2008	10735.69	322.50	8626.58	127.88	893.23	406.67	358.82
2009	12346.74	408.66	9549.72	162.91	1046.24	778.51	400.70

(二)实证研究结果

1. 内蒙古二氧化碳排放总效应分解结果

根据表7-7中内蒙古碳排放总量数据及LMDI分解公式,对内蒙古碳排放量进行加和分解(见表7-8和图7-7)。

表7-8 1999—2009年内蒙古二氧化碳排放LMDI分解结果

单位:万吨

年份	经济规模效应	产业结构效应	能源强度效应	产业排放系数效应	总效应
1999—2000年	107.3213	29.33353	-188.816	-0.58198	-52.7436
2000—2001年	257.8829	-2.2558	-151.189	130.0311	234.4692
2001—2002年	501.8762	-26.0328	1369.277	-1235.17	609.9539
2002—2003年	921.0357	87.79683	-236.527	364.3555	1136.661
2003—2004年	1319.68	141.6704	-902.224	923.7479	1482.875
2004—2005年	754.9729	594.8294	-141.834	-1072.44	135.525
2005—2006年	1147.117	452.6444	-902.545	142.8065	840.0235
2006—2007年	1654.734	421.2087	-1145.94	543.3697	1473.372
2007—2008年	1775.704	566.2334	-2044.68	797.7356	1094.995
2008—2009年	1609.113	-532.753	-1068.3	641.7778	649.8399

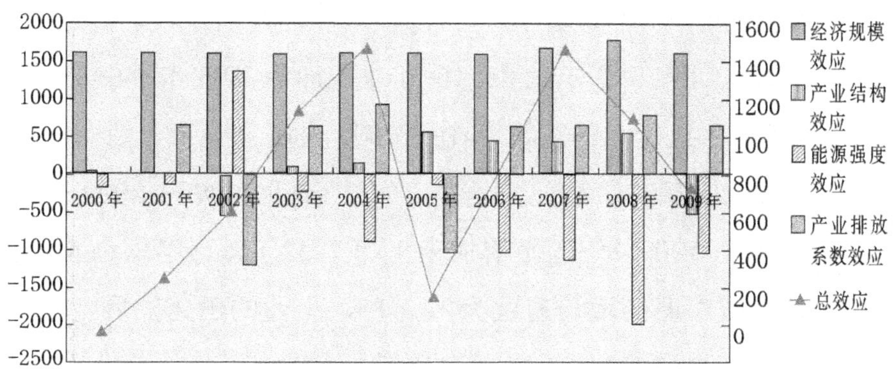

图7-7 1999—2009年内蒙古二氧化碳排放LMDI分解结果

从表7-8、图7-7可以看出,内蒙古各时期二氧化碳排放总效应呈现“上升—下降—再上升—再下降”的趋势，大致可以分为四个阶段，第一阶段是 1999—2004 年，为二氧化碳排放总效应上升阶段，由 1999 年的 52.7436 万吨上升为 2004 年的 1482.875 万吨，达到了 1999—2009 年的最高值；第二阶段为 2004—2005 年二氧化碳排放总效应下降阶段，由 2004 年的 1482.875 万吨下降为 135.525 万吨，由 1999—2009 年的最高值降为最低值，年增长率为 -90.86%；第三阶段 2005—2007 年为上升阶段，由 135.525 万吨上升为 1473.372 万吨，年增长率 229.72%；第四阶段为 2007—2009 年为下降阶段，受国家宏观调控及环境影响，尽管经济规模效应、产业结构效应、产业排放系数效应较上年均有增加，单位能源强度效应负向阻碍作用的显著提高，导致总效应下降，由 1473.372 万吨下降为 649.8399 万吨，年增长率为 -33.59%。

2. 内蒙古二氧化碳排放分行业分解结果

碳排放量的多少不仅受不同时期、不同因素的影响，而且各效应在不同行业的影响程度也不同。

(1)经济规模效应

从各行业经济规模效应的影响看，1999—2009 年，内蒙古工业对碳排放的影响最大，由 1999 年的 85.16 万吨增加为 2009 年的 1269.59 万吨，其影响程度在总行业的影响率在 11 年里均在 78% 以上，内蒙古经济腾飞主要依靠以高能耗、高污染为主的第二产业，1999—2009 年，内蒙古工业总产值由 1202.85 亿元增加至 12707.52 亿元，年均增长速度为 29.95%，其中重工业的增长速度为 32.01%，工业的迅速发展，特别是重工业的比例逐年提高，助长了工业对碳排放的影响，其他行业对碳排放效应的影响比重较小，1999—2009 年，其经济规模最大不超过 142.9 万吨，但从经济规模效应角度看，均对总效应有正的影响(见图 7-8)。

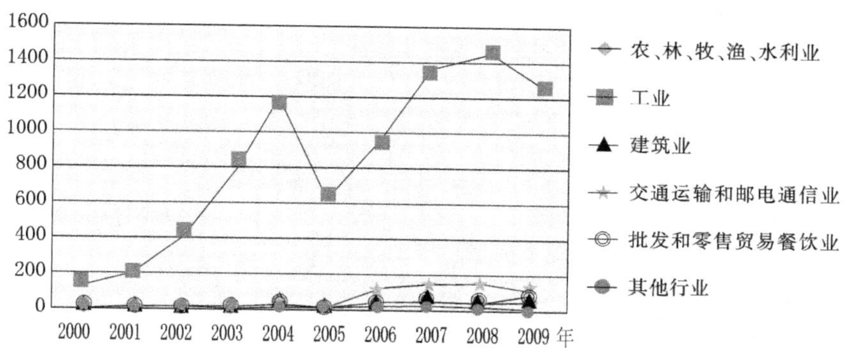

图7－8 内蒙古各行业经济规模效应

(2)产业结构效应

从各行业碳排放的产业结构效应可以看出,除了2000—2001年、2001—2002年建筑业对碳排放效应影响排在首位,其余各年份工业均排在首位,且均为正值,贡献率均在78%以上。1999年内蒙古第一、第二、第三产业比例为24.9∶37∶38.1,2009年三产结构比为9.5∶52.5∶38,11年间第二产业的比例增加了15.5%,内蒙古第二产业比例的逐年提高,工业投资额的增加助长了工业碳排放效应的影响。除了工业外,其他五个产业对内蒙古碳排放效应的影响没有规律,有正向的推动作用,也有负向的阻碍作用,影响较小的是农、林、牧、渔、水利业及批发和零售贸易餐饮业。从整体影响看,由于工业对产业结构效应的巨大影响,内蒙古碳排放的产业结构效应虽然没有产业结构效应正向推动作用明显,但也起到正向的推动作用(见图7－9)。

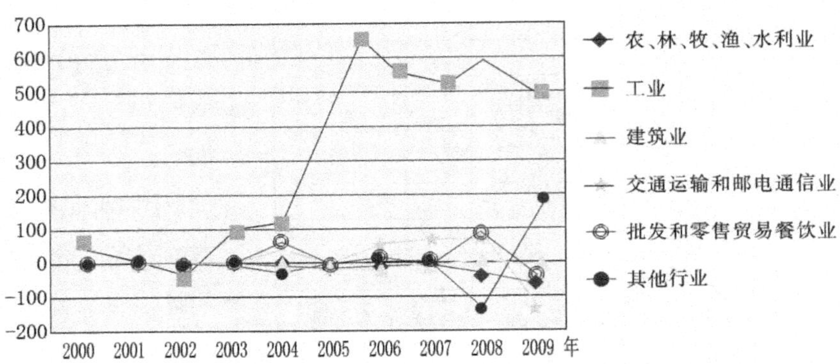

图 7－9　内蒙古各行业产业结构效应

（3）能源强度效应

在内蒙古各行业碳排放的能源强度效应中，工业对碳排放效用的影响最大，由 2000 年的－116.482 万吨增加为 2009 年的－1128.56 万吨，自 2002 年起，工业一直排在首位，且贡献率均在 90% 以上，其余五个行业的能源强度尽管对碳排放总效应影响不大，但总体都起到负向的推动作用（见图 7－10），正是因为能源强度对碳排放起到负向阻碍的作用，才在一定程度上缓解了碳排放量快速上升的压力。因此，降低内蒙古能源强度是降低碳排放效应的主要因素。

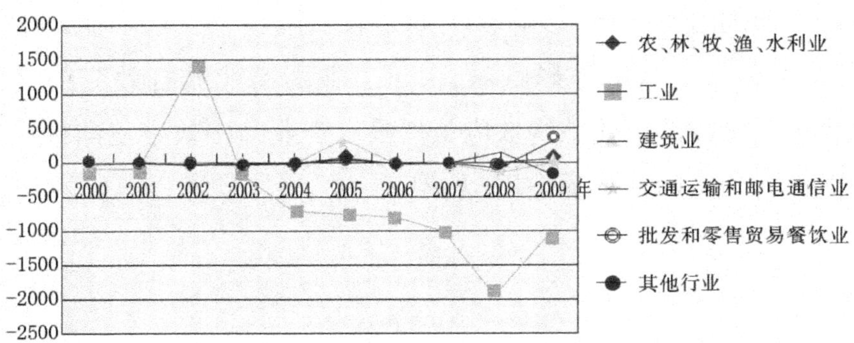

图 7－10　内蒙古各行业产业能源强度

(4)产业排放系数效应

在内蒙古各行业产业排放系数效应中,工业是最重要的影响因素,1999—2009年,其贡献率均在79%以上,但是工业对产业排放系数效用不全是正向的推动作用,2003—2004年、2005—2007年两个时间内起到了负向的阻碍作用,其他5个行业整体对内蒙古产业排放系数效应起到正向作用,建筑业、交通运输和邮电通信业影响较大,其他及邮电业的影响较小(见图7-11)。

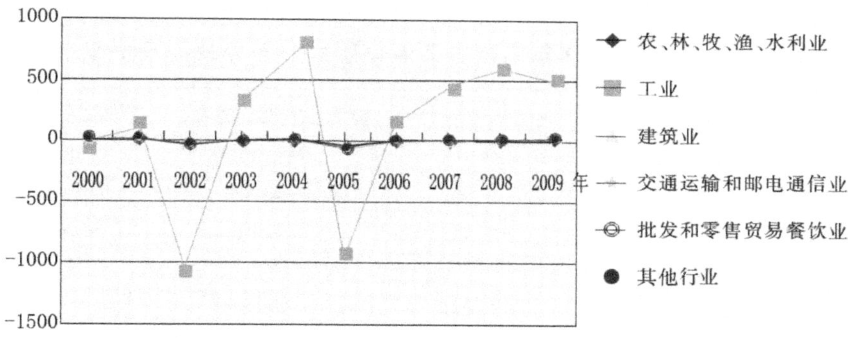

图7-11 内蒙古各行业产业排放系数

通过对内蒙古二氧化碳排放各驱动因素进行分解可知,内蒙古的经济规模对碳排放总效应始终是正的贡献,能源消耗强度对总效应主要是负的贡献,并且二者也分别是碳排放的最大促进和抑制因素,产业结构效应及产业排放系数效应对碳排放的影响不大。经济发展必然会带来能源消费,从而加速二氧化碳排放,因此经济规模效应对二氧化碳排放总效应起到正向驱动的作用,从表中可以看出,除了1999—2000年由于二氧化碳排放总效应为-52.7436万吨,经济规模效应对总效应的贡献率(计算公式:贡献率=分效应/总效应)为-203.48%,其余各年份经济规模的贡献率均为正值,且大于80%,经济规模效应是内蒙古二氧化碳排放最主要的正向驱动因素;产业结构效应在二氧化碳排放总效应中总体起到正向的驱动作用，尽管不是主要的驱动因素，也呈现逐年上升趋势；能源强度效用在二氧化碳排放总效应中起到最重要的负向驱动作用；产业排放系数主要起到正向驱动作用（见表7－9）。

从以上分析可以看出经济规模、产业结构效应、产业排放系数对总效应基本是正贡献，尽管能源强度效应对总效应为负贡献，但与前面三者相比，负向贡献较小，但是，由于内蒙古目前的经济发展水平仍较低，所以牺牲经济增长速度为代价来减少二氧化碳排放对于内蒙古自治区来说是不现实的，内蒙古碳排放总体还将呈逐年增加态势。

表7－9　1999—2009年内蒙古二氧化碳排放各分解因素贡献率

年份	经济规模效应（%）	产业结构效应（%）	能源强度效应（%）	产业排放系数效应（%）
1999－2000	－203.48	－55.62	357.99	1.10
2000－2001	109.99	－0.96	－64.48	55.46
2001－2002	82.28	－4.27	224.49	－202.50
2002－2003	81.03	7.72	－20.81	32.05
2003－2004	88.99	9.55	－60.84	62.29
2004－2005	557.07	438.91	－104.65	－791.33
2005－2006	136.56	53.88	－107.44	17.00
2006－2007	112.31	28.59	－77.78	36.88
2007－2008	162.17	51.71	－186.73	72.85
2008－2009	247.62	－81.98	－164.39	98.76

（三）计算结果的分析与讨论

通过对内蒙古碳排放进行指数分解实证研究，可以得出如下结论：第一，1999—2009年，内蒙古二氧化碳排放的年均增长率约为18.6%，远高于全国平均水平，也高于内蒙古GDP的年均增长速度。内蒙古碳排放逐年上升的主要驱动因素是经济规模效应，产业结构效应也起到了一定的推动作用，能源强度效应遏制了碳排放的上升，是碳排放的主要阻碍因素，产业排放效应也在一定程度上起到了负向的阻碍作用；第二，从行业角度看，工业是各效应的最主要的影响因素，其他各行业的影响均不大。1999—2009年,内蒙古工业排放的二氧化碳占总排放量的80%以上。因此,内蒙古要降低碳排放量,应当逐步摆脱传统“高投入、高消耗”经济增长方式,提高产业低碳化程度;加强产业结构调整,逐步将内蒙古产业结构由“二、三、一”调整为“三、二、一”,同时,适当控制高能耗资源行业发展速度,提高工业的技术含量,使工业从资源密集型走向技术密集型;鼓励引进低碳技术,特别是针对工业等高耗能行业,不仅要实现技术及经济上的合理可行,还要实现经济、环境的可持续发展。

第三节　内蒙古发展低碳经济的障碍

一、生存发展权和节能减排的矛盾

发达国家为应对气候变化而选择的低碳发展道路是国家综合实力已经比较强大、人民生活水平已经比较富足、基本物质需求已经达到饱和的基础上开展的,走的是“先发展、后减排;先高碳、后低碳”的路子,目前的碳排放处于库兹尼茨“倒U型”曲线的下降通道。而中国要选择的低碳发展道路是建立在工业化进程尚未过半、城市化水平显著偏低、绝大多数人的生活水平还处于较低水平、基本物质需求距离饱和还有很大差距的基础上进行的,今后较长时期内的首要任务还是发展,这就决定了我国必须要统筹考虑经济发展与温室气体减排,走出一条“边发展、边减排”,“以发展促减排、以减排促发展”的道路,目前我国的碳排放依然处于库兹尼茨“倒U型”曲线的上升通道。

内蒙古目前正处于工业化初期的后半阶段,准备向工业化中期的前半阶段迈进(见表7-10)。从内蒙古所处经济发展阶段看,工业比重短期内不会迅速下降,通过调整结构促进节能减排短期内效果不明显。因此,内蒙古目前的首要任务是发展经济,即保障人民群众的生存和发展权。从先行工业化国家的发展历程看,在工业化初级阶段,经济增长与能源消费之间存在着明显的正相关关系。在这一阶段,大规模的制造业发展和高碳燃料煤炭的消费增长会引发碳排放的快速上升。进入工业化中期阶段以后,高科技产业和第三产业的发展以及碳含量相对较低的石油和天然气等现代能源主导地位的确立,最终导致碳排放增速的减缓和下降局面的出现。因此,今后一段时间内,内蒙古温室气体的排放量还会增加。但是,我国已向世界发表了自主减排承诺,2020 年中国单位国内生产总值二氧化碳排放比 2005 年下降 40%~45%。要完成这个目标,难度和挑战非常大。我国的二氧化硫、二氧化碳排放量分列世界第一和第二,这些污染的 90% 来自煤炭。

表 7－10　中国各地区工业化阶段比较

年度阶段		四大经济板块	31 省市区
后工业化阶段(五)			上海、北京
工业化后期(四)	后半阶段		天津
	前半阶段	东部	广东、浙江、江苏
工业化中期(三)	后半阶段		山东
	前半阶段	全国、东北	辽宁、福建、山西、吉林、黑龙江、河北
工业化初期(二)	后半阶段	中部、西部	内蒙古、宁夏、湖北、重庆、陕西、青海、新疆、云南、湖南、河南、甘肃、江西、安徽、四川、海南
	前半阶段		广西、贵州
前工业化阶段(一)			西藏

注:数据来源于《低碳发展论》

2010 年,内蒙古全区人口占全国的比重为 1.84%,GDP 占全国的比重为 2.91%,能源消耗占全国的比重为 5.81%,煤炭消费占全国的比重为 12.22%(见表 7－11)。内蒙古的能源结构是以煤为主,一次能源消费中 90% 以上是煤炭,高出全国平均水平 20 多个百分点,“一煤独大”的产业结构,决定了内蒙古是典型的高碳经济。全自治区每万元 GDP

排放约4.9吨二氧化碳，接近全国平均水平的2.5倍（见表7-12）。

表7-11 内蒙古部分指标占全国的比重（2010年）

指标	全国	内蒙古	内蒙古占全国的比重(%)
人口(万人)	134 091	2472	1.84
GDP(亿元)	401 202	11 672	2.91
能源消耗(万吨标准煤)	324 939	18 882.66	5.81
煤炭消费(万吨)	220 958.52	27 004.04	12.22
煤炭基础储量(亿吨)	2793.9	769.86	27.56
天然气基础储量(亿立方米)	37 793.2	7149.44	18.92
石油基础储量(万吨)	317 435.3	7643.8	2.41

注：数据是根据《中国统计年鉴》2011年整理所得

经济增长与环境污染之间的关系常用环境库兹尼茨曲线（EKC）来描述。事实上，正如大多数发展中国家及新兴工业化国家的发展实践所表明的，环境恶化、资源耗竭是经济起飞阶段所面临的重要问题：一方面由于对自然资源的过度开采利用、工业污染物排放的不断增加，经济增长导致了碳排放量增加而产生负面效应；另一方面资源的可耗竭性、环境恶化反过来也限制了经济的长期持续增长。近年来，内蒙古经济经历了一个持续的高速增长阶段，然而快速的经济增长也不可避免地增加了碳排放量，环境质量与经济发展之间的关系已经日益受到广泛关注。本书利用2000—2010年内蒙古人均GDP与碳排放量数据（见表7-12）实证研究内蒙古的环境库兹尼茨曲线。以C代表碳排放量，Y代表人均GDP，拟合出内蒙古碳排放库兹尼茨曲线方程：$C = 9\ 878\ 879.078 + 3290.915Y$。$R^2 = 0.99$（见图7-12）。

表 7－12　内蒙古碳排放与人均 GDP 指标

年份	碳排放量(吨)	人均 GDP（元）
2000	26 042 770. 7	6502
2001	28 834 418. 4	7216
2002	33 172 075. 7	8162
2003	42 815 318. 8	10 039
2004	56 384 281. 2	12 767
2005	68 761 812. 6	16 331
2006	81 299 183. 4	20 264
2007	99 182 700. 6	25 393
2008	118 040 339	32 214
2009	133 850 661	39 735
2010	163 932 173	47 347

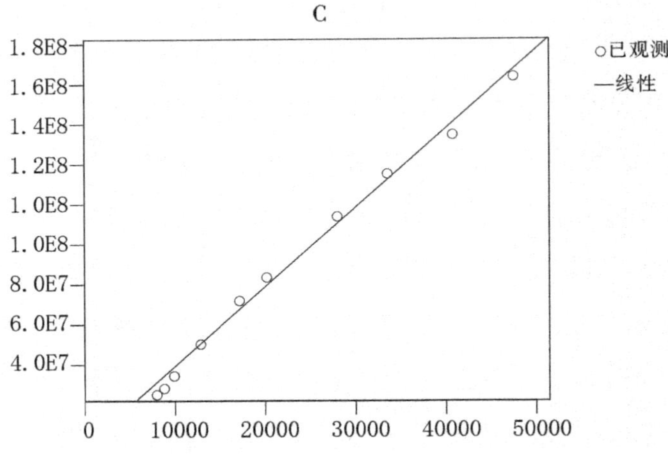

图 7－12　内蒙古库兹尼茨曲线拟合

从图7－12的库兹尼茨曲线和表7－12可以发现，内蒙古目前正处于EKC曲线的上升阶段，还没有达到顶峰，内蒙古经济增长与二氧化碳的排放量呈同步上升趋势。随着经济的增长，碳排放量增长压力继续加大（见表7－13）。总之，在今后一段时间，随着内蒙古经济的发展，碳排放量还会继续增加。节能减排和经济发展的矛盾必将是今后发展的主要矛盾之一。

表7－13　内蒙古经济增长率与二氧化碳排放增长率对比

地区		1995—1999	2000—2004	2005—2009	1995—2009
内蒙古	GDP增长率（%）	10.94	14.55	26.37	17.29
	二氧化碳排放增长率（%）	6.16	21	18.92	15.36
全国	GDP增长率（%）	8.74	9.65	16.65	11.68
	二氧化碳排放增长率（%）	－0.3	10.8	－1.8	2.90

注：数据来源于《内蒙古统计年鉴》和《中国统计年鉴》1996—2010年整理所得

工业化进程和提高收入的要求仍是内蒙古目前及今后一段时间的主要任务。如何遏制环境污染，降低环境负荷，减少碳排放量，是实现内蒙古社会、经济、环境可持续发展的关键，在保障内蒙古居民生存发展质量不断提高的同时，减少碳排放量是一个两难困境。

二、能源消费高碳化与低碳能源高成本的矛盾

（一）内蒙古能源消费总量不断增长

2002年以来，内蒙古经济增长连续8年全国第一，保持了年均23%的经济增长速度，但粗放式的经济增长方式，导致了内蒙古能源的消费量快速增长。从2001—2010年，内蒙古的一次能源消费量由4453.48吨标准煤增加到18 882.66吨标准煤。其中，原煤的消费量从2001年的4156.88万吨标准煤增长到2010年的17 780万吨标准煤，原油的消费

量从2001年的190.16万吨标准煤增长到2010年的200.16万吨标准煤,天然气的消费量从2001年的1.78万吨标准煤增长到2010年的570.26万吨标准煤,水电的消费量从2001年的7.13万吨标准煤增长到2010年的20.77万吨标准煤（见图7－13）。

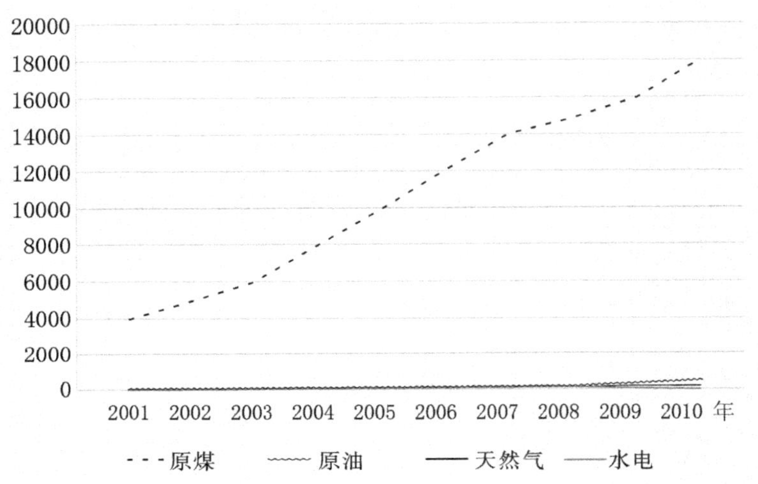

图7－13 2001—2010年内蒙古各一次能源消费量

注:数据来源于《内蒙古统计年鉴》2002—2011年

从图7－13中可以看出,10年来,内蒙古的能源生产中煤炭的消费量增长显著,而相比之下,原油、天然气、水核风电的消费增长速度缓慢。

2010年,全国能源消耗强度的平均水平为1.291吨标准煤/万元,根据能源消耗的强度将全国各省、市、自治区划分为3个区域:高能耗区域,能源消耗高于1.291吨标准煤/万元的区域为高能耗区域;能源消耗低于1吨标准煤/万元的区域为低能耗区域;能源消耗介于1～1.291吨标准煤/万元的区域为中能耗区域。高能耗、高排放、资源型的产业在内蒙古产业结构中占有绝对优势,使得内蒙古的能源消耗1.915吨标准煤/万元是全国平均水平的1.48倍(见表7－14)。

表 7－14 中国部分省（自治区、直辖市）的区域能源强度（2010 年）

能源消耗类型	地区	能源强度（吨标准煤/万元）	能源消耗类型	地区	能源强度（吨标准煤/万元）
高能耗区域	宁夏	3.308	中能耗区域	广西	1.036
	贵州	2.248		山东	1.025
	青海	2.55		吉林	1.145
	山西	2.235		黑龙江	1.156
	内蒙古	1.915	低能耗区域	安徽	0.969
	甘肃	1.801		上海	0.712
	河北	1.583		江苏	0.734
	辽宁	1.38		天津	0.826
	云南	1.438		江西	0.845
中能耗区域	西藏	1.276		海南	0.808
	湖北	1.183		福建	0.783
	重庆	1.127		浙江	0.717
	陕西	1.129		广东	0.664
	四川	1.275		北京	0.582
	河南	1.115		全国	1.291
	湖南	1.17			

注：资料来源于内蒙古统计年鉴 2011 和中国统计年鉴 2011 年整理所得

（二）内蒙古能源消费高碳化

以煤为主的能源生产结构决定了内蒙古能源消费结构也将会是以原煤为主，油气为辅。对比 2001—2010 年的主要能源消费结构：原煤消费从 93.34% 上升为 94.16 %，原油消费从 4.27 % 下降为 1.06 %，天然气消费从 0.04% 上升为 3.02 %，水电消费从 0.16% 下降为 0.11 %，即煤炭、天然气消费比重有所上升，而原油、水电消费所占的比重略有下降（见图 7－14）。从表 7－4 可知，原煤的碳排放系数是 0.7559，原油的碳排放系数是 0.5857，天然气和水电的碳排放系数分别是 0.4483 和 0.0。随着内蒙古经济的增长对能源的需求迅速增长，导致以原煤为主的高碳能源消耗增长迅速。

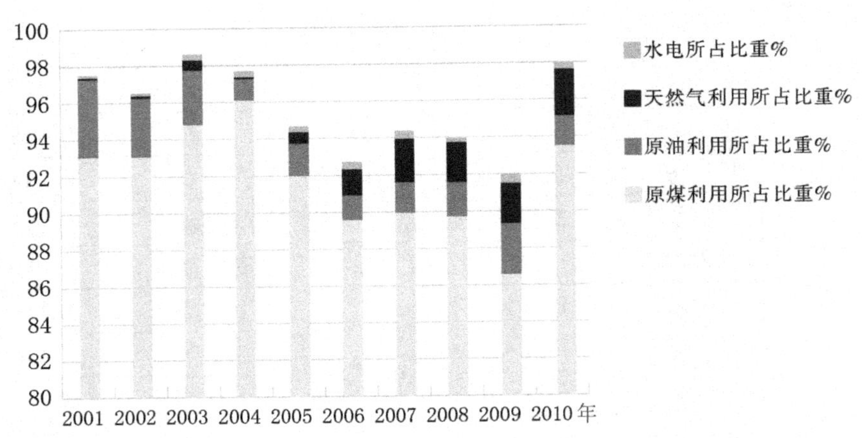

图 7－14　2001—2010 年能源消费结构

注:数据来源于《内蒙古统计年鉴》2002—2011 年

(三)内蒙古能源消费行业集中

目前,内蒙古地区的第一产业在 GDP 中所占比重为 9.4%,第二产业所占比重为 54.5%,第三产业所占比重为 36.1%。在第二产业中,工业又占有绝对优势,重工业又占了 71% 左右。由于产业结构的特征为"二三一"型,产业能源消耗呈现出以第二产业占据主导地位的特点。

从表 7－12 可以看出,内蒙古第一产业能源消耗量从 2001 年的 154.01 万吨标准煤增加到 2010 年的 514.21 万吨标准煤,在能源总消耗量中所占比重最小,保持在 2%～3%。第二产业能源消耗量由 2001 年的 2225.25 万吨标准煤增加到 2010 年的 10 920.35 万吨标准煤,在能源总消耗量中所占比重最大。第三产业能源消耗量由 2001 年的 560.53 万吨标准煤增加到 2010 年的 4517.12 万吨标准煤,在能源总消耗量中所占比重呈逐步上升趋势(见表 7－15)。

表 7－15　内蒙古能源消费的行业分布

年份	能源消耗量（万吨标准煤）	第一产能耗量（万吨标准煤）	第二产能耗量（万吨标准煤）	第三产能耗量（万吨标准煤）	第一产能耗比重（%）	第二产能耗比重（%）	第三产能耗比重（%）
2001	4453.48	154.01	2225.25	560.53	3.5	50	12.6
2002	5190.12	159.32	4437.48	593.34	3.1	85.5	11.4
2003	6052.48	184.03	5208.32	661.28	3	86.1	10.9
2004	6551.33	192.67	5704.9	729.13	2.9	87.1	11.1
2005	9642.64	319.53	7042.6	2273.16	3.3	73	23.6
2006	11163.11	337.69	8213.75	2600.94	3	73.6	23.3
2007	14649.39	346.5	9483.81	2892.94	2.4	64.7	19.7
2008	16268.22	381.43	10354.11	3225.37	2.3	63.6	19.8
2009	17473.68	457	10864	4022	2.6	62.2	23
2010	18882.66	514.21	10920.35	4517.12	2.7	57.8	23.9

注：数据来源于《内蒙古统计年鉴》2002—2011 年

从图 7－15、图 7－16 可以看出，第一产业占 GDP 的比重由 2001 年的 20.9% 下降到 2010 年的 9%，能源消耗由 3.5% 下降为 2.7%；第三产业占 GDP 的比重由 2001 年的 40.8% 下降到 2010 年的 36%，能源消耗比重由 12.6% 上升为 23.9%，由此可见，第一和第三产业的变化与能源消耗没有正相关关系，即第一和第三产业是低能源消耗的产业。但是，第二产业占 GDP 的比重由 2001 年的 38.3% 增加到 2010 年的 55%，增加了 16.7 个百分点，其能源消耗也由 50% 增加到 57.8%，增加了 7.8 个百分点，因此，第二产业的发展与能源消耗成正比例变动，尽管单位 GDP 的能耗在不断降低，可是因为第二产业是高耗能行业，导致其能耗比重的不断增长。

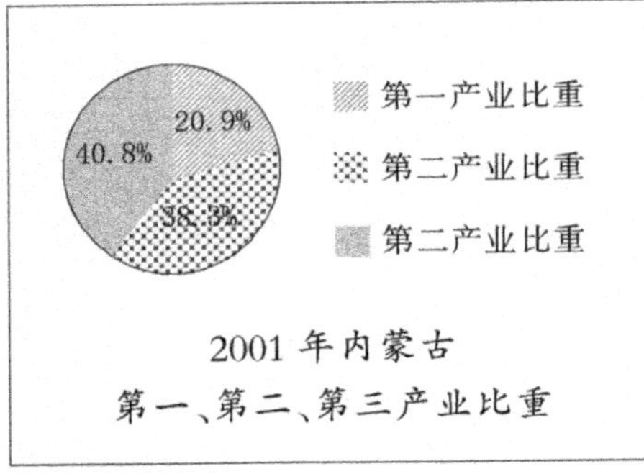

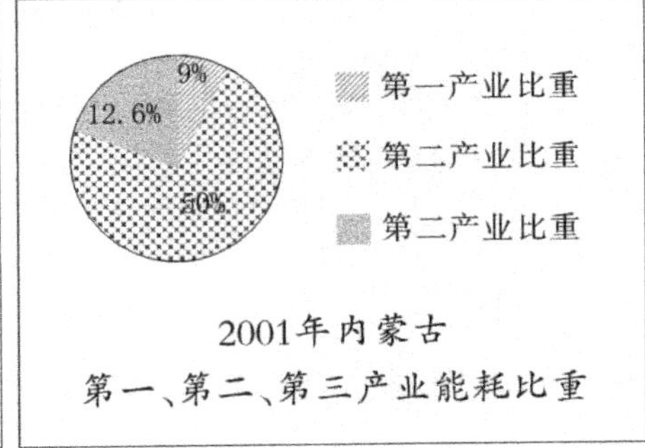

图7－15　内蒙古2001年产业结构与第一、第二、第三产业能耗对比

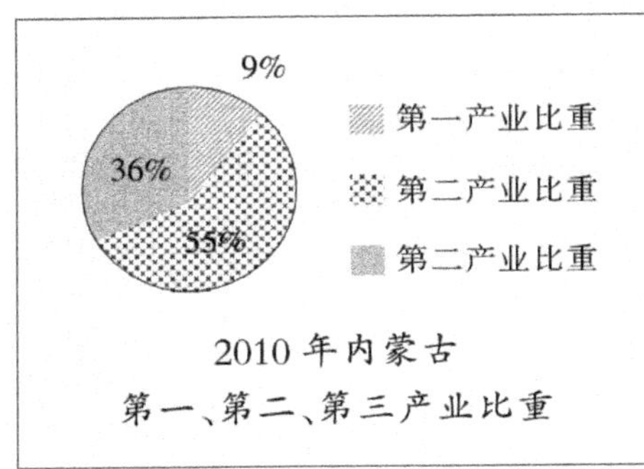

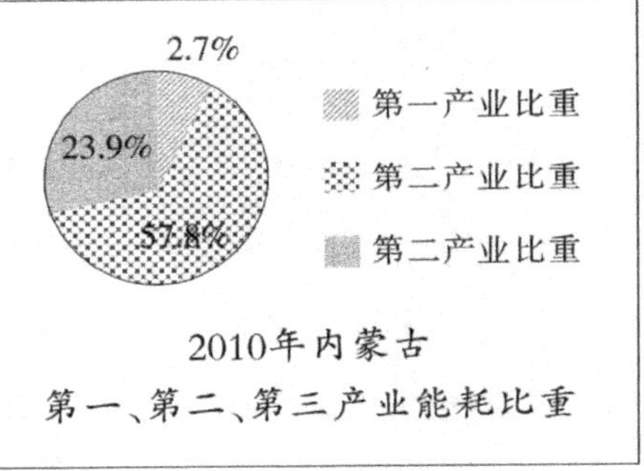

图7－16　内蒙古2010年产业结构与第一、第二、第三产业能耗对比

(四)低碳能源成本高

从表7－4可以看出,水电、风力发电和太阳能是低碳能源。一般来说,可再生能源一般都是低碳或零碳能源。可再生能源是指在生态环境中能重复产生的自然资源,能够循环使用,不断得到补充,不会随着人类的开发利用而日益减少,具有天然的自我再生功能,如水力、潮汐、太阳辐射、风力、海洋能、草木燃烧、热能以及从有机物质及其废物中提取的燃料,如酒精、沼气等。内蒙古在这方面有得天独厚的条件,如有很丰富的太阳能资源,总辐射量在4800兆～6400兆焦耳/平方米。年日照时数为2600～3200小时。内蒙古是我国风能最丰富的省区之一。全区风能资源储量为10.1亿千瓦,其中可开发利用的风能

功率为1.01亿千瓦,占全国的39%,居全国首位。内蒙古还有丰富的农作物秸秆、动物资源等都是颇具开发潜力的生物质能源。但是目前,内蒙古对可再生能源的使用程度还比较低。截至2010年底,内蒙古水电和风力总发电量不足全部能源生产量的1%。原因之一主要是风力发电和太阳能发电的成本过高,国内企业由于技术不成熟导致太阳能发电设备的成本是国际同类企业的2倍,太阳能发电的成本远高于火力发电的成本,发达国家为6倍,我国则更高。内蒙古地区由于风沙大,风力发电设备的维护费用更高,导致风力发电的成本高于火力发电。另外,风力发电的稳定性远低于火力发电。因此,内蒙古低碳能源的生产成本过高是其生产和消费量偏低的重要原因,降低高碳能源的生产和消费,增加低碳能源的生产和消费必须由政府来提供财政补贴和政策倾斜。

(五)能源利用效率低下

从能源利用效率来看,2010年,内蒙古单位GDP能耗1.915吨标准煤/万元,相当于全国单位GDP能耗平均水平1.291吨标准煤/万元的1.48倍,是西部地区单位GDP能耗平均水平1.737吨标准煤/万元的1.1倍(见表7-16)。

表7-16 内蒙古能源利用效率与全国及西部地区对比

单位:吨标准煤/万元,千瓦时/万元

	单位GDP能耗	单位工业增加值能耗	单位GDP电耗
内蒙古	1.915	3.24	1701.38
全国平均	1.291	2.29	1133.49
西部地区平均	1.737	3.13	1529.38

注:数据是根据《内蒙古统计年鉴》整理所得

内蒙古的能源消耗具有显著的高碳化特征，而且能源利用效率低下，发展低碳能源又受到投入和运行成本高的制约，因此，内蒙古的节能减排难度非常大，发展低碳经济面临着能源消耗高碳化与低碳能源高投入的矛盾问题。

三、产业结构转变的长期性与减少碳排放紧迫性的矛盾

一般而言，经济发展必然伴随着第一产业的产值在整个社会总产值份额的下降和第二、第三产业产值比重的上升，这一结论被大多数国家的经验事实所证明。目前，内蒙古三次产业结构呈现出“二、三、一”的特征。

发展经济就得消耗能源。金融危机爆发后，国家出台了一系列保增长的经济刺激计划，也带动了内蒙古钢铁、建材等高耗能产业复苏，能源需求也呈现刚性的快速增长趋势，进一步提高了高耗能产业的比重。工业用能仍是内蒙古能源消费的主体，工业能源消费占内蒙古能源消费的近八成，而工业增加值仅占全区 GDP 比重的四成左右。从工业内部结构来看，高耗能行业比重大，黑色金属冶炼及压延加工业、非金属矿物制品业、化学原料及化学制品制造业、造纸及纸制品业这四个行业工业增加值占规模以上工业的 1/3，但能源消费量占规模以上工业的近九成。近年来，内蒙古产业结构虽得到一定程度的调整和改善，但产业结构不尽合理的状况仍较为突出，第二产业比重偏高，经济增长过多地依赖第二产业，特别是依赖工业，2010 年工业对全区经济增长的贡献率达到 48.1%，而具有低能耗特征的第三产业和高技术产业发展明显滞后，比重偏低。内蒙古工业重型化的产业结构，使得企业资金投入大、设备专用性强，具有很强的“锁定效应”，如果企业要转型，必将承受巨大的转移成本。因此，在短期内得到有效的产业结构调整难度较大。

内蒙古产业结构调整只能是一个渐进的过程,资源依托型工业在内蒙古经济中的主导地位短期内不可能改变,高碳能源的消耗短期内还会继续增加。但是我国已向世界表明了节能减排的决心,内蒙古作为二氧化碳的高排放地区之一,节能减排任务非常艰巨。节能减排指数是反映一个地区节能减排总体水平的一个综合性指标,具体算法是:将单位GDP能耗、单位工业增加值能耗、单位GDP电耗化学需氧量排放量、二氧化硫排放量经过数据标准化后进行等权求和。通过节能减排指数对各区域进行分类,节能减排指数在4.5~5.5的为第一类地区,在3.5~4.5的为第二类地区,在2.5~3.5的为第三类地区,在1.5~2.5的为第四类地区。2008年,内蒙古的节能减排指数为2.644,属于第三类地区,只比山西、贵州和宁夏三个地区高,位列倒数第四(见图7-17)。内蒙古完成"十一五"规划的节能减排任务还有一定的难度。截至2010年,单位GDP能耗只完成"十一五"规划的96.6%,没有完成100%的目标(表7-17),所以内蒙古节能减排的任务非常艰巨,产业结构调整与节能减排的矛盾也会长期存在。

表7-17 内蒙古节能减排目标及其累计完成情况

单位GDP能耗			化学需氧量排放			二氧化硫排放		
2005年基数(吨标准煤/万元)	"十一五"末目标值(%)	2010年完成进度(%)	2005年基数(万吨)	"十一五"末目标值(%)	2010年完成进度(%)	2005年基数(万吨)	"十一五"末目标值(%)	2010年完成进度(%)
2.473	-25	96.6	29.7	-6.7	100.8	129.6	-3.8	104.5

注:数据来源于《中国统计年鉴》和《中国节能减排产业报告》P468-471。

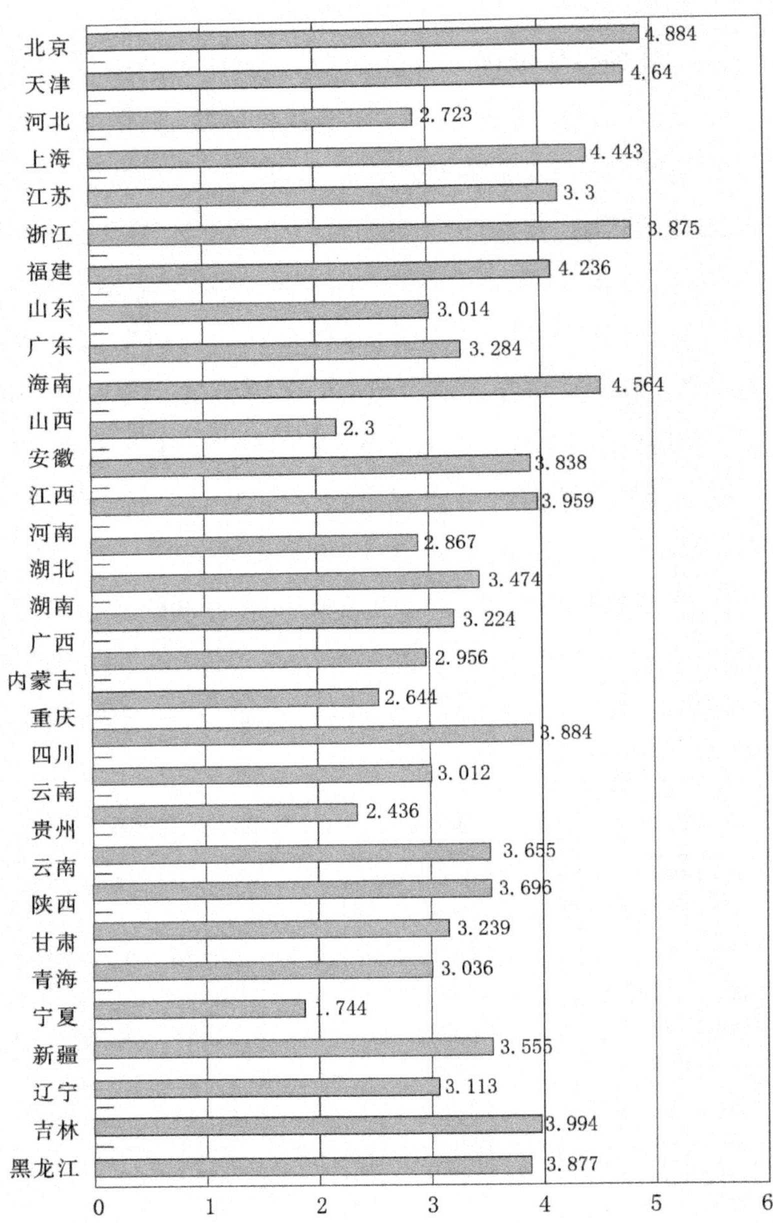

图 7－17　各地区节能减排指数

第四节　内蒙古发展低碳经济的对策

低碳时代一旦到来，一定会产生一系列新的产业、新的技术、新的规范、新的标准、新的约束，如果我们的产业体系、发展方式不做相应的转变，经济的持续发展必将受到越来越大的约束。从内蒙古所处的发展阶段和外部环境看，短期内增长速度不会对我们构成太大的压力，这是一个难得的转型机遇和条件，因此，必须通过调整经济结构，转变经济发展方式实现内蒙古经济发展的低碳化。本节从生产领域、消费领域和社会领域来说明内蒙古发展低碳经济所应采取的对策和措施。

一、生产领域

（一）产业结构优化升级

内蒙古发展低碳经济，就要加快产业结构的优化升级，实现发展速度和结构、质量、效益的统一。目前内蒙古正处于工业化初期后半阶段，重化工业是一个不可逾越的发展阶段，再加上现阶段国内高耗能、高污染产品的市场需求，使得整个第二产业在国民经济中的比重，尤其是重工业的比重，短期内难以迅速下降。因此，优化结构对于促进我区节能减排的作用有限。但是从长期看，通过优化结构节能减排仍有较大的潜力。大力推动产业结构优化升级，促进经济增长由主要依靠工业拉动和数量扩张拉动，向三次产业协同发展和优化升级拉动转变。要合理规划产业和地区布局，避免由于决策失误造成能源浪费和污染排放。

第一，巩固和提高第一产业，进一步加大农牧业的基础地位。农畜产品是内蒙古的特色和优势，马铃薯、羊毛、羊绒产量居全国第一位，羊肉、牛奶产量居全国第二位，牛肉产量居全国第十位。依托资源优势发展起来的农畜产品加工业，已成为内蒙古的一大优势产业，约有 70%

的加工业以农畜产品为原料或与农牧业密切相关。因此,应当坚持以优势资源为依托,以市场需求为导向,在确保基本农畜产品不断增长的前提下,对农牧业经济结构进行战略性调整,发展具有竞争力的产品,逐步形成具有本地区特色的质量效益型的生态农牧业。

第二,发挥资源优势,优化第二产业。一是整合资源,发展规模经济,培育优势产业集群。目前工业企业中普遍存在的问题是企业规模小,产业集中度低,难以形成规模效益和产业优势。当前要抓住国内外发达地区产业转移的有利时机,全力培育和打造一批大基地、大产业、大集团,率先在条件具备的优势地区建设一批能源、冶金、化工、装备制造、农畜产品加工和高新技术等优势产业集群,使资源、资金、技术、人才等生产要素向优势产业、优势企业聚集,实现规范经营、规模效益。二是延长产业链条。目前内蒙古的工业企业主要是资源型企业,深加工转化程度不高,产业链条短,附加值低,增值能力弱。所以,在"十二五"时期,要把延长产业链条作为内蒙古产业结构调整和经济增长方式转变的重中之重,通过发展产业下游加工工业,延长产业链条,提升产业层次。三是在扩大优势产业增量的同时,千方百计搞活现有产业存量。采用国内外先进的工艺技术和装备,加快钢铁、建材、机械制造等传统产业的技术改造和产品升级换代,提升产业集群的层次和水平。同时要大力发展一批稀土材料、生物制药、生物保健、电子信息等高科技产业,推进产业的优化升级。

第三,大力发展循环经济。按照减量化、再利用、可循环原则,改进产品设计和工艺,加强废旧家电处理等,逐步建立健全全社会的资源循环体系,构建"低能耗、低排放、低污染"的绿色经济。加快发展低能耗、低污染、高附加值的高新技术产业和装备制造业以及其他非资源型产业,壮大稀土、生物制药等高新技术产业规模,培育发展环保产业。建立健全新建项目节能减排专项评审制度；严把土地、信贷闸门，对不符合节能总量控制和环保标准的新上项目，不得开工建设，严格限制高耗能、高污染工业项目建设。

第四，大力发展第三产业，积极培育新的经济增长点。内蒙古发展第三产业要以培育市场、扩大就业、完善服务为重点，以形成门类齐全、结构优化、布局合理、产业化和社会化程度较高的第三产业体系。应加快对国民经济具有先导作用的交通运输、邮电通信等社会事业的发展，加快与人民生活质量提高密切相关的社会公用事业和社会服务业的发展。按照优化产业结构的要求，优先发展低能耗、污染少的服务业，推动服务业总量扩张和结构优化。运用现代经营方式和服务技术，对批发零售贸易业、餐饮业等传统服务业进行改造升级，进一步降低能源消费水平。同时，加快旅游资源的开发和利用，充分发挥内蒙古的旅游、文化资源丰富的优势，促进第三产业整体层次的提升。

总之，通过产业结构调整，优化第二产业的内部结构，提高第二产业的技术创新能力，降低第二产业的能耗和污染物排放；通过发展绿色农业和生态畜牧业促进低碳的第一产业发展；利用各种政策和法规促进内蒙古低碳的旅游业、服务业等第三产业的发展，从而缩短内蒙古“二三一”的产业结构向“三二一”升级的时间。

（二）开发绿色能源，优化能源结构

从内蒙古的自然资源是以煤为主的这一现实情况出发，应把握“煤为基础、多元发展”的战略方针，形成“煤炭为主体，电力为中心，油气、新能源全面发展”的能源结构。内蒙古是国家重要的能源和化工产业基地，从近年来内蒙古石化产业的构成看，高碳行业的比重偏高，内蒙古要转变经济结构发展低碳经济，无疑将肩负着为国家提供能源与大幅度节能减排的双重任务。要想使内蒙古经济发展既要“绿”又要“金”就必须走开发新能源的发展道路。与原煤的碳排放量相比，天然气就是低碳、清洁、高效的能源，风能和太阳能就是零碳能源。所以，内蒙古今后应通过大力开发绿色能源来优化能源结构。逐步减少原煤直接利用，提高煤炭用于发电的比重，加快发展煤炭气化和液化，提高转换效率，减少污染排放，加快发展风能、太阳能、生物质能等可再生能源和替代能源，提高可再生能源和替代能源在一次能源中的比重。特别是要发挥风能资源丰富的优势，打造百万千瓦级风电基地。

相对于传统能源，风能、太阳能、生物质能等新能源普遍具有污染少、储量大的特点，而内蒙古发展新能源产业有着得天独厚的资源优势。内蒙古可以通过建设绿色能源基地实现"以煤为主"的高碳能源向"煤炭与新型能源并重"的多元化能源转变。发挥地区优势，利用可再生能源发展生态产业，在努力压缩碳源的同时大力扩充碳汇，保证碳平衡的基础上实现净固碳，通过发展绿色能源保证经济发展要"绿"也要"金"，这是内蒙古未来长期努力的方向。内蒙古绿色能源基地建设应该上升为国家发展战略。作为国内碳汇拥有量、风能资源可开发利用量、太阳能年日照时数均在全国数一数二的省区，内蒙古得天独厚的立体资源优势，决定了其建设绿色清洁能源基地的条件具有唯一性。内蒙古煤炭、煤层气、天然气、石油等能源资源储量丰富，碳汇拥有量约占全国的17%，是国内碳汇拥有量最高的省区。从空间资源看，内蒙古风能资源可开发利用量居全国首位，太阳能年日照时数居全国第二位。这些自然条件加上内蒙古人口少、经济总量小的因素，具备建设可形成重要支撑作用的绿色清洁能源基地的不可替代的优势条件。内蒙古毗邻东北、华北、西北8省区，北邻俄罗斯、蒙古国。这一极其优越的地理区位优势决定了其辐射国内外能源需求区和提供区的广泛性，内蒙古建设绿色清洁能源基地将会加快其成为我国经济发展的重要支点。此外，内蒙古业已具备的能源产业基础和重要位置决定了内蒙古建设绿色清洁能源基地具有现实可行性。在传统能源产业领域中，内蒙古煤炭产量已占全国的1/5强，鄂尔多斯盆地是国家重要油气资源开发利用地区。在新能源领域中，内蒙古到2009年10月并网投产运行的风电机组居全国第一位；太阳能单场容量居全国前列的太阳能电场已投产发电；生物质发电等多种新能源工业正在兴起。另外，内蒙古在打造绿色清洁能源产业方面已逐步形成思路和构架。目前，发挥能源优势和能源产业基础的优势，打造绿色清洁能源产业，已经成为内蒙古今后扩大经济总量、调整经济结构，实现产业升级、保持又好又快和可持续发展的必由之路。"十一五"以来，内蒙古对传统能源工业改造、提升和新能源工业大力发展进行了大量的工作准备。同时，还将全力推进煤制甲醇、二甲醚替代汽、柴油等多项绿色能源产业构架项目，统筹推动绿色清洁能源产业的形成。因此，目前提出争取把内蒙古绿色清洁能源基地建设上升为国家发展战略的时机和条件是适当的。

（三）全面实施节能减排

内蒙古作为全国节能减排的重点地区之一，要确保按时完成国家"十一五"节能减排目标任务，实现内蒙古经济发展又"绿"又"金"，就必须加快节能减排各项措施的实施。

1. 推进节能技术创新，加强节能减排科技攻关

坚持"以企业为主导，以政府为主体"的原则，把节能技术、可再生能源技术的研发和引进消化吸收再创新，作为政府科技投入、推进高新技术产业化的重点。加强对节约能源关键技术和替代技术的攻关，加大新型照明、节能型空调、余热回收利用、建筑保温等领域的研发力度，鼓励、支持风能、太阳能等可再生能源和新能源关键技术的研发和产业化，重点抓好电力、钢铁、有色、化工、建材、煤炭六大耗能重点行业的节能技

术创新。加大节能技术改造力度。组织制定和实施分行业的节能技术改造计划,鼓励和支持企业采用节能技术、节能设备、节能工艺、节能材料,组织实施绿色照明、热电联产、炉窑改造等重点节能改造专项工程;以粉煤灰、尾矿和冶金、化工废渣及有机废水综合利用为重点,推进工业废物综合利用,推进再生资源回收利用。包铝集团四期改造项目,用240kA 预焙槽替代原有自备槽,比交流电能耗每吨下降1131 度。

2. 切实加强重点领域和重点行业节能

加强工业节能。重视源头控制,把节能评估、环境评价作为市场准入的强制性门槛,突出抓好国家和自治区确定的重点耗能企业的节能工作。依法对电力、钢铁、有色、化工、建材、煤炭六大耗能行业和企业实行单位产品能耗限额管理;对国家和自治区确定的85 家重点耗能企业按照下达的节能指标考核监督。煤炭、电力、冶金和机械制造业是内蒙古经济发展的支柱产业。实施节能减排、发展低碳经济,这些高耗能、高排放的传统工业将首先面临碳排放的限制。为了从源头控制高耗能、高污染项目的过快增长,内蒙古必须加强对单一铁合金、电石、电解铝、钢铁、焦炭、造纸、玻璃、玉米燃料酒精等项目的审批。

3. 加强节能减排政策引导扶持

加快推进资源性产品价格改革。加大实施差别电价力度,对高耗能、高污染行业全面实行差别电价。对列入允许和鼓励类但环保设施未经验收的企业,限期进行整改,如在期限内未通过环评验收,按限制类企业对待。全面推进水价改革,加大水资源费征收力度,改革水价计价方式,实现水资源费按标准足额征收。提高排污单位二氧化硫排放、COD 排污费征收标准,杜绝“协议收费”和“定额收费”。全面开征城市污水处理费并提高收费标准。提高垃圾处理收费标准,改进征收方式。

4. 落实国家和自治区鼓励节能减排的财税政策

各级政府要逐年加大对节能降耗管理、节能技术改造和环境保护的投入力度。在财政预算中安排一定资金,采用补助和奖励等方式,支持污水处理厂、垃圾处理设施以及配套管网建设、节能减排重点工程、示范工程、节能管理能力建设及污染减排监管体系建设。加大节能技改专项资金投入,鼓励企业采用先进的生产技术和节能减排技术。对因淘汰落后产能造成财政减收的地区予以一定额度的转移支付支持,逐步建立起退出补偿奖励机制。加大节能环保金融支持力度。鼓励和引导各金融机构加大对节能减排重点工程、符合国家《节能产品目录》产品和达到节能减排标准项目的信贷支持力度,并将此类项目的信贷取向列入信贷结构调整的重要范围。鼓励担保机构对节能减排项目进行担保。加强对重点污染企业的信贷审核。对应当关停取缔、停止建设的项目严把信贷关,不得向该类企业或项目提供贷款。在政府采购政策中综合考虑消耗、环境和资源利用的成本,对清洁能源、节能汽车、绿色家电的生产、销售和应用给予税收优惠、直接补贴和差别定价政策。

5. 建立健全节能减排监督机制,完善节能减排法规和标准体系

尽快研究制定与节能有关的循环经济、建筑节能、清洁生产等方面的配套法规,明确执法主体,完善各行为主体责任,强化政策激励,加大惩戒力度。进一步完善并严格执行主要能耗行业产品生产能耗标准、能源节约标准和大型公共建筑能耗限额标准以及配套的管理措施,初步建立覆盖各领域的节能标准框架体系,为节能减排执法监督和节能技术准入提供依据。进一步完善节能减排指标体系,完善企业环保标准、量化环保目标,推动企业节能环保评价工作。建立健全节能减排监督检查制度。加强对重点用能单位和污染源的经常性联合监督检查,建立有效沟通和协作机制,提高执法力度。尽快实现节能减排动态监督管理,建立

在线监测体系和实时数据平台。完善 GDP 能源消耗、污染物排放公报制度，建立重点行业单位产品综合能耗、主要污染物排放统计报表制度，及时准确反映能耗水平、污染物排放状况及节能减排目标实现情况。加大监督检查和执法力度，依法从重处理恶意耗能排污行为，并追究有关领导和直接责任人的责任。建立节能减排执法责任追究制度，对行政不作为、执法不力、徇私枉法、权钱交易等行为，依法追究有关主管部门和执法机构责任人的责任。

6. 完善节能减排考核制度

将 GDP 能耗降低目标、污染物减排目标分解到各盟市，各盟市把节能减排目标分解到各旗县（市、区）以及重点行业和企业。按照属地管理原则，各地区与重点企业签订节能目标责任状，实行严格的责任制，狠抓落实。将节能减排指标完成情况纳入各地经济社会发展综合评价和年度干部实绩考核体系，作为各地区、各部门领导班子和领导任期内贯彻落实科学发展观的考核内容，也作为国有重点企业负责人经营业绩考核的重要内容，严格实行节能减排问责制和“一票否决制”，使节能减排工作真正落到实处。

（四）大力发展循环经济

循环经济是建设低碳经济和实现可持续发展的重要途径。传统的线性经济增长方式是“资源—产品—废弃物”，而且是“大量生产、大量消费、大量废弃”。相对于这种方式，循环经济的运行路线是“资源—产品—废弃物—资源……循环往复”。这是一种以资源的高效和循环利用为价值取向、以“减量化、再利用、资源化”为核心，以可持续发展为根本目的的新型增长方式，也是一种新的污染治理模式，更是一种新的促进经济发展、资源节约与环境保护相结合的一体化战略。按照循环经济和生态工业模式，在政府的协调下以市场为主导，建立以企业和工业园区为点，以行业或产业为线，以整个城市为面的“点、线、面结合，大、中、小循环的”经济模式。通过走循环经济的道路使内蒙古的经济发展逐步由“高投入、高排放、高污染”的粗放型发展转变为“两高、四低”（即高增长、高效益、低投入、低消耗、低排放和低污染）的集约型发展。要加强重点行业能源、水、原材料消耗的管理，严格执行设计规范；加强节能、节水技术改造，加强废渣、废水、废气综合利用管理，提高资源综合利用率。实行最严格的耕地保护政策。积极开发利用可再生能源，实现可再生能源比重显著上升。要推行清洁生产、废弃物资源化、产品绿色化等生产方式，减少对资源特别是不可再生资源的消耗，制止浪费资源现象。促进经济发展与人口、资源、环境相协调，走出一条科技含量高、经济效益好、资源消耗低、环境污染少、人力资源优势得到充分发挥的新型工业化路子。

按照“减量化、再利用、资源化”的原则，加大对循环经济的政策支持力度，建立有效的激励机制，鼓励企业循环式生产，推动产业循环式组合，促进循环经济产业链和循环经济网络的形成。在能源、化工、建材等重点行业和大型产业基地、工业园区等重点领域，加强循环经济试点示范，大力推行清洁生产，建设一批循环经济企业和循环经济园区。积极推广节水灌溉、沼气综合利用等适用技术，形成种养结合、生产生活兼顾的农牧业循环经济模式。树立绿色消费理念，推进再生资源回收利用，加快构建循环型城市和社区。

二、消费领域

自 1992 年巴西里约热内卢召开可持续发展地球峰会以来，可持续消费问题引起了国际社会经济部门的共同关注，消费行为在很大程度上影响着国民经济各部门产品或服务的生产，甚至影响到产出水平。在最终消费中，居民消费是一个主要组成部分。传统消费模式是一种“线性过程”。经济系统致力于把自然资源转化成产品和货物以满足其他生产和人们提高生活质量的需求,用过的物品则被当作废物而抛弃。随着地球上的人口越来越多,人们生活水平的不断提高,消费量日益增多,废物也在增多,这就造成了资源的消耗和环境的退化。线性消费本质上是一种耗竭型消费。如果全球人口都按以往这种方式消费,即按照消费的数量,而不是通过适宜的手段去满足人类需求来衡量经济财富和生活水平,那将严重威胁资源耗竭及自身发展。

(一)消费模式的转变

随着内蒙古经济规模的增大,工业化、城镇化的推进,资源和环境压力越来越大,不健康、不文明的消费不仅空耗社会财富,而且浪费发展资源、污染生态环境,阻碍发展步伐,削弱发展后劲。只有形成健康文明消费模式,才可以使有限的资源和财富得到有效的保护和高效利用,促进经济社会全面协调可持续发展。科学发展观的核心是以人为本,社会主义社会发展的根本目的就是要满足人民群众日益增长的物质和文化的需求,提高生活水平。形成健康文明消费模式,可以保证有限的生产生活资料合理地运用于满足广大人民群众物质文化生产生活需要,不断地发展生产、增长财富、提高生活水平。为此,一是要强化节约意识,形成科学消费观;二是要优化消费结构,鼓励消费能源资源节约型产品;三是要倡导循环式消费;四是要形成社会监督机制;五是要加强法制建设。

(二)消费政策的低碳化导向

目前,内蒙古正处于社会转型时期,社会转型给居住、就业、生活、消费方式都带来了深刻变化,不仅涉及社会经济问题,也涉及资源和环境问题。内蒙古作为产煤大省,煤炭在其能源消费结构中占有很大的比重,以煤为主的能源消费结构在短期内难以改变,而传统的消费模式又导致能源使用效率低下。

随着社会的进步,科技的发展,居民生活方式也在不断变化。一方面,城镇居民生活消费结构发生了巨大变化;另一方面,农村的全面发展和现代化使农民生活也得到了改善,这些都将对能源提出更高的要求。消费者的生活方式将直接或间接的影响能源消耗和二氧化碳排放。消费者一方面可以直接利用能源;另一方面,由于衣、食、住、行的需要,消费者需要大量的商品,这些商品的生产、加工都必然引起能源消费,所以消费者的消费行为对能源消费及二氧化碳排放量产生的影响可以分为直接影响和间接影响。直接影响主要包括:基本的生活用能(包括照明、炊事、取暖等)、私人交通用能;间接影响包括:食品、衣着、家庭设备用品及服务、医疗保险、交通通信、教育文化娱乐服务、居住、杂项商品与服务。所以,消费政策的导向将直接影响居民消费的碳排放量的大小。

1. 政府应引导居民合理调整消费结构

政府应倡导居民适度消费,比如,日本人均住宅使用面积只有大约30平方米,但设计合理,在居住舒适性上并不比其他国家差。日本家用汽车平均排气量仅为1.2升,但美国家用汽车平均排气量高达2.8升,从实用性上看两者也并没有太大差别。消费结构的调整不仅不会降低生活质量,还能为节能减排发挥作用。因此,合理调整居民的消费结构将有利于低碳消费的发展。在内蒙古有些经济增长较快的地区,出现大排量汽车被大量购买的情况,政府应倡导居民消费低碳化,并通过提供完善的公共服务,如便捷的公共交通网络和社区服务设施来引导居民选择低碳化的生活方式。

2. 完善发展低碳消费的相关制度

一方面,政府应通过减免税费、提供财政补贴等措施调节居民消费行为,实现低碳消费。如鼓励引导消费者购买小排量汽车,推广太阳能、高频无极灯等新能源项目。日本政府制定了低碳社会行动计划,通过税收优惠政策鼓励和支持开发风能、核能和太阳能等新能源，并加速建造节能型建筑。可见，制定相关的节能减排优惠政策将有效促进低能耗、低排放的居民消费。另一方面，进行庭碳排放交易制度能促进居民低碳消费的发展。在国际上，国家之间的碳排放交易对碳排放的抑制已产生明显的成效。因此，政府可以成立一个排放贸易的电子注册系统和实时交易平台，同时在试点城市给每个家庭制定相应的节能减排标准。所有家庭参与者至少注册一个账户，用来记录家庭能耗基本情况及碳排放量等信息。

3. 大力倡导绿色消费

政府应大力推行绿色产品认证并优先采购环保产品，加强绿色消费理念的宣传，传递绿色消费信息，向广大消费者普及绿色消费知识，通过制度化、系统化、大众化的教育，提高消费者的环保意识，增加对绿色产品的采购。例如，在英国的部分超市，百事可乐以及其他顶级品牌食品公司已经给部分食品标出了“碳足迹”标签，帮助消费者做出“绿色”采购决策。英国政府呼吁其他品牌的食品也标上“碳足迹”标签，消费者进入超市后可以根据自己的环保理念，查看商品“碳足迹”标签，采取绿色购物行为。

三、社会领域

构建一个低碳社会是实现经济、社会、生态环境的和谐发展的根本途径。本节主要分析内蒙古城市低碳化的路径和牧区低碳化应采取的对策。

(一)城市低碳化

付允、汪云林等学者(2008 年)在《低碳城市的发展路径研究》一文指出：低碳城市就是通过在城市发展低碳经济，创新低碳技术，改变生活方式，最大限度减少城市的温室气体排放，彻底摆脱以往大量生产、大量消费和大量废弃的社会经济运行模式，形成结构优化、循环利用、节能高效的经济体系，形成健康、节约、低碳的生活方式和消费模式，最终实现城市的清洁发展、高效发展、低碳发展和可持续发展。胡鞍钢（2007 年）在《中国如何应对全球气候变暖的挑战》一文指出，在中国从高碳经济向低碳经济转变的过程中，低碳城市是重要的一个方面，包括低碳能源，提高燃气普及率，提高城市绿化率，提高废弃物处理率等方面的工作。

1. 能源消费结构多元化

内蒙古的能源消耗主要是煤炭，丰富的太阳能和风能没有得到充分利用。第一，新建的城市建筑物应鼓励使用太阳能和风能，政府应出台相关政策鼓励城市建设能源的多元化。第二，城市交通能源的多元化。鼓励居民购买低碳的电动车和天然气车辆，公共交通工具通过补贴等措施逐步实现多种能源共同使用。第三，城市公用设施增加低碳能源的使用。比如路灯，新修建街道、公路的路灯要求采用太阳能供电。

2. 提高燃气普及率

2010 年，内蒙古燃气普及率为 79. 26%，比全国平均水平低 12. 74 个百分点（见表 7 – 18）。天然气的碳排放量是 0. 4483 吨/吨标准煤，比原煤的碳排放量大约低 40. 7%，所以，城市燃气普及率越高，则碳排量将越少。内蒙古拥有丰富的天然气资源，提高燃气普及率的空间很大。

3. 提高城市绿化率及公共交通营运能力

树木和草地具有较强的固碳能力，城市的绿地面积约大，固碳能力将越强。2010 年，内蒙古的人均公园绿地面积 12. 36 平方米，是全国平均水平的 1. 1 倍（见表 7 – 18），主要是因为内蒙古人口密度低于全国平均水平，所以，内蒙古通过增加绿地面积促进低碳城市的发展具有很大的潜力。汽车尾气是城市二氧化碳等气体污染物的主要来源，公共交通的发达、便捷与否直接影响城市碳排放量的大小。2010 年，内蒙古每万人拥有公共交通车辆6.48标台，全国平均水平是9.7标台（见表7－18）。所以，发展公共交通是内蒙古未来建设低碳城市的重要举措。

表7－18 内蒙古与全国部分城市公用事业指标对比（2010年）

	燃气普及率（%）	人均公园绿地面积（m^2）	每万人拥有公共交通车辆（标台）
全国平均水平	92.00	11.2	9.7
内蒙古	79.26	12.36	6.48
差距	－12.74	1.16	－3.22

注：表中数据根据《中国统计年鉴》2011年整理所得

4. 提高废弃物处理率

废弃物的处理能力直接决定着一个城市污染物的排放情况，构建低碳城市就必须提高城市“三废”的处理能力，提高“三废”的达标排放率。2010年，内蒙古人口占全国的1.84%，城市污水日处理能力只占全国的1.16%；内蒙古的工业废水排放达标率、工业烟尘排放达标率和工业粉尘排放达标率、工业二氧化硫排放达标率分别是90.2%、81.1%、91.4%和90.6%，分别比全国平均水平低5.12个、17.5个、4.47个和2.5个百分点；内蒙古的工业固体废物综合利用率是56.3%，比全国平均水平低10.84个百分点（见表7－19）。

表7－19　内蒙古与全国部分污染物排放达标情况统计（2010年）

	工业废水排放达标率（%）	工业烟尘排放达标率（%）	工业粉尘排放达标率（%）	工业二氧化硫排放达标率（%）	工业固体废物综合利用率（%）
全国平均水平	95.32	98.6	95.87	93.1	67.14
内蒙古	90.2	81.1	91.4	90.6	56.3
差距	－5.12	－17.5	－4.47	－2.5	－10.84

注：表中数据根据《中国统计年鉴》2011年整理所得

总之，内蒙古建设低碳城市的过程还比较漫长，需要加大政府投入，提高城市燃气普及率、城市绿化率和废弃物处理能力，实现城市能源的多元供给，这样才能最终实现城市的低碳化。

（二）建设低碳农牧区

1. 加强草原的固碳作用

草原是地球上最重要的陆地生态系统类型之一，草原植物通过光合作用吸收空气中的二氧化碳并固定在土壤和植被中，这使得草原在缓解气候变暖、防风固沙、涵养水源、保持水土、净化空气以及维护生物多样性等方面具有重要作用。减少水土流失，既能促进畜牧业发展，还可增加固碳作用。尽管对于土壤的固碳作用，不同研究人员得出的结论不一致，但不可否认土壤是储存碳量最大的仓库。固定到土地里的碳转化为土壤的有机物质后，不但可降低全球温室气体总量，而且可改变土壤的性质，促进作物生长。研究表明，温带草原和沙漠地区的固碳作用也相当大。有专家指出，造成土壤退化的最大原因是过度放牧。最近几年的研究也表明，若能减少一定数量的牲畜放牧，不但可以恢复植被、保护草原土壤，牧民的经济收入也不会受到太大影响。因此，如果能遏制过度放牧的现状并以此来进行草地的可持续维护，既能使草长得好，又能使土壤中的根系更加牢固，从而使草原贮藏越多的有机物质。据估算，自从人类有生产活动以来，由于管理不当造成的有机物质流失量已达到总数的30%左右。如果管理得当，就能减少土壤有机物质的流失，并通过一定途径使得有机物质回到土壤中，而土壤中有机物质增加多于有机物质流失的部分就被称为碳汇。举例说明，1000 公顷的草地约含 4700 吨重的土壤，只要增加 1% 的土壤有机物质，即可增加 47 吨的物质；若 47 吨物质中有 27 吨的碳，就相当于减少大气中 100 吨的二氧化碳，可见土壤固碳作用的强大威力。况且，农牧民还可以从固碳过程中得到相应的补偿。

虽然目前国际碳贸易并不包含农业，但是已经有许多国家的农民粮食收成以后需缴纳碳贸易税，由此一些国家已经启动对农民生产的建议性指导，在保护农业生产资源的同时，与能源等部门及企业合作，在维持碳交易平衡的基础上使农民从中获利。例如2002年，美国的一家能源公司就付给当地农牧民75 000美元，因为据当地政府估算，这些农牧民在当年的农业生产活动中固碳近3000吨。如果按这个价格来支付内蒙古草原的农牧民，吸引力应该很大。

2. 保护草原生态

长期以来，各界对内蒙古天然草场资源的理解是片面强调其经济价值，而忽视其生态环境特性与功能以及生物多样性资源价值。然而，由于生态系统的脆弱性、生产力的低水平性、生态功能的广泛性等特性，对内蒙古天然草场的定位应当是：首先是我国北方重要生态屏障，其次是我国宝贵的生物、文化多样性资源的载体，最后是我国重要的畜牧业资源。

基于上述认识，国家应加强草场保护和建设，强化内蒙古天然草场法制化管理制度，消除破坏草原的一切现象及其隐患。采取围封轮牧、休牧、划区轮牧、人工种草、飞播牧草、改良草场、建设草原节水灌溉配套设施、建设草原类自然保护区、治虫灭鼠等措施，保护和恢复天然草场植被，遏制草原生态环境恶化的势头。通过转移集中，把生态恶化地区的人、畜撤出来，不再形成新的人为破坏。同时通过实行股份合作制，优化重组生产要素，集中统一经营管理草场资源和畜牧业生产，转变草场资源利用方式，建立牧区人地系统良性运行机制。良性循环的草原生态系统是天然的固碳场所，是实现草原固碳作用的有力保障，也是建立低碳农牧区的必然选择。

3. 发展可循环的畜牧业

传统线性牧业经济的生产观念是大量向自然索取，尽人所能最大限度地开发自然资源，最大限度地创造社会财富，最大限度地去获取利润。而循环经济的生产观念要充分考虑自然生态系统的承载能力，尽可能地节约自然资源，不断提高自然资源的利用效率，循环使用资源，创造良好的社会财富。

生态养殖工程是决定循环农畜产品加工业成败至关重要的因素，应建立农牧结合的畜禽养殖模式。根据国际经验，解决规模养殖场污染的最佳途径是实现农牧结合。每一规模养殖场都必须保证有相应规模的农用土地，使养殖场排放的粪便和废水能被农田作物消化吸收。养殖场的粪便和废水通过管道排放到田间直接施用或分布在田间的小型畜粪池待用。大量养殖山羊会对环境造成负面影响，秸秆还田用量少，无法彻底解决秸秆问题。把秸秆切割成段，作为山羊的饲料，山羊的粪便又用于农业施肥，既解决了秸秆焚烧问题，又解决了秸秆肥效不足的问题，形成了经济微循环体系。农牧结合的畜禽养殖业生态工程具有较好的经济效益和社会效益，提高了资源的利用效率，减少了环境污染，是循环经济的最佳境界。

内蒙古农畜牧场养殖业比较发达，伊利、蒙牛、草原兴发等大型农畜产品加工企业均建有大型农畜牧场。农畜牧场的污染主要来自于牲畜的粪便及污水，若不处理，极易滋生大量微生物，危害牲畜和人类的身体健康。农畜牧场实施循环经济的措施主要有：建立农畜牧养殖场粪便及污水处理综合利用系统。粪便及污水经过无公害、无污染完全处理，转化为有机肥和电能等，完全满足减量化、无害化、资源化的处理原则，在处理粪污的同时治理污染，保护环境，创造较好的经济效益和社会效益，符合国家产业政策、环保政策和科技政策的调整和发展方向。具体循环型产业链如图 7－18 所示。循环型的畜牧业不但可以减少农牧区的碳排放，而且可以提高资源利用效率，促进农牧区经济的和谐发展。

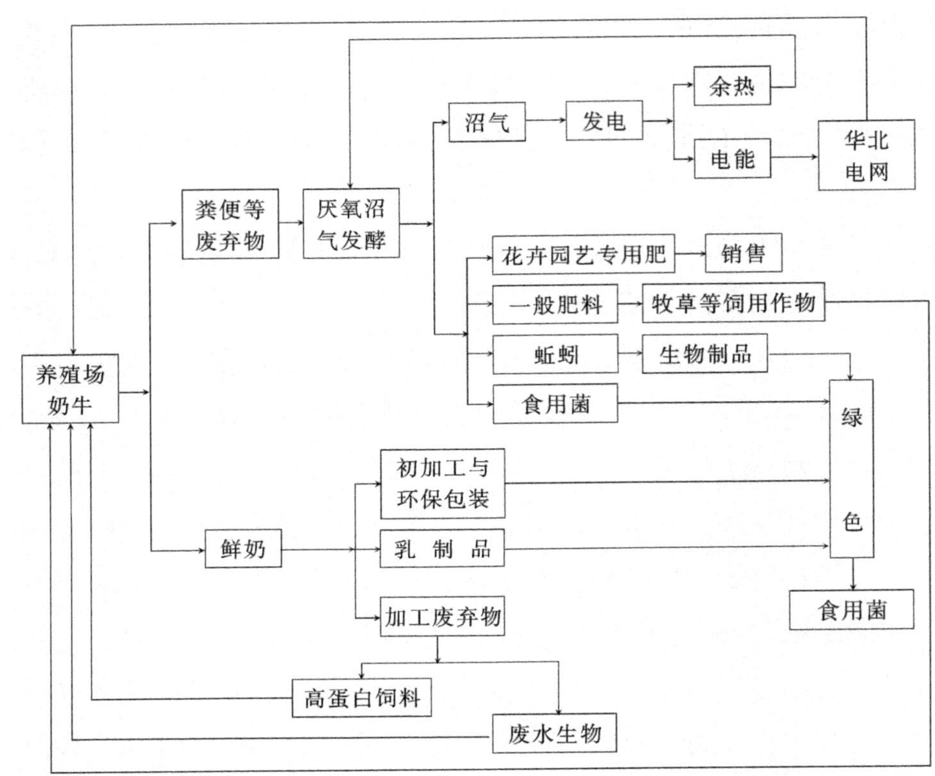

图 7－18 农畜牧场循环经济产业链

参考文献

[1] 长青，蒋宏伟，巩芳．内蒙古工业可持续发展的对策研究．科学管理研究，2006(6).

[2] 张坤民，潘家华，崔大鹏．低碳发展论．北京：中国环境科学出版社，2009.

[3] 付慧．内蒙古自治区低碳经济发展的实证研究．华南理工大学，2011.

[4] 史新峰．气候变化与低碳经济．北京：中国水利水电出版社，2010.

[5] 中国节能环保集团公司，中国工业节能与清洁生产协会．2010 中国节能减排产业发展报告——探索低碳经济之路．北京：中国水利水电出版社，

2010.

[6] 朱晓俊,黄占兵．内蒙古节能减排与经济发展方式转变研究．内蒙古金融研究,2010(4):6－10.

[7]齐建国．关于循环经济理论与政策的思考．经济纵横,2004(2):35－39.

[8] 付允,汪云林,李丁.低碳城市的发展路径研究.科学对社会的影响,2008(2):5－10.

[9] 胡鞍钢.中国如何应对全球气候变暖的挑战.国情报告,2007(29).

[10] 吴天马.循环经济与农业可持续发展．环境导报,2002(4):89－92.

[11] 李长青,李飞,杨新吉勒图.内蒙古低碳经济发展模式探讨－中外低碳经济发展模式经验借鉴．当代经济,2012(1):74－77.

[12] 乌兰托娅．内蒙古发展低碳经济的必要性及挑战分析．经济纵横,2012(3)179－180.

[13]吕霞,姜宝林．内蒙古发展低碳经济的现状与对策研究．内蒙古石油化工,2011(19):5－9.

[14]高际玫, 樊庆云．内蒙古自治区低碳经济发展的潜力分析．内蒙古石油化工,2012(3):60－62.

[15]许海清．全球气候变化背景下内蒙古产业的低碳发展策略．经济论坛,2010(3):120－121.

[16]宋瑞敏,郭春明．发展低碳经济,促进内蒙古可持续发展．区域经济,2012(1):221－223.

[17] 吕霞,姜宝林．低碳经济背景下内蒙古发展低碳产业的思考．内蒙古科技与经济,2011(19):8－10.

[18]欧育辉,刘轶芳,满讲义．基于LMDI的我国能耗增长总量分解．经济管理,2007(7):91－95.

[19]宋杰鲲．基于LMDI的山东省能源消费碳排放因素分解.资源科学,2012(1):35－41.

第八章　传承少数民族优秀的低碳经济传统

第一节　少数民族地区曾经是一个典型的低碳经济形态

一、内蒙古在远古曾经是一个典型的低碳经济形态

更新世的蒙古高原，曾多次出现冰期，即厚厚的冰壳将地表覆盖。在最后一次冰期结束以后，由于气候变暖，冰壳融化，地表水非常充沛，森林、灌木、蒿草非常繁茂。蒙古草原的新石器时代是水草丰美的沃野，雨量十分充沛，这里生长着茂密的森林和草原，多种多样的野兽在此生存。对此著名考古学家贾兰坡做过详尽的描述，他认为，冰期给人类起源和分布带来的影响，冰期过后造成的地理环境也非常值得考虑，蒙古人民共和国地处内陆，现在气候变化剧烈，除了西北地区雨量较多，土壤比较湿润，植物比较茂盛外，平衡雨量很少，广大的戈壁地区都相当干旱，可是当新石器时代的时候并非如此。当末次冰期的时候，蒙古高原处在以中亚为中心的强烈的冰盖影响之下，冰期结束，气候变暖，到了新石器时代，大量的冰雪融化，使低地变成许多湖泊和河流，动植物也就随着繁盛起来，由于湖泊和河流互相通连，鱼类必然得到迅速繁殖，同时也为野兽提供了栖息之处。有了这样的优越条件，人类为了狩猎和捕鱼，也必然由南向北迁移，这种自然条件是从更遥远的古代——旧石器时代延续而来的。在内蒙古的阴山、乌兰察布、巴丹吉林沙漠一带，发现了数十万幅远古猎牧人的动物岩画，以阴山为例，有虎、狼、狐、豹、黑熊、野马、野驴、岩羊、盘羊、北山羊、羚羊、藏羚、绵羊、黄羊、梅花鹿、马鹿、麋鹿、鸵鸟、驯鹿、野猪、野兔、大角鹿、野牛、鸵鸟、龟、鹰、蛇、蜥蜴、羚牛、白

唇鹿牦牛、跳鼠等数十种。其中不少动物是适于在水域或森林、草原活动的动物。尽管现在巴丹吉林沙漠地带，黄沙弥漫，瀚海千里，然而从那里的岩画看，这里生长着数十种飞禽走兽。无数的遗址和大批动物岩画表明，蒙古高原在新石器时代自然环境确实是水草丰美之地，山中有浓荫铺地的密林，河畔、湖边、草原有繁茂的野生植物。著名人类学家裴文中教授在《中国原始人类的生活环境》认为，在远古时期，在阴山山脉的南麓，在一个广大的地区中，有由山上积雪汇集而成的河流和湖泊，成为许多动物和人类聚集之地。河套人生活在现在的萨拉乌苏河的两岸，在河的两岸是广大的平原草地，在河湖的附近生长着草木。在平原草地上，有河套扁角鹿、有赤鹿、有野猪、也有善于奔驰的羚羊、野驴和野马。不怕干旱的，还有骆驼和一些啮齿类。在河旁有水牛及原始牛，来吃河旁比较丰富的水草。有决定意义的是纳马象和披毛犀和赤鹿，都生活在草原之上。那时的萨拉乌苏地区，有较大的湖泊和河流，湖畔附近有疏散的森林和广阔的草原。气候比现在温暖而湿润。内蒙古鄂尔多斯高原现在气候干旱、土地贫瘠，但石器时代可与现在的迥然相反。周明镇教授说：在更新世晚期的鄂尔多斯地区，是一个“有草原和森林的环境。”

二、历史时期的内蒙古是一个典型的低碳经济形态

匈奴、鲜卑、契丹、蒙古等等许多民族，都是在内蒙古草原上诞生、壮大，由此登上了历史舞台。契丹人建立的辽朝，蒙古人建立的元朝，对我国历史发展，都产生了重要的影响。游牧民族创立的文化，成为中华文化的重要组成部分。根据《汉书》记载，到公元前一世纪，汉元帝的郎中侯应说：“阴山东西千余里，草木茂盛，多禽兽。本冒顿单于依阻其间，治作弓矢，来出为寇，是其苑囿也。”魏晋南北朝时期，大夏国国王赫赫勃勃在内蒙古鄂尔多斯地区建都，城名为统万，在今乌审旗南境，那时的统

万,“土苞上壤,地跨胜形。”400 年之后,在唐代文献中,这座改名夏州的名城已处在沙漠的威胁之中,又过了 100 多年,宋朝统治者下令废毁这座城,因为古城已陷在沙漠中,居民很难生存。由此,这座古城的废墟已成为生态学上的有力例证。

十六国时期大夏国的建立者赫连勃勃曾在北游契吴(在今乌审旗北境),赞叹说:“美哉斯阜!临广泽而带清流。吾行地多矣,自马岭已北,大河已南,未之有也。”公元六世纪,北齐大将律金满怀激情在《敕勒歌》中唱道“敕勒川,阴山下,天似穹庐,笼盖四野。天苍苍,野茫茫,风吹草低见牛羊”。据北宋沈括的《使辽图抄》记载,在唐、宋之前,内蒙古科尔沁草原,到处都是“木植甚茂”。700 多年前,成吉思汗亲率大军西征,路过鄂尔多斯高原时,为这里的碧草茵茵的旖旎风光所陶醉,忘情地说,我看这个地方很美,死后就把我埋到这里吧。宋代诗人欧阳修、金代诗人赵秉文都曾以诗赞美过科尔沁草原的壮丽景色。明、清时期,内蒙古赤峰一带是一片松林草原地带,克什克腾旗,“傍多松…及佳山水”,这里“甚似江南,…树林蓊郁,宛如村落,水边榆柳繁茂,荒草深数尺”。据《经棚图志》记载,当时,“森林滋润,草绿而肥。”17 世纪上半叶,清太宗皇太极曾经在科尔沁左翼前旗到张家口一带设置了不少牧场,被称为“长林丰草”。1936 年,著名记者范长江在绥远省进行采访,并在《塞上行》一书中谈到了内蒙古地乌兰察布市,他说,阴山北面乌兰察布市区域里,大半是水草茂盛的牧地。草地地势,平坦润泽,不但行驶汽车相宜,而且风景悦目。从上述资料可以看出,历史上的内蒙古草原生态系统的生物量巨大,生态系统是复杂的,生物的层次是多重的,而且这种苍茫广袤的草原和万木峥嵘的森林组成的生态系统,并不是昙花一现的历史一瞬,而是从远古一直延续至近代,只是在现代,这一系统才以加速度迅速退化。从横向分析,从东部草原到西部草原,与现代不同的是,草原植被具有相当的均衡性。

少数民族的生产生活方式保护了植被，而沙漠化对于植被的破坏，却扩大释放了二氧化碳量（见表8－1、表8－2）。

表8－1　近40年来中国沙漠化土地扩大释放的二氧化碳量

地区	正在发展的沙漠化土地			强烈发展的沙漠化土地			严重沙漠化土地		
	平面（平方千米）	C（%）	含碳量（Mt）	平面（平方千米）	C（%）	含碳量（Mt）	平面（平方千米）	C（%）	含碳量（Mt）
呼伦贝尔	1542.5	0.538	6.640	284.9	0.164	0.374	64.5	0.284	0.147
嫩江下游	1456.1	0.503	5.862	288.0	0.114	0.263	/	/	/
吉林西部	2437.1	0.525	10.241	216.5	0.160	0.277	/	/	/
科尔沁草原	7831.8	0.385	24.134	4057.8	0.117	3.800	1761.8	0.126	1.777
西拉木伦河上游	1761.3	0.293	2.721	1942.4	0.075	1.166	2436.5	0.073	1.424
河北坝上	2968.4	0.564	13.400	445.4	0.448	1.597	/	/	/
察哈尔草原	3804.9	0.095	2.893	7458.6	0.043	2.567	1611.8	0.037	0.477
后山地区	1700.1	0.092	1.252	31.1	0.026	0.006	/	/	/
前山地区	113.4	0.061	0.055	331.5	0.019	0.051	311.9	0.032	0.080
晋西北及陕北	3327.0	0.050	1.349	4754.9	0.016	0.609	12271.0	0.026	2.554
鄂尔多斯	3994.1	0.124	3.964	7997.4	0.037	2.368	15266.8	0.066	8.065
宁夏中部及东南	1445.4	0.132	1.527	3407.2	0.040	1.091	1703.3	0.069	0.941
阿拉善地区	606.1	0.100	0.485	7191.3	0.099	5.698	431.9	0.099	0.342
河西走廊	248.2	0.246	0.489	2353.6	0.075	1.413	2881.7	0.130	5.305
柴达木盆地	503.4	0.495	1.994	1888.8	0.109	1.648	2159.1	0.031	0.536
准噶尔盆地	421.9	0.135	0.456	5486.9	0.041	1.801	/	/	/
塔里木盆地	1067.0	0.144	1.230	14710.1	0.044	5.181	11417.8	0.077	7.637
合计	35873.4		78.692	62846.4		29.901	52318.1		28.685

资料来源：段争虎，刘新明，屈建军. 中国土地沙漠化对大气 CO_2 含量的影响. 干旱区资源与环境，1996，2

表 8-2 沙漠化土地退化一个等级释放的二氧化碳预测

沙漠化类型	扩大的面积(平方公里)	释放的有机 C(Mt)
正在发展的沙漠化土地	15 800	217.60
强烈发展的沙漠化土地	80 960	74.14
严重沙漠化土地	60 677	17049
合 计	157 437	309.23

资料来源:段争虎,刘新明,屈建军.中国土地沙漠化对大气 CO_2 含量的影响.干旱区资源与环境,1996,2

波特(Potter)等根据对土壤的扩散率和全球水分平衡(1 度 ×1 度)计算,利用改进的 Fick 第一定律估算全球土壤甲烷吸收总量为 1700 万～2300 万 t/a,并得出 40% 以上的 CH 是被相对干旱的生态系统所吸收的结论,如半干旱大草原、热带草原等。

第二节 高碳经济文化要尊重少数民族的低碳经济文化

一、少数民族低碳经济形态略述

(一)匈奴及其古代少数民族的生态文明

匈奴得以在历史上叱咤风云,称雄几个世纪,与其拥有的生态文明密切相关,在她们所建立的生态文明基础上,拥有了强大的经济基础、国家政治制度、军事制度和璀璨的艺术。在生态文明的语境下,匈奴的生态文明对于我们今天也有重要的启示。

匈奴所表现出的生态文明,一是敬重自然的生态意识,匈奴人有"天所立"、"天地所生"的"天"意识。匈奴人的宗教信仰带有明显的萨满教特点。据记载,匈奴人"五月,大会茏城,祭其先、天地、鬼神"。"而单于朝出营,拜日之始生,夕拜月","举事而候星月,月盛壮则攻战,月亏则退兵。"有巫者,出兵必占吉凶,敬仰天地日月,有崇拜偶像的习俗。在诸神崇拜中，特别注重天神。自匈奴始，我国北方草原的各个民族把敬重自然的生态意识流传下来，突厥也是一个崇拜“天”的民族。在突厥文碑铭中，有许多“从天生”、“天所生”的概念。在粟特语中，也有相同的“天”的概念。蒙古人的“长生天”意识更为人所周知。

由于特定的生态环境和生活方式，马、牛、羊、鹿、虎、鸟等动物便成为匈奴的崇拜物，即氏族或部落的标志物。匈奴文化的主要内涵为各种质地上的动物造型，这不仅体现了战国至汉朝中国北方草原地区的生活情景，更能反映当时与日常生活有着密切联系的原始宗教——图腾崇拜的状况。匈奴人在特定的生态环境中，对牧畜和其他动物有着特殊的感情，表现在艺术上便塑造了各种形态的动物图案，并赋予深刻的文化含义，即图腾文化。动物造型不仅体现了匈奴的经济类型、生活情景和剽悍勇敢的民族性格，还上升到观念形态，作为图腾去崇拜。

二是根据气候变化创造伟大游牧文明，早期匈奴人及其先民本来是从事以农业为主的生产活动的。匈奴民族最初并不是选择了以畜牧业为主的经济生活，而农业才是匈奴及其先民最先选择的经济生活方式。但当自然环境和气候发生变化时，他们的生产方式根据地理环境及其所拥有的自然资源做出相应的调整。从农业生产方式变迁为游牧文明适应了自然环境。

在匈奴故地，在公元前4000年左右，已有人类在此以农业谋生，农业为当时人们的主要生产活动。在河套以北地区，相当于仰韶晚期的人类遗存是“阿善二期文化”，时代约相当公元前3700—3000年。这时期人类的遗存较为丰富，以农业为主兼营狩猎采集的经济生活特征明显。到了公元前3000年，在包头地区，存在着一种被称之为“阿善三期文化”。从以上考古学资料得知，匈奴及其先民早期的生产生活依赖有利于农业的自然环境和气候，从事一种以原始农业为主的经济活动。

气候上的变化是造成匈奴变迁的重要因素。许多古气象学家都曾指出,就全球整体而言,公元前2000—1000年,是一个逐渐趋于干旱的时期。这个趋势,到了公元前1000年左右达到顶点。有学者指出,公元前6000—1000年,华北地区,是较湿润的时期。在约公元前1000年左右,这里最后一期的森林草原消失,干旱或半干旱气候再度形成。在鄂尔多斯地区,由于受青藏高原抬升运动的影响,全新世以来鄂尔多斯地区的干旱与半干旱气候便逐渐形成并持续加强。以致形成了现在大青山以南的套北地区以及鄂尔多斯东部、土默特平原都属于温暖的半干旱气候;鄂尔多斯西部,则属于温暖的干旱性气候区,到了狼山下的套西北地区,年雨量只有150~250毫米。因此大体来说,这区域干旱的程度是由东南向西北递增的;降水量不平均且变化大是其特点。人类想要在这里生存和发展,只得适应新的自然环境,调整土地利用方式和传统的经济结构。

公元一世纪之前,匈奴及其先民由从事原始农业转变为从事畜牧业,并建立了一个强大的游牧帝国。《史记· 匈奴列传》说匈奴人从远古以来,就居于北蛮,“随畜牧而转移”。《盐铁论》则载匈奴“因水草为仓廪”,“随美草甘水而驱牧”。史载匈奴人“自君王以下,咸食畜肉,衣其皮革,被旃裘”。《史记·匈奴列传》说其“即“随畜牧而转移逐水草迁徙,毋耕田之业”。《淮南子·原道训》说“雁门之北狄不谷食。”《盐铁论。备胡》亦说“外无田畴之积。”在阴山岩画中发现的众多射猎图、牧马图、穹庐毡帐图,艺术地再现了北方民族的游牧、狩猎生活场景。从匈奴的畜群规模也可以看出当时游牧经济的成果,《史记》记载,冒顿围汉高帝于白登山时有“步兵未尽到,冒顿纵精兵四十万骑围高帝于白登山”“匈奴骑,其西方尽白马,东方尽青駹马,北方尽乌骊马,南方尽骍马”公元前127年,卫青率兵北击匈奴“得牛羊百余万”公元前124年,卫青击匈奴右贤王，得“畜产数千百万”。公元前71年，汉校尉常惠获其马、牛、羊、驴、橐驼70余万头。公元89年，窦宪追击匈奴败兵于私渠比鞮海，“获牲口马牛羊橐驼百余万头”。公元134年，“掩击北匈奴于阊吾陆谷，获牛羊十余万头”。以上仅就一个地区、一次战役而言，而且又仅是被获之数，每次已多至百万或近百万，汉代匈奴人与内地边贸是很发达的。杜笃在其《边论》中记曰：“匈奴来请降，……帐幔毡裘，积如丘山。”公元135年，“乌恒寇云中，遮截道上商贾车牛千余辆”这里记述了乌恒动掠汉朝与匈奴边贸商队的情形，但其所记述的“商贾车牛千余辆”的情形，说明了当时商贸交易量是很可观的。匈奴人驱赶牲畜前来互市时，少则万余头，多则十几万头牲畜。公元84年，北单于派一个亲王，“驱牛马万余头号，与汉贾客交易”。汉武帝时，把“互市”当作诱歼匈奴的手段，公元前127年“互市”时，汉朝突然出兵四万骑，分击上谷、云中、代、雁门，“虏三千余人，获牛羊百余万头”可见当时匈奴的畜牧业之发达，草原是畜牧业的基础，足见草原植被之优良。

游牧文明就是在这样的生态背景下产生的，游牧文明显示出其顽强的生命力和优越性。显著的优点就是相比农业对自然的破坏力小得多。就北方蒙古高原半干旱性草原而言，保持对自然合理利用是人们赖以长期生存的法则。匈奴人选择游牧，是“适应北方寒冷、干旱气候条件的生产、生活方式的成功选择，是人类延续和发展社会生产力的又一次胜利。游牧经济的诸多优点，更为匈奴之后陆续出现的北方诸民族所延承和发展，其奠基性是不容忽视的”。著名学者亦邻真先生认为，游牧经济的产生是蒙古地区上古时期经济发展中的一个巨大的飞跃，是北方民族人民的伟大历史贡献。这使这里成为“亚细亚古老畜牧业的发源地”（俄·彼得洛夫语）。匈奴人的游牧业生产方式为后世几乎所有亚欧草原游牧民族所继承。据记载，突厥人“随水草迁徙”，所从事的游牧业生产基本上与匈奴相同。蒙古人也是如此。匈奴人及其先民所创造的家畜的驯养、改良、杂交等生产技能,如骆驼的驯养、骡的生产等,也被许多游牧民族所继承,许多匈奴游牧文明的要素和成果依然在被诸多游牧民族传承和发展着,有些穿越了2000余年的历史雾霭,流转至今。在后世的毡乡生活中都不免或隐或现地再现匈奴人的身影。

匈奴人轻柔地踏在北部的草原上,尽管他们的戏剧是如此的有声有色,但他们没有在这片草原上留下任何痕迹。在决定本民族,甚至她们之后若干民族历史命运的历史关头,她们实现了一次华丽的转身!

在人类文明史上,并不是每一个民族都像匈奴一样有根据气候和自然资源适时调整生产方式的文化自觉,文明的故乡最终演化成了文明的墓地的案例比比皆是,因为农业文明给人类社会带来的2个最重大的变化就是定居和人口的增长。为满足稠密的人口对食物的需要,人们不得不过度耕种,过度放牧,这导致了草场和耕地的退化,沙漠化和盐碱化接踵而来。巴比伦文明的发源地——美索不达米亚平原——曾被茂盛的森林和草原覆盖着。然而,在公元前2000年前后,汉谟拉比王朝开始大肆砍伐两河流域上游的森林。失去了森林的护卫,上游的水土开始大量流失。日复一日,河流携带的泥沙淤积在河流入海处,河床越来越浅,地下水位抬高,地下水中的盐分随水上升到表层土壤,土质逐渐盐碱化。同时,由于失去了森林的屏障,沙漠开始大举推进。于是,千里沃土的巴比伦王国最终变成了不毛之地。埃及文明、玛雅文明、印度文明也重复了巴比伦文明的宿命。匈奴创造的游牧文明避免了这一问题,在匈奴盛时人口仅150万~200万。

匈奴所居住的地方最适宜的经济形式就是游牧生产方式。著名学者费孝通先生指出:"靠天种地的粗放农业对牧场草地来说是一种破坏力量。而且凡是丢荒之地,在干旱地区植被破坏后,很快就会沙化,农耕所及，草场荒废。加上农业社区人口繁殖一定要扩大耕田面积，即使在较高的轮作和施肥的农业水平上，也会和牧民争夺土地。所以在这种条件下，农区和牧区既互相依存，需要互通有无，而又互相排斥，难于长期和平共存。这种关系在传统生产技术没有突破以前，决定了过去我国边区农牧接触界线上长期发生的你去我来，我来你去的拉锯局面。”种植业涉及清理自然生态环境，自然的平衡和原来那种生态系统内在的稳定就被破坏了。多种多样的植物和长久性的自然植被，被种类很少的庄稼所替代。开辟出来的土地，只有部分时间得到了利用，比起从前来，土壤暴露在风吹雨打之下的程度要严重得多，尤其是当地里没有庄稼的时候，所导致的土壤侵蚀程度远远超过了自然生态系统时的情况。灌草覆盖地的土壤流失量只有粮田的几十分之一；而且可以更充分地利用雨水资源，具有更高的生物量水分生产率。

匈奴为今天保护生态环境，建设现代生态文明提供了宝贵的传统文化精神和生态智慧。卡逊在《寂静的春天》指出，人类的文明正站在两条道路的交叉口上。我们正在走上高速行驶的工业文明之路，虽然被“认为是一条舒适的、平坦的超级公路”，但“在这条路的终点却有灾难等待着”，只有“另一条很少有人走过的路”才能给人类和地球的其他生命提供希望。卡逊提及的很少的人是谁？又走了一条怎么样的路呢？笔者认为，像匈奴和我国许多少数民族就是这很少的人，他们走过的路就是给人类和地球的其他生命提供希望之路。

向匈奴和其他少数民族那里学习，我们应重新建立生态文明的价值观，价值观的改变是人类走出目前的困境的关键因素，比如，我们能否摒弃对于“经济主义”的崇拜，像匈奴和许多少数民族一样对自然尊重？今天对自然，也是对人际关系破坏得最厉害的，是“经济主义”（Economism）及其背后的人生观及价值观。正如麦丹尼尔（Jay McDaniel）说：

宗教是一种安排生活的方式。在我们的时代,在这个星球上的主导宗教是“经济主义”。它的上帝是无尽的经济增长,它的祭司是经济学家,它的传教士是广告商,它的教会是商场。在这宗教中,德行(virtue)叫作“竞争”(competition),而罪是叫作“欠缺效率”(inefficiency)。拯救则来自唯独购物(shopping alone)。著名学者曼弗雷德·马克斯尼夫指出:“从经济主义的发展眼光来看,只管毫无区别地使用GNP一类的累积指标来衡量所有市场交易过程的好坏,而不管它们是生产性的还是非生产性的或是破坏性的,不分青红皂白地开掘自然资源来增加GNP,这就好像一群病人拼命滥用药和医疗设施一样,药量和费用在不断增加,但病人健康状况改善如何就不得而知了。”

从匈奴和其他少数民族那里,我们应重新唤起人类对自然关爱的记忆,甚至以宗教为手段,让人类重新产生对自然的敬畏在“国在山河破”的今天都是非常重要的,“生态关怀的发展,可以诱发不同的宗教在伦理思想上的转化,甚至可以启迪宗教间的对话与合作;而宗教人士对生态问题的讨论,对宗教信念、象征、礼仪、故事以至灵性操练的反省、重新诠释及实践,也可促进生态关怀的发展。”“各宗教群体,不论是一神或多神的信仰,皆按其上帝或神明的训令,叫人类爱护并关怀世上的一切野外生物,这在伦理中的理想世界是完全可能的。在一种神秘主义中,把人类理智的最高状态,理解为与自然世界共在的境界,也与尊重自然的道德态度协调。”学习匈奴的宝贵的传统文化精神和生态智慧,需要正确认识经典作家对于宗教的认识,比如关于恩格斯的精神鸦片说,关于恩格斯指出的:“宗教是在最原始的时代从人们关于自己本身的自然和周围的外部自然的错误的、最原始的观念中产生的。”这些阐述更多的是从唤醒工人阶级不要被统治阶级用宗教所蒙蔽而说的,今天从建设精神文明的视角,宗教则有一定的文化约束作用,笔者在牧区调查时发现,凡信仰萨满教的牧民,在家畜载畜量方面的确有禁忌。

从匈奴和其他少数民族那里,我们应学习匈奴的宝贵的传统文化精神和生态智慧,需要正确对待少数民族的文明,避免民族中心主义的思维定式作祟。不应认为,汉族的所有文明都是高于少数民族的以及所有西方文明都高于东方文明,至少在生态文明的视域下这种认识是不成立的。美国著名人类学家 C・恩伯(Carol・Ember)和 M・恩伯(Melvin・Ember)在《文化的变异》一书中指出:"民族中心主义阻碍我们理解其他民族的文化,与此同时,也阻碍了我们对本民族文化的理解。如果我们认为我们所从事的一切都是最好的,看来我们就不会问一问为什么我们要按我们的办法行事,更不会问一问为什么别人会按他们的办法行事了。"比如长期以来,将游牧文化与落后愚昧画等号。而事实上正如俄罗斯著名学者古米列夫所评价的"游牧民族在他们自身发展的历史进程中创造了独具特色的社会文化类型。对此,人们不应认为是粗俗、落后和停滞不前的"。比如早在二千一百多年前的匈奴时期,蒙古草原上的游牧民族匈奴就已经知道了通过牡牝分牧,实行人工控制生育期的方法来繁殖羊了。1978 年,达拉特旗出土的西周到东周时期(约公元前 11 世纪—前 256 年)的青铜针,经鉴定认为是医畜用针,说明内蒙古地区的先民至少在匈奴时代已运用针刺和放血疗法。匈奴时代,在北方蒙古高原地区的兽医药方面(包括人医)不仅广泛使用了针刺、放血、灸等外治法,而且也有了普遍应用草药治疗疾病的内治法。《史记・匈奴列传》载,匈奴"士力能弯弓尽为甲骑。"马在游牧于战争中起着重要的作用,由此产生了"养马术,驯马术以及训练战马的技术",发展了制作各种马具的工艺,包括马镫。正因为这样,李济先生在《中国文明的开始》一书中指出:"治中国古代史的学者,同研究中国现代政治的学者一样,大概都已感觉到,中国人应该多多注意北方: 忽略了历史的北方,我们的民族及文化的原始，仍沉浸在‘漆黑一团’的混沌境界。两千年来中国的史学家，上了秦始皇一个大当，以为中国的文化及民族都是长城以南的事情。这是一件大大的错误，我们应该觉悟了！我们更老的老家——民族的兼文化的——除了中国本土以外，并在满洲、内蒙古、外蒙古以及西伯利亚一带：这些都是中华民族列祖列宗栖息坐队的地方。到了秦始皇筑长城，才把这些地方永远断送给‘异族’了”。

向匈奴和其他少数民族那里学习，我们应在草原牧区尊重生态规律进行生产方式的调整。对于脆弱的草原生态环境，考虑到草原生态系统的巨大经济外部性特点，在草原牧区要树立千规律、万规律，生态规律第一条的思想。摒弃在草原牧区进行种植业的政策偏好和发展传统工业偏好，走一条符合草原生态环境的产业发展之路。在环境完全破坏的情况下，人类没有生存的条件，任何经济行为都不可能发生。法国经济学家勒内·帕塞在谈到经济发展和人文与环境的关系时指出，我们要维持环境的运作状态，因为生命，特别是人类生命，以及经济活动，都有赖于环境。你若破坏环境，你就毁灭一切，包括经济。

除匈奴外，其他古代少数民族的低碳经济形态都值得现代人学习。比如早期居住在大兴安岭的鲜卑先民们，过着狩猎兼采集的生活，他们的活动区域离不开这片古老的原始森林。不管是狩猎禽兽，或是采集果实，都取决于森林。因而，鲜卑族对森林加以崇拜，他们常常视其为生命之源，定期进行祭林活动。祭祀活动安置在秋天，因为秋天果实成熟，且牲畜肥壮，鸟兽活跃，是狩猎采集的黄金时节。因而，鲜卑先民们举行祭林活动，祈求神灵保佑他们能获得丰收，度过寒冬。鲜卑“俗善骑射，弋猎禽兽为业”，且“见鸟兽孕乳，以别四时”。契丹建元以后，虽然创构五京，发展农桑、畜牧、渔业、养鸟等事业，但依赖自然条件生存的方式没有本质的变化，因此对天地、自然力、神灵的崇拜不但没有削弱，反而通过君主政治权力集团形式演变成国家教义范式，体现在各种事务之中，在人们的心理上具有权威性。有一首契丹风土歌云："契丹家住云沙中，耆车如水马如龙。春来草色一万里，芍药牡丹相间红。小胡牵车小胡舞，弹胡琵琶调胡女。一春浪荡不归家，自有穹庐障风雨。平沙软草天鹅肥，胡儿千骑晓打围。皂旗低昂围渐急，惊作羊角凌空飞。"民谣中所折射出契丹族所生存环境之优美，生态环境之和谐，也说明了他们以大自然为乐的民族精神。

（二）近现代少数民族经济形态述略

深受萨满教万物有灵论影响的蒙古人，他们的生态意识从其祭天、祭山、祭"敖包"这些萨满遗迹习俗中也得到了充分的体现。历代蒙古汗都有祭天习俗。"元兴朔漠，代有拜天之礼，衣冠尚质，祭器尚纯，帝后亲之，宗戚助祭，其意幽深古远。"笔者曾经社会实践田野调查过内蒙古的赤峰、锡林郭勒、呼伦贝尔、阿拉善、通辽等地区的若干牧区旗县，发现牧民们都有祭天的这种习俗。当问及这样做的原因时，一是老祖宗留下来的习俗，一是通过祭天，希望长生天保佑风调雨顺、人畜兴旺等美好愿望。而且这种习俗在如今的年轻人身上也得以了继承。笔者于 2011 年的 7 月带领学生社会实践，居住于一布里亚特蒙古族的牧户家里，23 岁的女主人每天早饭之前必做的一件事就是祭自己家里的敖包、祭天。而正是这种祭天的习俗，后来逐渐发展为祭高山、大石的习惯。古代蒙古人认为，山高大峻峭，雄伟神秘，是通往天堂之路，高山是他们幻想中神灵居住的地方，也是氏族和部落的保护神，对神山顶礼膜拜，并有很多禁忌，如在神山附近进行狩猎时，不能砍伐山上的树木，不能挖掘山脚下的土壤，禁止在山脚下点火烧到树木和草丛，普兰尼·加宾尼在他的游记中写道："把奶或任何饮料或食物倒在地上，在帐幕里面小便，所有这些，也都被认为是罪恶。如果一个人故意做这些事情，他就要被处死，如并非故意，他必须付一大笔钱给占卜者，占卜者即为他涤除罪恶，并携带帐幕和帐内各项物件在两堆火之间通过，以祓除不祥……”由此才赢得了山清水秀的生态环境。

社会学家B·J·梅格斯在《亚马逊：一座虚幻天堂中的人与文化》一文中曾指出：“人类是一种动物，和其他动物一样，只有与环境维持适应的关系才能生存。虽然，人们是以文化为媒介而达到这种适应，但其过程仍然跟生物适应一样到自然选择规律的支配。”人类如果不遵循自然的法则，必然受到大自然的惩罚。这是人在长期的生存活动中总结出来的经验知识。萨满教将那些合理的经验知识纳入其宗教体系使其系统化，并创造出一系列适应自然、与自然共生的行之有效的思想观念和行为规范。自蒙元时代开始直至清代的历代蒙古族统治者，他们在继承古代蒙古族“约孙”（其义为道理、规矩、缘故，俗称习惯法）的基础上，不断的对其增补和发展，生态环境保护的内容进一步的扩充，使环境保护的措施更加具体化、习俗化、规范化和制度化。例如，自蒙元至清相继颁布了《阿勒坦汗法典》《喀尔喀七旗法典》《卫拉特法典》《喀尔喀吉如姆》《阿拉善蒙古律则》等一系列保护生态环境的法典，其中都有关于环境保护的规定，涉及保护草原、水源（河流）、野生动物、树木等。基本确立了符合自己文化、习俗传统的法律体系。它使得古代蒙古族的环境保护意识更加社会化、法制化，为古代蒙古高原生态环境保护提供了坚实的屏障和可靠的保障。《黑鞑事略》所述：蒙古人居徙“迁就水草无常，……得水则止，谓之定营。”这种逐水草而居的生产、生活方式决定了他们对自然环境的绝对依赖关系，因而随意破坏草原、污染河流、浪费水源的行为便会受到禁止。《黑鞑事略》中就有“遗火而炙草者，诛其家”的记载。在成文法中记述最多的是对破坏草场的草原荒火纵火者的处罚。为了向水神示敬，在成吉思汗颁行的“大扎撒”中规定：“春夏两季，人们不可以白昼入水，或者在河流中洗手，或者用金银器皿汲水，也不得在原野上晒洗过的衣服；他们相信，这些动作会引起雷鸣和闪电。”谁违背这些规定，便会遭杀身之祸。还有“于水中、余烬中放尿者，处死刑”之条。可见当时对毁草者和污染水源者的处罚之重。蒙古族古代的各种保护自然环境的条文更是为人们所知，《阿勒坦汗法典》内容只能中有救护牲畜、预防传染病、保护野生动物等条文。《喀尔喀七旗法典》中，防止荒火、保护野生动物和牲畜内容有：失放草原荒火者，罚一五。发现者，吃一五。荒火致死人命，以人命案惩处；不许杀野骡、杀者犯法；赶回雨中跑失、狼祸跑散的羊群者、百羊中吃一只。《卫拉特法典》保护畜牧业和野生动物条文较前代蒙古法典更为完善。《喀尔喀法典》延续蒙古族文化传统，保护森林、草原生态环境，以利狩猎业和游牧业。《阿拉善蒙古律则》多有控制载畜量，禁止开荒，保护牧场生态保护条款，如控制载畜量，保护草场、禁止开荒，保护牧场。《察哈尔正镶白旗查干乌拉庙规》中多有生态保护内容，如保护骑乘牲畜。调节放牧时间，保证牲畜吃草。1942 年，日本学者后藤十三雄在其所著《蒙古游牧社会》说，极为了解土壤荒芜结果的蒙古人，为保全牧场付出很多心血。例如怕秋季野火烧毁牧场而警戒，不耕土地或挖坑穴……结果确实是避免了牧场的荒芜化。蒙古族的风俗禁忌都有保护环境的意蕴。如火俗。蒙古族是一个崇拜火的民族生活中，忌讳用铁器、刀子之类的凶器去拨弄火，禁止向火中吐痰，不能在火盆上烤脚等。他们相信万事万物是被火所净化的，火不仅能净化万物，而且能净化人的灵魂。草原上的犯戒者必须用火来净化灵魂。如捕捉小鸟或者弄死小鸟，用马笼头打马，把奶或饮料、食物倒在地，都被视为是罪恶，故意者处死，如非故意，就是举行涤罪仪式，即由占卜者主持仪式，让犯戒者从两堆烈火中间走过，以去除不祥，净化他的灵魂。蒙古族崇拜火，慎用火，从不遗火烧荒，不用火时，总是小心翼翼地将其熄灭,即使是在空旷之地的篝火也是如此。他们充分认识到火对自然环境,尤其是对草原生态环境的巨大破坏力。正是对火的这种自然力的敬畏,才逐渐演变成崇拜火的民俗。在古代"凡破坏牧场者 ,受惩罚……遗火焚草者,诛其家"。此外,在使用取火燃料方面也包含了草原文化中丰富的生态观念。蒙古族传统取火燃料是牛粪、马粪。每到夏季,他们总是把大量的牛马粪收集起来,和成粪饼晒干,储存起来,以备取暖之需。饮食:蒙古族,不论是固体食物还是液体食物,凡是吃剩下的,他们总是忌讳随便丢弃在地上,即使是吃剩下的骨头也要收集起来,或者当作燃料,或者喂养猎犬,凡是对他们赖以生存的草原有污染或破坏的行为均属禁忌之列。蒙古族在宰杀牲畜后,会将肉风干以长期地保存;喝不了的牛奶也会将其制作成奶豆腐,绝对不会倒掉。如"成吉思汗颁降诏令,除了粪便之外,已宰杀了的牲畜身上一切可吃的东西,包括血、肠子都不准弃掉。"古代蒙古族的饮食习俗中,不仅讲究食品本身的天然绿色,而且还十分注意废弃食品对环境的影响。蒙古族天葬是蒙古族自然观的具体体现方式之一。蒙古族天葬包含着天人合一的思想,这种丧葬方式,一方面,为形成了一个完整的草原食物链提供了有利条件。另一方面,避免了采用其他丧葬形式可能给草原带来的危害。蒙古族古老的丧葬仪式自觉或不自觉地维护着人与自然、人与人之间的和谐关系,对脆弱的内蒙古生态环境起到了很好的保护作用。古代蒙古族的居所主要是蒙古包,蒙古族居住的蒙古包也充分体现了适应环境的原则。其特点是:轻便,易于拆迁、搬运和搭建;制作简单,就地取材(除了支架用木头外,其余均是皮毛制品);遇到风雪、下雨天气易于晒干;抗风能力、御寒能力强;室内空间大。正因为它有如此之多的优点,所以,至今仍有许多蒙古牧民喜欢居住在传统的蒙古包中。他们不喜欢大兴土木建立定居寓所或城池,"他们认为,如果人们住在城镇、州郡里,那就是处于深重的痛苦之中。”而且牧民在搭建蒙古包时，从不将包内的草皮去掉。当把蒙古包拆除以后，原蒙古包内的草又会长得很好。古代蒙古族的主要交通工具是马、骆驼，运输工具是勒勒车。迁徙或转移牧场时，连同蒙古包一起运走。蒙古族独具特色的居所和交通运输工具，无疑是一种适应草原游牧生活的最好选择。这虽然是低水平生产力的产物，但却在客观上减少了对树木的砍伐和对草场的占用，起到了维持生态保护自然平衡的作用。蒙古民族牧羊人有随放牧羊群撒播草籽的传统习惯，就是从当地野生优良牧草中选择采集草籽，牧人随身携带，视草地牧草退化的情况进行撒播，撒播后牧羊人赶着羊群使其来回践踏，使撒播的草籽有效着土，以利牧草种子萌发。蒙古民族的这一传统知识，就是今天草业科学中天然草场补播改良的雏形。给我们的启迪是，一是退化草场可以进行补播改良，二是补播的草种要从当地选择。这种保护生态环境和修复已破坏的草原植被，完全符合草原生态学的科学原理，是宝贵的传统知识。在利用草地植物资源时特别注意被利用植物的传宗接代，他们在一般情况下只利用植物的地上部分，不损伤其植物根部，以利植物的再生。草原作为北方游牧民族最重要的生态系统，在长期的生产实践中，形成了保护草原生态的好多方式。最主要的是“逐水草而徙”，这种游牧方式已有几千年的历史。牧民们根据牧草长势、季节的不同，把牧场分为春、夏、冬三个牧场，不断地迁徙牧场。游牧不是随意迁徙，而是有固定的游牧路线。每一个牧场的放牧时间长短和转场的时间，有严格的规定。这种游牧生产方式，目的在于保护草场资源不会枯竭。保护草场的措施还有以下几种制度：各种牲畜进食的草种有不同，所以很注重牲畜种类的比例，例如一般把绵羊与山羊混合牧放。这些习俗，对保护生态起到了很大的作用。

鄂伦春人世代与大自然打交道，吃的、穿的、用的都是来自大自然，所以充分意识到自己与大自然的依存关系，经常关切的是自然环境，把它看作是生和死、赏和罚的源泉。他们从不随意乱砍滥伐树木。在野外生火取暖、做饭，也从不乱砍树木，而是到河边拣些漂流木，或者在林中拣些干枝杈、倒木之类烧火。鄂伦春人喜欢用桦树皮制作物品虽然由来已久，但却从来没有破坏过山林树木的生长。在他们的心中，兴安岭是他们的衣食父母，兴安岭上的一草一木都是他们的朋友。兴安岭山林的可持续生长，与鄂伦春人种族的延续紧密地结合在一起，白桦树在鄂伦春人心目中是纯洁而神圣的。近现代鄂伦春人虽然以猎为生，却从不滥捕滥猎，长期的狩猎生活，鄂伦春人与其狩猎对象——动物、植物形成了良好的共生关系，他们知道怎样延续自然资源的可持续发展，知道保护环境和保持生态平衡的重要性，打猎有许多规矩。如对于公共猎场，猎人都十分注意保护，每次打到猎物，都要把处理猎物的地方打扫得干干净净。特别是夏天，蹲泡子和蹲碱场打到猎物后，必须要将猎物转移到距猎场较远的地方才能剥皮开膛，否则别的动物嗅到血腥和腐臭气味就不再到这里纳凉、饮水、觅食盐碱了。只有把猎场保护好，才有利于动物栖息，也不至于影响其他人狩猎。每年农历四月以后的两个月中，是鄂伦春人“打鹿茸”（马鹿）和“打茸”（驼鹿）的最好季节。同时这个季节也正是母鹿产崽的季节，猎杀了母鹿，鹿崽必不能成活，因此，他们宁愿猎无所获。也许一连等几夜也等不来长着茸角的鹿，如来的是其他动物，不是家中断炊，猎人一般都不开枪射击，因为炎热的季节不宜储存猎物，打了吃不完便会变质，鄂伦春人不愿造成不必要的自然资源浪费。鄂伦春族猎人不打正交配的动物，认为会遭到报应。因为在鄂伦春人眼里动物交配是在做好事，是其后代繁衍延续的保证。也不打鸿雁、鸳鸯，因为鸿雁、鸳鸯成双成对地生活在一起，打鸿雁、鸳鸯会破坏它们的扶起生活，也不利于它们的繁衍。另外，如打死一只，另一只就会孤独地死去。其实,这正是鄂伦春人保持生态平衡意识的自觉体现,因为交配是繁殖的关键环节,再窘迫的猎人也不会贪婪到阻碍动物繁殖的地步。鄂伦春人不能养猪,因为只有生活是处于定居的状态下才有可能养猪。他们也没有种地,因为森林地区的总体气候条件,不适合作物成熟,使得农业在那里很少有实用价值。鄂伦春人为适应自然环境、生活方式和民族习惯,还创造出了特殊的建筑形式"仙人柱",与北美印第安人的帐幕极为相似。"仙人柱"又写作"斜人柱""歇人柱""歇仁住",满语称"撮罗子",仙人在鄂伦春语中为树干之意,柱是房屋,合起来的意思就是"树干支起来的房屋"。这种"仙人柱"是鄂伦春人居住的核心。"仙人柱"搭建非常简单,材料具有就地取材、制作方便的特点。在搭建"仙人柱"时选用的都是细长的桦木杆或柳木杆做支架,木杆的直径在六七厘米之间,长度在五六米不等,数量在三四十根左右,木杆的长度和数量根据所建仙人柱的大小以及家里人口而定。"仙人柱"的覆盖物依季节的变化而有所不同,夏天是以桦树围子为覆盖物,鄂语叫"铁克沙",每块"铁克沙"是用五六张米见方的桦树皮缝合在一起,四周用薄桦皮镶边,每块"铁克沙"均成扇形,四角钉皮带儿,在覆盖时从下往上覆盖,上片压着下片,再用皮带固定在柱子上,底部留半尺的距离通风。到了冬天换成狍皮围子,鄂语叫"额勒敦"。每座仙人柱需要三件狍皮围子,制作三件狍皮围子至少需要五六十张狍皮,这种狍皮围子制作都是由家里的妇女完成的。除了用这种覆盖外,在东部鄂伦春族地区,冬天还有用蒿草覆盖的现象,这里冬季有较为固定的"仙人柱",可大可小,根据季节人口的不同需要而定一般有两种情况需要建大的"仙人柱",一是家庭人口多;二是夏天,因为天气热,"仙人柱"若是太小,不仅通风不好,也会闷热。现在定居后的鄂伦春人都搬进了政府给盖的土木或砖瓦房内,但是在夏天里有些人家也会在自家院子里搭盖"仙人柱"里生活,这种文化是不容易被改变的。在森林中生活，鄂伦春人最注意的是火灾的发生。吸烟或在“仙人柱”里点篝火，用过之后都小心翼翼地扒开图层，把烟火头、火柴头埋在含有水分的土里，再用脚结结实实地踩好。把自己用过的篝火用水浇灭后才能离开。多少世纪以来，鄂伦春人保护森林、保护树木，不仅注意火源，防止火灾发生，而且当雷击等原因造成森里火灾时，也会全力以赴。不论是男人、女人或是老人、儿童都会上阵，与火做殊死搏斗。鄂伦春人和周围的动植物界保持了良好的适应和共生关系。

鄂温克族形成了保护环境的诸多习惯法。驯鹿鄂温克人在历史上长年累月地游猎于高寒山林，狩猎业和驯鹿业是他们顺应客观条件的产物，是保证其生存发展的物质基础。他们之所以千百年来没有灭绝，是因为他们有适应山林生活的一套生存本领和技能。在长期的生产、生活实践中，驯鹿鄂温克人深深懂得森林、池塘、河流、湖泊以 及林中鸟兽、水中鱼虾等自然资源的珍贵，从而形成了与大自然同呼吸共命运的有关狩猎、驯鹿和保护自然资源的传统生产生活方式及其观念。这些传统方式和观念在今天看来，其合理的内涵仍有现实意义。为了避免发生森林火灾，打猎时驯鹿鄂温克人都有不在林中吸烟的良好习惯。他们发明了一种口烟，能提神、生津、止渴，起到了鼻烟所起的作用，所以一直到解放初，驯鹿鄂温克人游猎的林区内从未发现大面积的火烧痕迹。驯鹿鄂温克人饲养驯鹿、出猎的驻地，一般都在山涧、小溪旁，居住环境十分艰苦。乡猎业服务中心十天半个月上山一次，送来米面、盐、肉、菜、烟酒、洗衣粉等生活必需品。如果遇到天气不好时无法上山，这时猎人才不得已打猎，但以够吃为原则，绝不多打，驯鹿鄂温克人十分珍惜山林树木飞禽走兽等自然界中的一切，从来不随意损害或进行不需要的捕杀。在猎杀成群的野兽时，驯鹿鄂温克人从来都是打大不打小。用他们的话说，养大了再打。遇到被遗弃的动物幼崽,他们都会带回去饲养。由于驯鹿喜欢在原始森林中苔藓、石蕊丰富的地方生活,这类植物系多年生,如果停留在一个地区长期放牧,苔藓的根部也要被吃掉,再也不长,所以他们必须经常搬迁,三五年内绝不去曾经放牧过的牧场。这种游猎的方式,有利于植物的休养生息。他们追随着驯鹿迁徙,客观上扼制了森林苔藓原始植被的破坏,是一种保护生态环境的做法。去驯鹿鄂温克猎民的帐篷或"撮罗子"做客,会发现猎民吐痰时,将痰吐在一个古色古香的痰钵里。痰钵是猎民用柞木上的干蘑菇或大团苔藓雕刻而成的。这一小小的事例,反映了他们爱环境、爱清洁的习惯。猎民们烧火做饭、取暖尽量用枯木或倒木,不轻易砍伐林木。以火净化环境、防止传染性疾病的禁忌规范也是萨满教所固有的一种行之有效的保持环境卫生的有力措施。北方民族的先民们在生产生活的实践中早已认识了消毒作用,并使其广泛运用于生活实践中。鄂温克族(在原苏联境内称"埃文基人",旧称"通古斯人")的火神称"埃湿坎托戈"或"灶火妈妈"、"灶火奶奶"、"灶火娘娘",是一位极老的驼背女神,两肩各有一个装有木炭的小口袋,栖身在炉灶里,她是宇宙女主神埃湿坎的重要助手。每逢萨满祭神,他们总要先拜这位女火神,将她视为一家之主,氏族之目,每个人灵魂的保护者。鄂温克人还认为火神具有驱除邪恶的超自然力,因此以火清除室内的凶神,以火清除猎具上的秽气。萨满在跳神之前要以火熏烤他的神具。每当传染病流行时,鄂温克人给灶塘换火,而且必用钻木取火的方式获得新的圣火,这实际上也寓含着对人类原始文化的崇拜观念。平时,鄂温克人经常向火神祈求猎物丰盈,鹿群兴旺,人丁安康,他们经常向女火神献祭,好吃的东西让火神先尝。伴随 20 世纪 50 年代末政府组织定居,鄂温克人定居之后数十年的经历,特别是近 10 年来各个地区鄂温克社会发展的经历表明,环境急剧变化引出的问题应经远远超出了文化适应范畴。2003 年 8 月,敖鲁古雅鄂温克民族乡整体搬迁到根河市郊的移民新居,完成了全乡的定居。搬迁彻底改善了猎民们的生产条件和生活环境,然而,不到一年的时间,由于驯鹿无法圈养和舍饲,驯鹿群有了一定的损失。无奈,刚刚定居的猎民们不得不随着驯鹿走向新的牧场、走向山林、走向远离新居的新的猎民点。何群教授曾在 2003 年 9 月下旬在新敖鲁古雅乡实地调查。获得了比较翔实可靠的第一首资料。据了解,“驯鹿的圈舍饲养,已经出现问题。因为驯鹿的的生活习性,是必须以森林中生长着的新鲜苔藓和蘑菇为饲料,并且要求能够自己在森林中游动、自由自在地寻找新鲜苔藓,同时实现它们的社会生活和情感满足;而且它们习惯于人迹稀少的阴冷、潮湿的森林环境。而圈舍饲养则完全失去了驯鹿所要求的生存环境。据当地人介绍,驯鹿的现代化圈舍圈养 20 多天以后,体重普遍下降,体质开始走下坡路。无奈,政府只得允许猎民将驯鹿放回林子,而猎民又随着驯鹿重返森林,住帐篷,又过起了森林生活。在新敖乡看到,为驯鹿搭建的现代化圈舍空置着,为猎民建筑的新居有的空无一人,或有老人守着。”几千年来,猎民和驯鹿已经适应了高寒带地衣苔藓的自然环境和植物种落,自然环境培育的习惯深刻地影响和作用于猎民的生活和驯鹿的习性。用文化生态学的观点来说,环境作用于动植物群落,反之,动植物群落又造就了这样的环境,文化与环境互动并置的自然规律使猎民和驯鹿重归山林。总之,猎民的问题是驯鹿的问题,驯鹿的问题是地衣苔藓的问题。鄂温克人的驯鹿文化具有生态文明的科学思想和合理内涵,它是自然可持续性发展的一种文明类型,猎牧的鄂温克人游牧的地方自然形成了天然保护区。如果没有鄂温克猎民长期牧放驯鹿于大兴安岭山林之中,就不可能保留下举世闻名的大兴安岭森林地带。鄂温克人不仅是森林民族,而且是森林“保护神”。

达斡尔族的繁衍生息与自然环境密切相关。为了与大自然始终处于自然和谐的关系之中,什么季节捕捞和猎捕何种动物,采集何种植物都有一定的讲究,长而久之自然形成了全民性的生态平衡意识与观念,并由此形成了爱护动植物、与动植物为友的自然崇拜观念。达斡尔人崇拜的“白那查”即山神,是“白音那查”(富饶的爸爸)的变音。山神崇拜或神山崇拜是自然崇拜形式之一,大多数民族历史上都曾存在过。人们视雄伟、险峻、秀丽的山或雪山为神山,认为山神无所不能,既管山,又管地;既管禽兽、牲畜,又管庄稼、树木等。在达斡尔族的萨满教中,有许许多多的动物神灵(鬼),除狐狸和鼬鼠外,还有熊、虎 豹、蛇、梅花鹿、山羊……几乎涉及达斡尔族在狩猎过程中所能接触到的所有飞禽走兽。于是,也就产生了与之有关的诸多禁忌。例如:达斡尔人称虎为“诺音古热斯”(官兽或兽之王),或者借用满语称之为“塔斯格”,而不能直呼它的本名——“巴日”;在山里发现虎的足迹后要绕着走,否则会激怒老虎,导致老虎伤人。再如:达斡尔人称公熊为“额特日肯”(老头子),称母熊为“阿提日堪”(老婆子),忌讳称呼它的本名“博布格”;在吃饭和走山路时不能谈狼或呼唤狼的名字,怕狼伤人。为了合理利用地力、防止虫害,达斡尔人在同一块耕地连续耕种时,实行不同农作物轮作。由于条件的不同,各地轮作的顺序有所不同。一般在新开地的头一年种樱子,而后每年轮换耕种燕麦、荞麦、小麦、谷子、黄豆等作物。在历史上,达斡尔族地区可开垦的地较多,种地不施肥。因此,一块耕地连续耕种几年后,认为土地养分不足时,就停止耕种。待三年后,认为地力恢复时再翻地耕种。在人们扩大耕田面积纷纷开垦草原时,富裕县的西塔哈、小高粮、吉斯堡等地的达族居住区却没有去开垦草原种地。为此,有学者问西塔哈老支书吴长河“人家都开垦草原种地,你们为啥不搞”,老支书就一句话“毁了,你让牲畜吃什么,草原上的生灵上哪去。”老支书的因果关系很快就应验了。嫩江的两次大洪水，不要说牲畜无草吃，很多奶牛都杀了，只有达斡尔区的牲畜安然无恙。草场轮换放牧，土地歇茬，伏天休渔，都是达族流传下来的保护生态的好习惯。而现在嫩江大草原上长有珍贵的药材龙胆草，人们在挖龙胆草根子时，草原上留下很多坑，破坏了草原。很多达族的民间传说、故事、童话、寓言中，无不表达出达族人民在长期的生活斗争中，形成的对大自然、对自然界万物关爱的传统美德和精神品质。《小白兔》(沃梦喜讲述，孟志东搜集整理)、《江蚌姑娘》(沃梦喜讲述，孟志东搜集整理)、《瞎眼睛大雁》等故事中都反映出一个主题，人和动物和谐相伴，动物是人类的朋友，不要伤害它们。《黄花甸子》《樱子米的来历》《流血的大杨树》《松树姑娘》(索光宝讲述，恩克巴图搜集整理)、《会搬家的石头》等传说和寓言则是表现人与自然界友好共存就会给人类带来好处，反之自然界就会报复人类的故事。《流血的大杨树》说的是贪财的何金柱将门前的大杨树砍倒，全家人遭到大风暴吹来黄沙埋葬的报复。《老虎为啥不下山》《狗熊与狐狸》《猴头蘑》等则是用善良和智慧来保护动物、保护大自然。《偷吃鸟蛋的蛇》则用寓言来表达达族人民爱护鸟类……

二、对在民间的、民族的、本土的、非逻辑性知识要给予一席之地

少数民族的非逻辑性知识除生态智慧价值外，其价值观的意义更大。在经过认真梳理、辨证和提升之后，非逻辑性知识可能成为挽救人类和地球环境的重要资源。要从理念上尊重文化多样性，相互借鉴，求同存异。要认识到，多维文化共同促进经济社会繁荣进步，尊重文化多样性是人类社会的基本特征，也是人类文明进步的重要动力。要打破“西方文明中心论”，不能轻易对一种文化做出先进与落后的判断，各民族文化一律平等。在内蒙古，要尊重、继承和弘扬多民族缔造的草原文化。张海洋教授指出：“中国各民族在各自的生态环境中生活了几千年，都有一套当地环境和可持续地利用资源的知识和文化传统。但在过去百余年挽救民族危亡和后来的现代化和市场经济建设的背景下，这些传统文化往往被当成障碍而被边缘化，被轻视甚至被作为封建迷信和社会改造的对象。”

1997 年，费孝通先生提出了“文化自觉”这一重要命题。他认为，“文化自觉是一个艰巨的过程，只有在认识自己的文化，理解所接触到的多种文化的基础上，才有条件在这个正在形成中的多元文化的世界里确立自己的位置，然后经过自主的适应，和其他文化一起，取长补短，共同建立一个共同认可的基本秩序和一套各种文化都能和平共处、各抒所长、联手发展的共同守则”。汤一介也提出对自身文化要有一个“自觉”。他认为中华民族处在民族复兴的前夜，必须对中国文化有一个自觉的认识，认真发掘我们古老文化的真谛所在，以便把我们的优秀文化贡献给人类社会；认真反省我们自身文化的缺陷，以便我们更好地吸取其他国家和民族文化的精华，并在适应现代社会发展的总趋势下给中国文化以现代诠释，与其他各种文化共创美好的新世界。一个民族，一种文化，在这一不可避免的全球化进程中，还要不要保持，继而发展自己的特色呢？如果要，那么，又该如何在经济上、科学技术上赶上世界急速发展的主流，而在文化上、精神上保持并发展自己的特色呢？面对全球化迅猛推进的挑战和市场经济发展的冲击，保护和弘扬草原文化，并充分发挥草原文化对现代文明建设的重要作用，迫切需要深刻的文化自觉。而弘扬草原文化能够提高蒙古族教育的文化自觉。缪家福指出，文化自觉是指“生活在一定文化中的人对其文化有自知之明并对发展历程和未来有充分的认识”，强调文化自觉就是要突出文化的“民族意识”或“主体意识”。民族意识是民族利益的抽象表达和观念反映。民族意识作为文化自觉的要义，首要的是有赖于民族的“自我意识”的增强。有没有文化自觉对于回应现代化和全球化至关重要。“一个民族的文化就是该民族的自我意识。民族文化一旦遭到摧毁,这个民族就成为没有自我意识、没有主体性的民族,也就不能表达本民族独特的思想、经验、价值与利益,不能建立起解释自身生活世界和生活经验的意义框架,这实际上就是一个民族的自我放逐”。

著名思想家、学者阿尔贝特·史怀泽尊重自然、敬畏生命的理想,同样真实地反映在马背民族,特别是蒙古族的传统思想中。马背民族在多年的游牧生活中,已经认识和感悟到人与草原上的一切生命共生共荣,草原生态共同体是生命的摇篮。因此在牧民的生产活动与生活中,无不体现着朴素的尊重自然、敬畏生命的思想。这些身居“生态屏障”的民族已形成一套与现代生态保护理念有关的信仰、观念、习俗、禁忌乃至习惯法,并通过传统文化表现出来。要重新发现、认识、恢复、改造我们传统文化中的生态化的成分,将其作为我们谋求继续生存发展的主要手段之一。

三、要挽救与低碳经济形态一致的少数民族文化

唤起对其的回忆,然后嫁接在现代文明,用北京师范大学于丹教授的话,就是要“记得住,唤得醒,用得上”。伽德默尔说:“传统经常是自由与历史本身的一个要素。甚至最真实最坚固的传统也并不因为以前存在的东西的惰性就自然而然地实现自身,而是需要肯定、掌握和培养。”制度经济学家柯武刚等指出:“总在变化的规则难以被了解,在指引人们的行动上效率也较低。因此,规则应当稳定。这符合那个古老的保守格言:‘法是老的好’(Old laws are good laws)。稳定制度的优越性在于,人们已使自己的优点最佳地适应老的制度,并养成了近乎本能地遵守它们的习惯。因此,制度的稳定性减少了制度的执行成本,提高了制度的可信赖性,并因此而促进着人际交往。但稳定性的另一面是制度僵化的危险，即使是面临变化的环境也不例外。因此，必须要有一点调整的余地。当规则是开放的，即能使用于无数未来情景时，就会比情景具体的规则更少僵化问题。”

生态文化是尊重自然、维护自然的文化。它不是一门具体的学科，确切地说是一种觉悟，一种生存方式，一种有别于不断加剧人与自然对立和冲突的传统文化的崭新文化。在生态文明的语境下，我们到了用少数民族的生态文明对目前的主流文明——现代文明逆向传播的时候了！是对包括全球化在内的现代性全面反思甚至批判的时候了！一切有利于生态文明建立的宝贵的传统文化精神和生态智慧都是重要的思想武器。正如内蒙古政协原主席陈光林同志指出的：“在当代世界人类生产发展普遍面临日益严峻的生态环境的形势下，历史上以游牧文明为基础的草原文化这种固有的先进生态理念，更彰显出新的生命力和价值，实为不可多得的思想源泉”。在本课题的研究过程中，笔者在对内蒙古林区、牧区考察得出的一个基本结论是，森林和少数民族和牧民的经验文化、感知性体验是世世代代传递的。但现在的定居环境，森林和少数民族和牧民对自然感知的技能下降了，对于草场的生态不是那么敏感。年轻牧人开汽车骑摩托放牧踩踏草原，而根本没有几个人理会。现代人的意识、观念等都发生了很大的改变，尤其是内蒙古和蒙古国的蒙古人之间的差异就很大。比如内蒙古居民自身存在着对宝贵传统文化的“集体的失忆”。比如学者研究了传统阿拉善蒙古人的意识。传统阿拉善蒙古人认为在草原乱挖乱砍会触怒天神，在他们看来，草原的山山水水、花花草草都是有“主人”的，如果乱挖乱砍触怒了“主人”，就会招致灾难性的后果。阿左旗苏嘎查小沙扣的母亲今年已经 86 岁了，她认为现在天不下雨的原因就是挖石膏、淘金、挖奇石等行为触怒了“主人”，她说：“为什么不下雨那只有天知道，就是老天不愿意下嘛。现在石膏矿那个地方，以前老人说过不能动的，一根柴都不能拾，现在被挖成那样，那个地方是有主人的。还有巴音乌拉山上挖金子的地方也是有主人的。现在宝贝都被挖走了，主人就不高兴了。奇石应该也有主人，主人也会不高兴的，但是对那些地方我不熟悉。"20 世纪 50 年代的时候种粮食，那是公社开的地，由民工来干，不是蒙古人干的，神灵不会生气，汉人生下来就是种地的，以此谋生，是土地的主人，蒙古人就不是。现在蒙古人种地也是种以前汉族人开过的地。蒙古国每年的 7 月 11 日都举办隆重的那达慕大会庆祝他们的国庆。当天全国各地的人们都聚到首都乌兰巴托来观看，牧民有的赶着马群去，这样乌兰巴托市周围宁静的草原一下子热闹起来。可是令人吃惊的是那达慕结束后这片草原再次恢复宁静的时候几乎看不到一点的垃圾。这个景象与我们参加的内蒙古的那达慕形成了鲜明的对比。内蒙古牧民每年举行祭祀活动，之后召开那达慕。那达慕闭幕后，那里的情景让人心痛。草原上就跟城市里的菜市场一样，满地的垃圾，而且没有人理会那些。蒙古人自古以来都是热爱大自然的、非常讲究环保的民族。可是现在内蒙古牧区的蒙古人很多都已失去了这样的传统美德。一位牧人说，记得小时候蒙古包搬家的时候，母亲总是在走之前把那块居住过的地方清扫干净才离开，小孩子玩耍挖了地，父母总会把坑再埋上踏平。根据《蒙古风俗鉴》，"如果祭祀湖泊，就无论如何也不许人们吃这个湖泊的鱼，祭了山就不准动用这个山上的树、草、土。"现在的人们怎么做呢？"乌兰泡是风景如画的地方。所谓乌兰泡子，就是乌尔逊河从贝尔湖倾泻出来，流入达赉湖途中形成的一个泡子。贝尔湖—乌兰泡—达赉湖这三颗明珠，用乌尔逊河这根丝带串起来，形成了一条渔产丰富、水草肥美、景色宜人的绿色缎带。在这个绿色的世界里，有一座鱼闸，这就是钳夹乌兰泡的乌兰岗鱼闸。贝尔湖的鱼群，一般在 5 月 20 日左右离开贝尔湖，都到乌尔逊河产卵。鱼群进入繁衍,雌鱼在前产卵、雄鱼尾追雌鱼排精。到了6月下旬以后,大鱼逐渐返回贝尔湖,而小鱼力薄不能顶水而上,流到达赉湖去了。回头的大鱼,一心向往贝尔湖,却遇到乌兰岗的鱼闸而过不去了。鱼群回乡心切,排成长长的队来撞闸,撞得头破血流,不吃不喝,宁死不屈。如果这时不开闸的话,最后都会死在这里。鱼群撞闸栏,这就是新右旗的'鲤鱼跳龙门'。这时,渔场是不会叫它们白白死掉。他们便想出'接兜法'来打鱼。这种打法不仅简便省事,效率又高。他们从闸栏中抽出三四根钢筋,在闸栏上打开一处通路,在此通路上接系一条15吨的大渔网。此时,鱼群蜂拥而至。'鱼贯而入',不到两个小时,大渔网满了。日夜不停地打,有多少鱼供人们去打!这种竭泽而渔的情景,牧民看了心疼、可怜,他们说:'现在,确有竭泽而渔的危险了。祖先的福,在我们的手里殆尽,作为祖先的子孙——我们,给后代给我们自己留点鱼福吧!'"

参考文献

[1]W·施密特著. 萧师毅,陈祥春译. 原始宗教与神话[M]. 上海:上海文艺出版社,1987(影印本).

[2]费尔巴哈哲学著作选读下卷[M].上海:三联书店,1976.

[3]陶克涛.毡乡春秋——匈奴篇[M].人民出版社,1989.

[4]林干.匈奴史[M].呼和浩特:内蒙古人民出版社,1979.

[5]阿其图. 试析匈奴在中国北方游牧经济文化形成中的奠基性历史贡献[J]. 内蒙古师范大学学报(哲学社会科学版),2004,(4).

[6]亦邻真. 亦邻真蒙古学文集[M]. 呼和浩特: 内蒙古人民出版社,2001.

[7]费孝通.费孝通学术精华录[M].北京:北京师范学院出版社,1988.

[8]尤玉柱,石金鸣. 阴山岩画的动物考古研究,参见盖山林. 阴山岩画[M]. 附录二. 北京:文物出版社,1986.

[9]王庆宪. 匈奴史事与北方森林植被. [J].云南师范大学学报.2001(6).

[10]拉施得著. 余大钧等译. 史集第 1 卷第 2 分册[M]. 北京:商务印书馆,1983.

[11]卢明辉. 清代蒙古史[M]. 天津:天津古籍出版社,1990.

[12]Jay McDaniel,"The Sacred Whole: An Ecumenical Protestant Approach", The Greening of Faith, ed. by John E. Carroll, Paul brockelman and Mary Westfall Hanver and London: University of New England,1997.

[13]赖品超. 宗教与生态关怀[J]. 江海学刊. 2002(3).

[14]Taylor, Respect for Nature.

[15]马克思恩格斯选集(第四卷)[M] . 北京:人民出版社,1972.

[16] C·恩伯,M·恩伯. 文化的变异[M]. 沈阳:辽宁人民出版社, 1988.

[17]李济. 中国文明的开始[M]. 香港:凤凰出版传媒集团,2005.

[18]《后汉书》卷 90《乌桓传》。

[19]黄震云,论辽代宗教文化[J],民族研究. 1996(2).

[20]何群 . 土著民族与小民族生存发展问题研究,北京:中央民族大学出版社,2006.

[21][德]伽达默尔(洪汉鼎译). 真理与方法(上卷) [M]. 上海:上海译文出版社, 1992:361.